日本デザイン史

The Concise

History of

Japanese Modern Design

竹原あき子	TAKEHARA Akiko
森山明子	MORIYAMA Akiko
横山 正	YOKOYAMA Tadashi
森 仁史	MORI Hitoshi
橋本優子	HASHIMOTO Yuko
紫牟田伸子	SHIMUTA Nobuko
池田美奈子	IKEDA Minako

Bijutsu Shuppan-sha

はじめに

　日本のデザインはユニークな存在である．工業先進諸国のなかでも特別な傾向をみせる．伝統的な産業が，使う素材と生産技術そして産出するモノを変化させながら1本の糸に結ばれて日本的なグラフィックや製品の形をつくりだしたからだ．時の風雪に耐え研ぎすまされた日本の伝統がしみ付いたユニークなデザインとは何かを本書は検証する．といっても伊藤ていじが『日本デザイン論』で「古いもの全てが伝統ではなく，未来への発展の可能性をもったもののみが伝統の名に値する」と警告していることに注意しながら．

　日本のデザインは，ヨーロッパのように時代や為政者の権威を反映し，過去を否定して新しい様式を生み出さなかった．それは中国をはじめとする外来のデザインを受け入れ国内で高度な美意識を育て，明治，大正，昭和にかけてヨーロッパのモダニズムを学び，戦後はアメリカから量産にかかわる合理主義を学び，それでもなお無意識にせよ伝統の美意識を形に反映してきた．その美意識は外来のデザインと対立することなく共存と調和をくりかえし，靴を脱いで椅子に座る所作に似たハイブリッドなデザイン形成に至った．

　ヨーロッパのモダンデザイン運動は日本に原点がある．16世紀頃から輸出された家具調度や陶磁器はヨーロッパ人のエキゾチシズムを満足させるだけでなく，輸入品から技術と装飾のない「間」のセンスを学び模倣した．万博の日本館のために明治政府は神社や庭園を建て，1878年のパリ博での純日本風の住宅は好評だった．日本が西洋の「文明」に連なる文化国家であることの演出に成功し，建築と工芸品で国際デビューを果たす．後に「国際様式」を目指した建築家は，日本建築の素材である素木，間仕切りと家具のないオープン・スペース，見える構造，そしてモジュールのなかにモダンを見出したのだ．

　国際市場を開拓しようとしたヨーロッパ諸国が過去を否定してモダンデザインを生んだのは20世紀初頭．それらが留学生によって里帰りし，日本のモダンを再生した．1930年代の広報誌『NIPPON』では里帰りしたモダンがさらに精度を高め，ヨーロッパより洗練された姿をみせる．ヨーロッパから四半世紀遅れて1950年代に日本のモダンな工業製品が生まれる．外からの影響をいやというほど受けながら，小型，簡素，間，黒とテクスチャーの多様さなどを特徴としていたのは，まぎれもなく高度な美意識という伝統に繋がれていたからだった．それはやがて構造上の必要性を彫刻的な形に変えて，抽象的な美しさを導き出す，というデザイン手法を確立し現在に至る．

　本書は日本のデザインを俯瞰する最初の試みである．デザインとそれらを生んだ人間そして社会背景を語りつつ，これからのデザインの行方を示唆する書でありたいと執筆者一同は願っている．

竹原あき子

目次
Preface

3 ······ はじめに
Preface

7 ······ **序**章　安土桃山―江戸
デザイン日本の源流
The Roots of Japanese Design; Azuchimomoyama and Edo Periods

天と地のあいだに＋山水無限＋抽象の幾何学＋風狂の詩学
＋色彩の宴＋遊びをせむとや＋透き通る時間

21 ······ **1**章　1853-1931
美術誕生から図案の時代へ
Encounter with the West and Industrialization

22 ······ 揺籃期の時代とデザイン

23 ······ 美術の誕生と工芸品輸出
開国とデザインの始まり＋殖産興業としての輸出工芸品振興
＋古物模写のデザイン指導の終わり＋石版，機械木版による印刷技術の向上
＋明治30年代のアール・ヌーヴォー＋工業図案科・図按科の創設
＋東京勧業博覧会の影響＋産業としての絹，陶器，印刷
◎コラム｜鹿鳴館時代と明治の洋風モード
◎コラム｜万博の夢，ドレッサーの提言
◎デザイン史の謎｜知的財産権法はどのように成立したか？

35 ······ アヴァンギャルドと生活改善
アヴァンギャルドとの遭遇＋綜合芸術の周辺＋ユートピア空間への憧れ
＋生活改善という運動＋都市化の加速と大衆＋インテリアと工芸の生活志向
＋関東大震災から帝都復興へ＋プロレタリア芸術とプロパガンダ
◎デザイン史の謎｜モダンガールは本当に＜近代美人＞だったのか？
◎デザイン史の謎｜日本の＜分離派＞と＜デ・スティル派＞とは何だったのか？

47 ······ **2**章　1931-1952
産業工芸と商業美術の時代
The Rise of Industrial and Commercial Arts

48 ······ 戦前昭和という時代

49 ······ 工業化とデザイン
デザインのパイオニアたち＋商工省工芸指導所の発足
＋ブルーノ・タウトと規範原型＋工芸の動向と型而工房＋商業美術の定着
＋報道写真と『NIPPON』＋流線型と満州文化＋服飾デザインの離陸
◎デザイン史の謎｜デザイン産業はいつ成立したのだろうか？

63 ······ 戦争とデザイン
広告業と通信業の分離＋人材が結集した報道技術研究会
＋東方社刊，10冊の『FRONT』＋変体活字廃棄運動があった
＋太平洋戦争下のイベント＋代用品，国民服，木製飛行機＋占領軍住宅の家具と備品
◎デザイン史の謎｜戦時下デザインはどこまで解明されたか？

3章 1952–1971
大量消費社会とデザイン
Mass-production and Mass-consumption

73

74 ### 高度経済成長期のデザイン

75 ### デザイン界の成立
アメリカを目標にせよ＋インダストリアルデザイン誕生
＋グラフィックデザインの始動＋最小限住宅と家具＋ジャパニーズモダン論争
◎コラム｜戦後のデザイン教育

84 ### 変貌する生活とデザイン
Ｇマークとグッドデザイン＋公団住宅とDK＋家電が開いた女性市場
＋カーデザインの黎明＋テレビ，アニメ，特撮映画＋ニュークラフト
＋世界デザイン会議＋インフラ整備と東京オリンピック
◎デザイン史の謎｜既製服のサイズが統一されたのはいつか？

96 ### 商業主義とアンチ・モダン
広告の隆盛とプロダクション＋「消費は美徳」に対応＋マイホームとマイカー
＋変わるインテリアデザイン＋ビジュアルコミュニケーション
＋サイケとアンチ・モダン＋大阪万博の光と影
◎デザイン史の謎｜リカちゃんの身長はどう決まったのか？

4章 1971–1990
成熟型工業社会とデザイン
The Maturity of Industrial Society

107

108 ### 高度経済成長の終焉

109 ### 重厚長大から軽薄短小へ
小型化・多機能化するプロダクト＋ライフスタイル提案型の商品開発
＋ニューファミリーの生活観＋「食」の外注化＋「いつでもどこでも」の価値
＋情報機器が変えたオフィス＋テレビゲームの誕生
＋戦略化するキャラクタービジネス
◎コラム｜生活の編集――東急ハンズと無印良品
◎デザイン史の謎｜公共空間にフィクションが持ち込まれたのはなぜか？

124 ### ブランディングとデザイン
広告表現の多様化＋日本流のCI戦略＋二分化するファッション業界
＋DCブランドとファッション雑誌
◎デザイン史の謎｜日本の非常口サインはどのようにISOで支持されたのか？

131 ### グローバルとローカルの試行錯誤
日本車神話と貿易摩擦＋イタリア発のデザイン潮流＋ローカル発の国際イベント
＋デザイン文化を世界へ＋地方の時代とデザイン

目次

5章 1990-2000
情報化社会のデザイン
Shift to Information-orientied Age

- 139　情報化社会のデザイン
- 140　曲がり角を迎えたデザイン産業
- 141　デザイナーの新たな挑戦
  システムの変化が生んだデザイン＋エコデザインと「3R」
  ＋エコパッケージとエコプロダクツ＋素材革新とエコデザイン＋公共のデザイン
  ＋「共用品・共用サービス」のデザイン＋CMのデジタルな表現
  ＋「ASIMO」と「AIBO」、そして「A-POC」
  ◎デザイン史の謎｜日本にデザインミュージアムはなぜないのか？

- 153　日本のデザインをつくった108人
  108 Pioneers of Japanese design
- 169　日本デザイン史年表
  Chronological Table
- 177　おわりに
  Afterword
- 178　参考文献
  Bibliography
- 182　索引｜人名, 団体名, 事象
  Index
- 192　奥付, 監修者／執筆者紹介

凡例
1｜本文中の作品名, 製品名表示は「　」を, 雑誌および書籍の表示には『　』を用いた.
2｜本文中の図版番号は〈　〉で囲んだ.
3｜姓名は一般に, フランク・ロイド・ライトのように中黒（・）でつないだ.
4｜人名・地名のカタカナ表記はできるだけ現地発音に近づけた.
5｜原則として, 各項初出のみ西暦（元号）年と表記した. 各項内で元号が変わる場合も並記した.
6｜図版キャプションの略号は下記を意味する
　　AD＝アートディレクター, C＝コピーライター, CD＝クリエイティブディレクター,
　　D＝デザイナー, FD＝フィルムディレクター, I＝イラストレーター,
　　P＝フォトグラファー, PD＝フォトディレクター,
　　PL＝プランナー, Pr＝プロデューサー

■1

序章

安土桃山-江戸
デザイン日本の源流

The Roots of Japanese Design;
Azuchimomoyama and Edo Periods

横山 正

■2

■1 | 世界図屏風　八曲一双のうち　17世紀初め　紙本金地着色
158.7×477.7cm　重要文化財　神戸市立博物館蔵
■2 | 薩摩切子紅色皿　江戸時代後期　19世紀　ガラス
H3.8×φ18.4cm　サントリー美術館蔵

天と地のあいだに

　神事に関わるものの形には,デザインの原点があるように思われる.もちろんそれは日本という風土に固有のものに限られることなく,おそらくいま在る形象の背後には海の彼方のさまざまな要素までが絡み合っているに違いないのだが,しかしとにかく目に見えないもの,手でつかみ得ないものを対象としているだけに,それらは常にアンテナのようなものとしてデザインされている.神霊が見付けやすく止まりやすい形象がおのずと導き出されているのである.

　さらにそれは日常的なものではない.注連縄のように常に張り渡されているものもあるが,それも結界と同じく最初の掛け渡される瞬間の呪縛を記号として持続しているのであって,神の降臨を待つさまざまな装置同様,ただ一つの瞬間のためにデザインされたものである.この一時性もまた神事に関わるデザインに特殊な性格を持たせていると言えよう.

　天と地を結ぶこの膨大な数のデザインには魅力的なものが多々あって選ぶのに困るほどだし,また形象の起源もさまざまである.そのなかで御幣の切紙は最も単純な形のうちに聖性を伝えるものとして盛砂とともに私たちを強く惹きつける力を持っているが,しかしこのシンプルさにのみこの風土のデザインを見てはいけないので,もっと広く神事のデザインを見渡すと,私たちの「神」が果てしない文化的拡がりのなかに存在していることを思い知らされるのである.

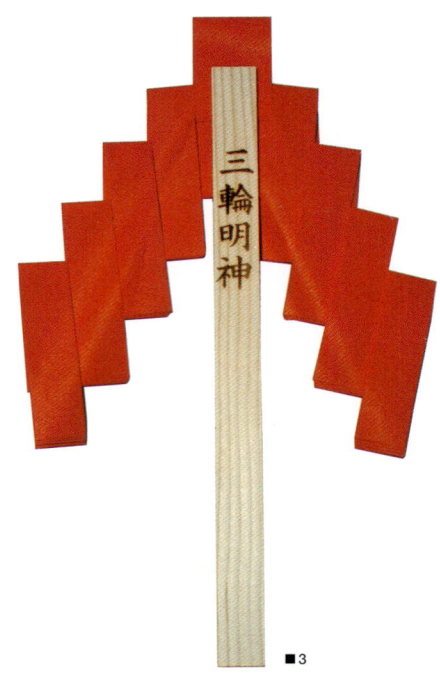

■3

■3｜三輪明神赤御幣　木,布　長さ27cm
　　写真提供＝大神神社
■4｜出雲大社大注連縄　撮影＝中川道夫

■4

■5

■6

■5｜上賀茂神社盛砂　写真提供＝賀茂
　　別雷神社（上賀茂神社）
■6｜銀鏡神社例祭の注連　撮影＝野中昭夫
　　写真提供＝新潮社
■7｜熊野那智大社扇祭りの扇神輿
　　撮影＝松藤庄平　写真提供＝新潮社

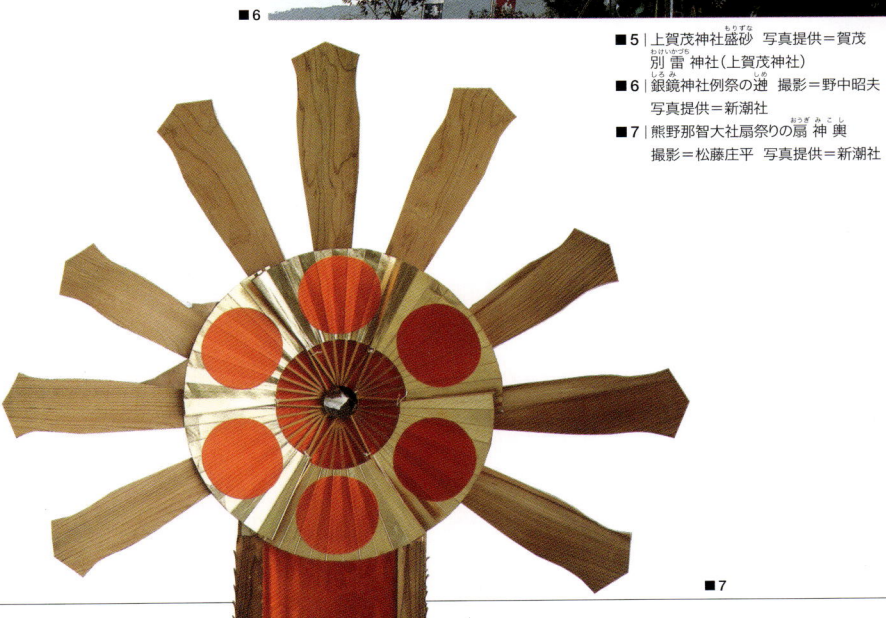

■7

山水無限

■8 | 葛飾北斎　諸国瀧廻り8点組のうち
下野黒髪山きりふりの滝
1833（天保4）年頃　木版
37.1×25.1cm　日本浮世絵博物館蔵
■9 | 尾形光琳　紅葉流水図（竜田川図）
江戸時代前期　17世紀　紙　彩色
24.4×24.3cm　五島美術館蔵
■10 | 雪華文蒔絵印籠　蒔絵銘羊遊斎
江戸時代　19世紀　9.1×5.8cm
永青文庫蔵

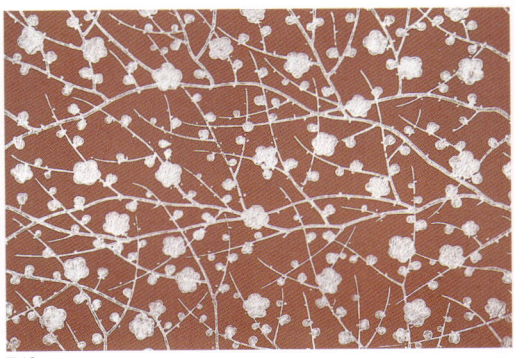

　この風土のデザインの一つの特質は、線の力を見出したことにあると思う。いけばなの展開がその好例である。花を活けることが室町以後、この風土独自の意識的なアートとして展開した背景には、明らかに中国の挿花、あるいはそれに倣う朝鮮半島の刺激があるが、それがいけばなとして広く普及していったのは、その構成を線として捉えることがあったからである。線として捉えられた花はパターンとして定着し、誰もが利用できるマニュアルに行き着く。これはきわめて能率的な教育法となった。

　それはさておき、この風土は自然の様相をもまた線として捉え際立たせることでデザインの世界に引き込む。一本の線が山のふくらみを伝え、水の流れを示す鮮やかさ。野筋もまたすっと一本のゆるやかな曲線によって示唆される。この簡潔はことさらに言うまでもなくこの風土のデザインの一つの極をなすものだが、その一方で複雑な線の錯綜もまた存在する。源豊宗はこの風土の美学の特質を中国の龍に対する秋草と喝破したが、その秋草はすなわち複雑に交錯する曲線の集合である。この錯綜を統括し、そこに一つの韻律をつくり出す作業は、あるいは前者のそれよりも難しいことかもしれない。よくこの風土のデザインについて引き算の美学と言うけれども、吟味して残した線が集まって形づくるハーモニーを忘れるわけにはいかない。

■11│日月山水図屏風　六曲一双・左隻　16世紀中葉　紙本金地着色　147.0×313.5cm
　　　重要文化財　天野山金剛寺蔵
■12│幸阿弥長晏　高台寺霊屋内陣秀吉公厨子扉　1596年
　　　木・蒔絵　重要文化財　撮影＝水野克比古
　　　写真提供＝高台寺
■13│光琳柄唐紙　枝梅　資料提供＝唐長

抽象の幾何学

■14

- ■14 | 黄 檪 地鳴子模様大紋素袍　撮影＝戸張良彦　山本東次郎家蔵
- ■15 | 伝太閤醍醐花見幔幕の断片
- ■16 | 水無瀬神宮灯心亭　勝手の仮置棚　撮影＝恒成一訓
『茶室大観Ⅱ』より
- ■17 | 鍋島色絵組紐文皿-江戸時代　1690-1730年代
H5.6cm, 口径20.2cm　高台径11.1cm
サントリー美術館蔵
- ■18 | 鍋島青磁染付雪輪図皿　1688-1704年
H5.2cm×φ20.1cm　栗田美術館蔵
- ■19 | 鍋島染付鷺文三足付皿　1690-1720年　φ28cm
重要文化財　佐賀県立九州陶磁文化館蔵

■15

■16

■17

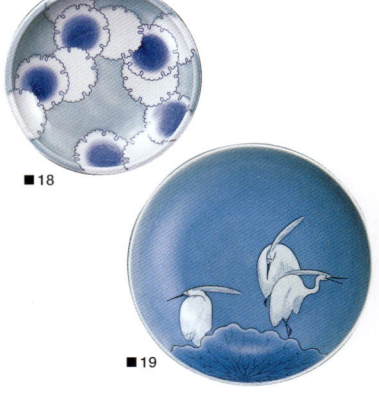

■18

■19

　この風土は何ごともとことんリファインせずにおかないところという錯覚につい陥ることがある。すべてのものを抽象の極みに追い詰めるほどの洗練が、一つデザインのことに限らない他に類を見ないこの風土の文化的特質であると、確かにそう思わせるほどのものはいろいろあるが、もちろんこれは誤りであって、リファインとはけっして目にそれと見える一つの形のあり方に限られることではない。リファインはその風土ごとに違った形を取り得るので、たとえば私たちが一般にリファインと認めない形でそれが行なわれている例はいくらでもある。これを読み取るには、私たち自身がまず相手の風土の持つ世界に身を浸してその視点から対象を見る必要があろう。

　こうした前提の上で、この風土のアシンメトリーの世界での洗練を見たとき、そこにまことに上質のものをつくり出してきた伝統が存在することは認められて良いであろう。醍醐花見の幔幕の断片と伝えるものの、たっぷりとした桐の花の図案化も、微妙に曲線を変えてシンメトリーを避けている。この安土桃山の豪奢なデザインの拡がりを受けつつ型の美学へと変質させていった寛永という時代のリファインが、たとえば後水尾上皇ゆかりと伝える水無瀬神宮灯心亭のいわば裏の部分というべき仮置棚に見られよう。この風土における意匠と呼ぶものに向かっての強い意識の発生は、この16世紀から17世紀にかけての100年余りに始まるように思われるのである。

風狂の詩学

■20

■21

■20｜三溪園臨春閣　住之江の間格子
　　江戸時代前期
　　重要文化財　写真提供＝三溪園
■21｜三溪園聴秋閣階段　江戸時代前期
　　重要文化財　撮影＝恒成一訓
　　『茶室大観Ⅱ』より
■22｜誰が袖屏風（部分）　六曲一双・左隻
　　江戸時代　17世紀（寛永年間）
　　紙本金地着色　149.4×343.4cm
　　出光美術館蔵

　デザインを自在な形や線に託すことも，同じく室町末から江戸の前期にかけて大いに高まりを見せたことであった．とりわけそれはそれまで意匠という面では後れをとっていた陶磁器の世界に著しく，たちまちこの時代のデザインのスター的な存在へと踊り出る．筆で鉄絵を描くという朝鮮半島のやきものに示唆されて開発された技法は，やきものの全面を手描きの文様で覆うことを可能にした．

　すでに美術史や陶磁の専門家が指摘しているように，織部焼に見られる文様そのものや，また片耳替や段替などの手法は，辻が花などの染織の世界の技法そのままで，後発のやきものがすでに開花していた染織の意匠を踏襲したことが分かる．それは染織に比べてずっと小振りなゆえに大胆な柄を一つ配することで大きな効果をあげることができる世界であった．さらにそこに歪み，つぶれといった新しい価値観を茶匠たちが発見していったことが，意匠の自在の幅をさらに拡げたのはいうまでもない．

　直線的な構成を旨とする建物の世界で屋根以外の部分に積極的な意匠として曲線が意識されるようになるのは，鎌倉の禅宗様の導入以後のことだが，それが風雅のデザインとして取り上げられるのは，やはりこの時代である．佐久間将監の作と伝える聴秋閣の階上の楼へ導く階段は，曲りによって階段下の高さを確保する洒脱なもので，まさにそうした時代の象徴とも言うべき処理を見せている．

■22

■23

■24

■23 | 黒織部茶碗　銘冬枯　17世紀
　　　H9.5cm　口径10.5cm、高台径5.3cm　徳川美術館蔵
■24 | 本阿弥光悦　黒楽茶碗　銘雨雲　江戸時代　17世紀
　　　H8.8〜9.1cm、口径12.4cm、高台径4.9〜6.1cm
　　　重要文化財　財団法人三井文庫蔵

色彩の宴

■25｜銀伊予札白糸威胴丸具足（豊臣秀吉所用）　16世紀
　　　胴高32.5cm　重要文化財　仙台市博物館蔵
■26｜金銀襴緞子等縫合胴服　室町時代末期　絹
　　　身丈125.0cm、裄59.0cm　上杉神社蔵
■27｜成巽閣書院　群青書見の間　江戸時代後期　19世紀
　　　写真提供＝成巽閣
■28｜黒羅紗地裾緋羅紗山形文陣羽織（伊達政宗所用）
　　　17世紀初頭　丈61.0cm　重要文化財　仙台市博物館蔵

■25

■26

■27

色はそれ一つというよりも,むしろ異なる色との連関のなかで意味を持つことが多い.この風土はこのことに敏感で,それが平安時代のかさねの色目という形で現われた.この伝統に裏打ちされた色彩感覚に大変化が起きるのが信長の時代で,ヨーロッパからもたらされた衣裳の金や赤の鮮やかな配色,羅紗やビロードといった布のテクスチュア,さらには明からの金襴や緞子・繻子などの美麗な織物が刺激を与えて,大胆なデザインとともに新しい配色が生まれていく.

とりわけ信長と秀吉,家康といった人の周辺には格別な価値のものが集まっていたようで,いま各地の武将ゆかりのところに伝わるものの多くは,そこに由来するものであろう.上杉家伝来の豪華なキルティングの胴服も,あるいは謙信と信長の繋がりを示すものかもしれない.そこにはやはり信長が贈った洛中洛外図の世界に通じるものがある.

さて,障壁画で飾ることはあっても,建物自体を色で染める例は珍しいが,前田家の財力を示す成巽閣には,まさにかさねの色目の如くに色を取り合わせた室内を見ることができる.同じ成巽閣内に移築されている幕末の幕末の煎茶座敷三華亭は,一角の牙や唐渡りの古

■28

墨,螺鈿の屏風など,さまざまな貴重品を惜し気もなく建物に組み込んだ趣味の茶屋だが,あるいはこれも当初は同様な色彩を伝えていたかもしれない.ここには新しい時代を拓くモダンな感覚の世界がある.

遊びをせむとや

- ■29｜紺木綿地瑠璃寛縞小袖（部分） 19世紀前半 東京国立博物館蔵
- ■30｜室町千代紙 吉原廓つなぎ 資料提供＝いせ辰
- ■31｜小紋 江戸後期『Textile Designs of Japan』より
- ■32｜尾形乾山 武蔵野墨画川図乱箱 江戸時代中期 1743年
  木製墨画着色 5.8×27.3×27.5cm
  撮影＝城野誠治 大和文華館蔵
- ■33｜宗清立花伝書（部分） 室町時代 1529年奥書 紙本着色
  17.7×402.9cm 撮影＝城野誠治 大和文華館蔵 重要文化財
- ■34｜桂離宮古書院 御輿寄前の飛石と延段
  写真提供＝宮内庁京都事務所
- ■35｜水無瀬神宮灯心亭 明障子腰の水引文様 撮影＝恒成一訓
  『茶室大観Ⅱ』より

　遊びという言葉でまず思い浮かべられるのは、江戸小紋である。本来ならすっきり小紋だけで良いのだが、現代での用法と区別するためにこの名が案出されたという。切れ味の良い刃で細かく切り出した型から生まれる文様の気の遠くなるような無限の拡がり。それも一つ幾何学文様だけでなく、千代紙にも見る茶道具や台所用品ようなものまでが題材に登場する。

　最も難しい縞文様では、一寸のあいだに30本を超える線を入れることもあるという。そこには江戸という時代の遊びの極がある。職人芸の華である。それも渋い一色できりっと締めて、目色の白が浮き立ついさぎよさ。これはもう誰のもの彼のものと言うことではない。デザインはつまるところこうした無名性に行きつくかと思わせるものがある。

■33

■34

とは言うものの遊びはデザインの本質であり、もちろん小紋の技術の冴えに限ることではない。自在な心の動きがつくり出す遊びは、デザインの歴史の至るところにある。デザインの範疇に含ませるのはいささか不当かも知れないが、「宗清立花伝書」の花の絵は、いけばな草創期ののびやかな形の探索を思わせて、のちの琳派の仕事に響きあうアートとデザインの境目での遊びの精神を示している。寛永はこの遊びをパターンへと写し出した時代であり、後水尾上皇ゆかりの灯心亭では、小さな茶屋の建築の至るところにそれが行き渡っているし、桂離宮古書院前の石の配りは、機能に沿いつつ遊びを見せる切石と自然石の交錯が、ほとんど完璧といって良い洗練を見せている。

■35
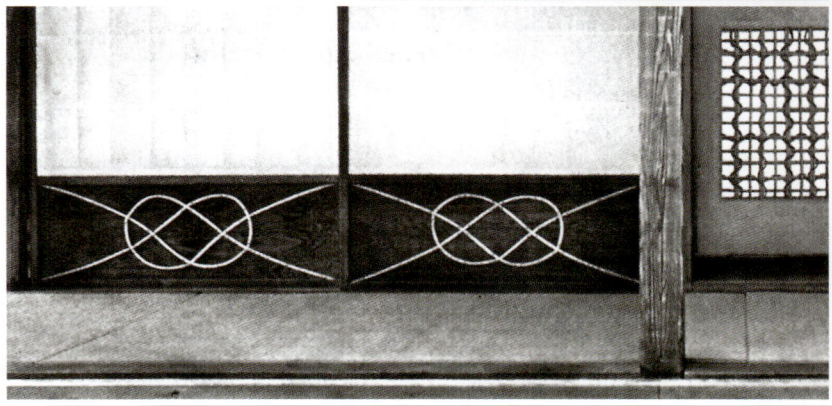

透き通る時間

　信長から家光に至る時代を中心にと言っても、すべてが新しくそこに始まるわけではなく、当然そこに至るまでの時代すべてがそれらのデザインの根底に透き通っている。この風土の文化のありようとして、以前のものが葬り去られて別のものが入れ替わるよりは、新しい要素が次々に加わり重なり合っていくということがあって、それは『作庭記』の庭をベースに、露地のしつらえが加わり、また新しい時代の大刈込が組み込まれていく庭の歴史にも見えるものである。継色紙のレイアウトの絶妙な感覚、格によって評価される太刀の見せる微妙なカーブ、中国からインド、中東にも繋がる整然とした文様が持つ韻律は、私たちがその後もデザインの節目節目に出会うものだ。ここではたまたまその伝統の繋がりを、ある特定の時代という断面で切り出して見たのである。

■36｜伝小野道風筆　継色紙　平安時代中期　11世紀
　　　紙・墨　13.4×26.5cm　重要文化財　五島美術館蔵
■37｜三日月宗近　太刀　銘三条　平安時代　刃長80.0cm、
　　　反り2.7cm　東京国立博物館蔵
■38｜小龍景光　太刀　銘備前国長船住景光元亨二年五月日
　　　鎌倉時代　1322年　刃長73.9cm、反り3.0cm
　　　東京国立博物館蔵
■39｜慈照寺東求堂仏間桟唐戸　室町時代
　　　写真提供＝慈照寺

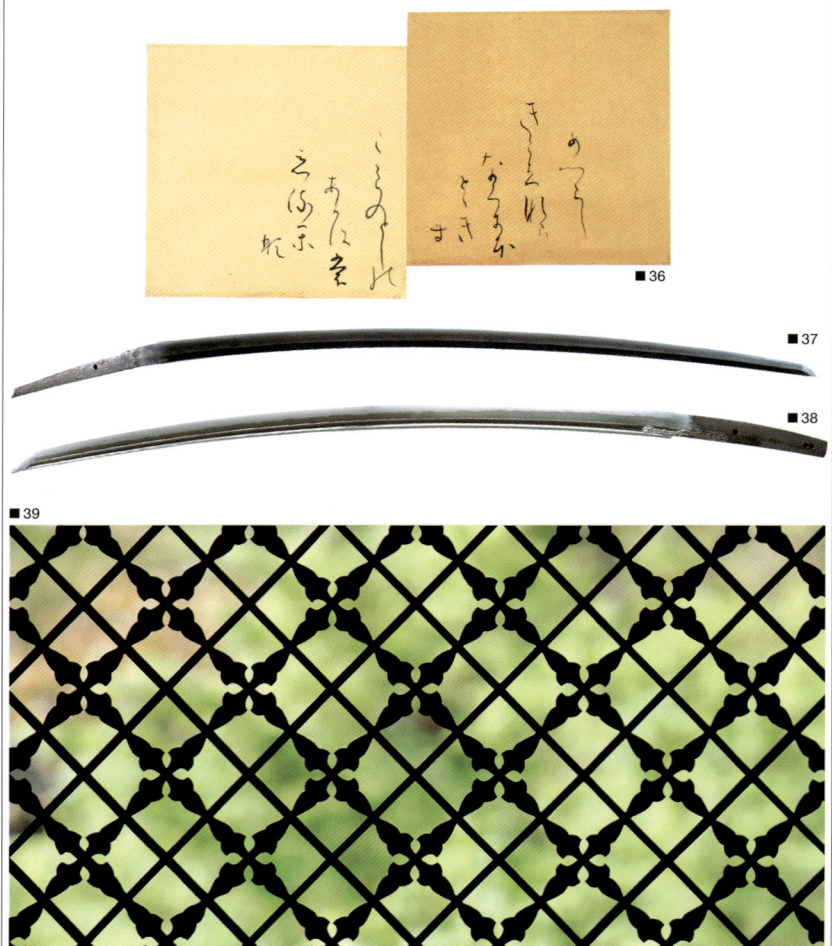

■36
■37
■38
■39

1章 1853–1931
美術誕生から図案の時代へ
Encounter with the West and Industrialization

森 仁史 「美術の誕生と工芸品輸出」
橋本優子 「アヴァンギャルドと生活改善」

揺籃期の時代とデザイン

黒船来航から日清・日露戦争までの半世紀間、＜デザイン＞は国が指導した．それは、産業革命を終えて近代工業国家となっていたヨーロッパ諸国や米国に追いつくための殖産興業政策の一環だった．美術自体が殖産興業の一つであり、万国博覧会と内国勧業博覧会が輸出を意図した工芸品振興の場である．

輸出には大量生産可能なものでなければならず、量産体制を組める伝統産業は織物と陶磁器だけだった．明治政府は図案の指導と教育のための機関を整備したが、新しい産業が興るまで輸出品になりえたのは、1873(明治6)年のウィーン万国博覧会に出品された生糸、織物、漆器、陶磁器、七宝、鼈甲細工などである．

明治初期、総輸入額の半分を占めていたのは綿・毛織物と綿糸だった．生糸以外には茶と水産品、続いて石炭、銅といった一次産品しかなかった輸出品に、陶磁器、花むしろ、絹製品が加わり、日清戦争後に綿糸、次いで綿織物が生糸・絹織物とともに輸出の主力となっていく．日露戦争直前の1903年、輸出額面10万円以上の工業品は、掛時計・置時計、印刷機、ガラス器具、セメント、石鹸、マッチ、洋紙、ビール、紙巻煙草、硫酸、帽子、洋傘、綿糸、綿布、洋服・メリヤスシャツ・靴下、ブラシ、靴、文具、洋紙、玩具、ボタン、ランプである．

政府の施策に次いで明治期のデザインにとって重要なのは、三越をはじめとする百貨店、博文館ほかの出版社、洋酒や化粧品のメーカーの誕生だろう．

次なる大きな転機は、大正時代から昭和初期に訪れている．経済のみならず近代史のあらゆる側面から見て、その後の日本の歩みと人々の生活を左右した変革の季節の始まりである．

明治以来の藩閥元老政治に対して護憲運動が盛り上がる一方、軍部も声高に地盤を固めた．日清・日露戦争後、わが国の韓国併合によって大きく揺さぶられたアジア情勢は、世界を悩ませる危険な火種の一つとなる．これに乗じて金融資本の触手が大陸へ向けられたが、国内の経済は厳しい状況にあった．1914(大正3)年、第一次世界大戦への参戦で念願の列強国入りを果たすと、いよいよ変化と刺激に満ちた時代が始まる．

造船・運輸をはじめとして産業は急進拡大し、大戦下の1915～18年に日本は貿易黒字をマークする．だが、戦後恐慌(1918年)は短かったものの、金融恐慌(1927年)は織物産業や輸出工芸品(雑品)に大きな打撃を与える．この間に関東大震災(1923年)があり、昭和前年に治安維持法と普通選挙法が成立している．

日本で＜デザイン＞に対する意識が急速に高まったのは大正期以降である．明治の陽の名残りをとどめる辰野金吾の東京駅が竣工し、宝塚で少女歌劇公演が始まった1914年が分水嶺だ．それは都市と女性、大衆とデモクラシー思想の輝かしいデビューと同期している．わが国で産声を上げた揺籃期のデザインは、明治期には西洋から輸入された＜美術＞と一体であり、これが徐々に分離して＜図案＞や＜工芸＞の領域が確立された．

1917年のロシア革命から1931年の満州事変に至る間、産業工芸と商業美術は一気に多様な展開を示している．産業の近代化が進んで＜工業＞＜経済的工芸＞＜美術工芸＞が分化・発展すると、美術学校と高等工業学校のカリキュラムも整備されていく．

ここで挙げる経済的工芸こそが＜デザイン＞であり、ロシア革命の年に登場した安田禄造(東京高等工芸学校)の「生活の中で必要とされるあらゆるものを美的につくること、これが工芸である」(『本邦工芸の現在及将来』)は、その高らかなマニフェストだったのである．[橋本]

美術の誕生と工芸品輸出

開国とデザインの始まり

　明治以降の〈デザイン〉と，それ以前の日本の伝統的な造形世界を分ける基準は，創造者と受容者，そしてパトロンや仕掛人，教育者などが，デザインを創作活動として意識していたかどうかにある．このことは，日本近代における〈美術〉や〈工芸〉にも当てはまる．

　近世以前，わが国には〈デザイン〉という名称や概念こそ知られていなかったが，デザイン活動がなかったわけではない．〈もの〉に〈かたち〉を与える営みの歴史と伝統は，古代より脈々と続いており，その素材や技法の多様性と豊かさは近代デザインとは異質な展開を遂げてきた．明治のデザインは，こうした伝統工芸という土壌の上に〈近代性〉を築き上げる苦闘と挑戦だったのである．

　その始まりは明治政府の美術振興策の開始に求められるが，それ以前にすでに日本各地で近代デザインとの遭遇はあった．異質な文化との遭遇が外国人居留地を舞台に展開されたとき，ヨーロッパ人が日本の美術，工芸品にエキゾチズムのフィルターを通して接したと同時に，日本人の側にも彼らの嗜好や特徴を増幅して歓迎する動きがあったのだ．

　その一つに，明治初期に各地に建てられた官庁，学校などの擬洋風建築が挙げられる．「開智学校」(1876年，立石清重)《1-1》，「中込学校」(1875年，市川代治郎)，「済生館」(1879年，原口祐之)などがその代表的な例だが，いずれも横浜や神戸といった開港場からは遠く隔たった場所で，外面的な装いだけ

■1-1

は開化を告げる建物を大工が建てているのである．これらは建築構造や装飾技法は全く和風の伝統の範疇にあって，キューピッドやコーナーストーンなどをその形だけ見よう見真似でエネルギッシュに取り込んでいる．

　また，開港場では外国人商会のほかに，横浜のサムライ商会のような日本人経営の土産物店も繁盛した．そうした場所で売られて好評を得たものに日本の風物を写した写真帖があった．代表的なのは横浜の日下部金兵衛で，漆絵の板表紙に飾られた写真帖はいやがうえにも欧米人のエキゾチズムをかきたてたに違いない．このように，日本の伝統技法は日本へのヨーロッパの新しい技術の移入に敏感にかつ縦横に対応していった．新しさに対するこうした興味とその移植への熱意は，長くこの後の日本デザインを特徴づけていく．

殖産興業としての輸出工芸品振興

　近代日本美術史の領域で明らかにされてきているように，19世紀後半の日本美術は欧米でのジャポニスムの興隆に迎えられ，日本

■1-1｜立石清重　重要文化財旧開智学校　1876年　写真提供＝旧開智学校管理事務所　長野県松本市に現存

1 美術誕生から図案の時代へ

■1-2

■1-3

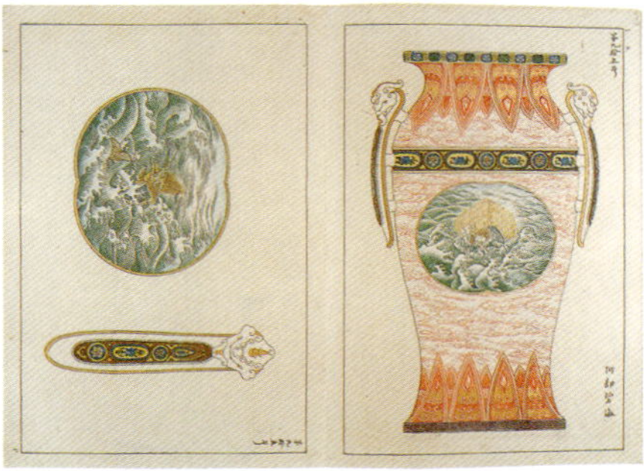

■1-4

■ 明治初期の図案の特色

わが国に固有の日本画を下敷きにした明治前半の図案は，モチーフが類型化されておらず，華麗にして細密である．これは，日本の伝統的な美意識を意匠に盛り込むことで，工芸品を高尚な芸術に引き上げることが大きな目的だった．特に輸出向けの図案では，絵画風の表現が「美術振興の基本理念」として公的に導入されたが，それを実際に製品化する際に生じる矛盾や誇張が，独特のキッチュでグロテスクな趣味を生んでいる．

からの工芸品の大量のコレクション・輸入や日本美術の研究が広がった．それもあって，国内では伝統に基づくマニエリスティックな造形の展開や政策的な伝統美術保護が導き出された《1-2》．明治政府は工業化の原資を得るために，工芸品の輸出拡大を図らなければならなかった．美術は政府の殖産興業政策の重要な一環であり，器形や絵柄の改良，すなわち今日言うところのデザイン指導が政策の根幹をなした．

このためには，一方で博覧会という場で人々の関心を高め，コンクールによって優良作品の推奨が行なわれると同時に，他方で実際のデザイン画を示してのデザイン指導が盛んに実行された．前者は万国博覧会と内国勧業博覧会であり，後者はデザイン画の貸出し事業であった．

明治初期の万博では，日本製品を国際的に宣伝すると同時に，進んだ技術を海外に学ぶことも目的としていた．1873(明治6)年のウィーン万博では，ジャポニスム熱の高まるなか，外国商人からの日本工芸品の輸出引き合いに対応するために，博覧会事務局員たちは起立工商会社(1873〜91年，社長・松尾儀助)の設立を図った．また，得られた売上金を伝習生の留学費用に当てることができ，24人もの留学が可能となった．このなかに平山英三，納富介次郎，岩橋教章などがいた．

1877(明治10)年，西南戦争勃発という危機的な政治情況のもと，内務卿大久保利通の強力なヘゲモニーによって第1回内国勧業博

■1-2｜春名繁春・阿部碧海　色絵金彩海龍図遊環花瓶　1879年頃　磁器　28.4×17.5×36cm　石川県立美術館蔵
■1-3｜三代歌川広重　錦絵「内国勧業博覧会美術館之図」1877年　紙，木版(3枚続き)　各36.2×24.8cm　長崎県立美術博物館蔵
■1-4｜阿部碧海　『温知図録』第39帖(製品画図掛編纂)より　1876-78年　25.5×38cm　東京国立博物館蔵

覧会《1-3》が上野公園で開催された．ウィーン万博の日本の事務局副総裁だった佐野常民が，ウィーン出発前に上申していたものだ．この博覧会出品分類は日本にそれまで存在しなかった「美術」や「製品」「製造品」というジャンルを人々に示し，これ以降それに従ったものづくりを教え導いた点で大きな意味があった．すでに，ウィーン万博の出品準備の時点で，初めて公に「美術」なる用語が登場していたが，日本国内にこうしたジャンルを行き渡らせ，それに沿った意識を定着させた点では，内国勧業博覧会は数段大きな影響力があった．実際，出品点数8万点超のこの展示に45万人もの人々が押し寄せ，政府の示す体系を目の当たりにしたことは決定的だった．

このなかに，「第3区美術　第5類百工及ビ図案，雛形，及ビ装飾」があり，公的にはこれが「図案」の初出と考えられる．雛形は近世にも陶磁器や金工，大工などの分野で出版されていたが，今日でも使われている"図案"は平面の上にデザイン画を示す便利な用語として，長く用いられることになった．博覧会の分類は工芸品だけでなく，建築にも当てはめられていた．これ以後，「百工ノ図案」（第2回），「美術工業（芸）ニ供スベキ図按」（第3，4回），「美術工芸品ノ図案及模型」（第5回）として定着していくことになった．

1876（明治9）年のフィラデルフィア万博の出品に際して，納富の発案によって図案を出品人に下付するというデザイン指導が開始され，1877年内国勧業博覧会，1878年パリ万博と続行された．これが『温知図録』《1-4》で，現在東京国立博物館に84帖が残されている．同様の事業は起立商工会社によっても行なわれたが，政府が自ら編集・発刊したこの図録が当時のデザイン指導の内容と規模をよく伝えている．

古物模写のデザイン指導の終わり

この事業のために，1876（明治9）年から内務省勧商局に製品画図掛（明治11年大蔵省商務局，14年農商務省博物局，18年廃止）が設置され，画工を雇用し専門に図案の制作を継続するようになった．その事業の末期には平山英三も従事した．そこに盛られたのは西欧に受け入れられる器形の教育と伝統的な図柄の強調であった．

しかし，明治20年代の後半からはこうした傾向の日本工芸品の売れ行きは鈍くなっていく．それを決定づけたのは，1893（明治26）年のシカゴ博覧会であり，1900年のパリ万国博覧会だった．パリ万博は節目の年にことに大規模に開催され，美術部門に大規模な日本出品が行なわれ，と同時に伝統主義的な日本工芸に否定的な評価が下されたのだった．ここにおいて，後に「古物模写」と批判された日本国内のデザイン指導は大きな転換を余儀なくされていく．

これらの変遷はデザインの変化であると同時に，その製造技法の変化でもあった．つまり，近代産業としての生産規模の拡大のためにはそれを可能とする技法の変更が必要であった．たとえば，陶磁器を例にとると，絵付けの多彩さを可能とするために合成顔料の導入が必要であったし，大量の絵付けのためには版画を応用した転写技法が欠かせなかった．さらに，登り窯しか存在しなかった日本の焼成方法はやがて管理のしやすい石炭窯にとって代わっていくことになる．これらすべてに，お雇い外国人ゴットフリート・ワグネルの存在を欠かすことはできない．ワグネルは基本的には化学者であり，技術指導に大いに力を発揮したが，同時にオーストリアやイ

■1-5

■1-6

ギリスのデザイン振興策を時の指導者に伝えることができた点でもデザイン史上忘れることのできない業績を残した．

石版，機械木版による印刷技術の向上

近世まで木版以外に複製技術をもたず活字印刷を知らなかった日本は，印刷メディアや政府発行物（特に，紙幣，地券など複製を禁止しなければならない印刷）の発展のために急いで印刷技術を身につける必要があった．紙幣や天皇像の制作によって，その後長く日本人のイメージ形成に影響を与えたエドアルド・キヨッソーネも重要であるが，日本の印刷技術を向上させた点でチャールズ・ポラードの役割を見逃すことはできない．日本においては，すべてが輸入技術でしかなかった印刷を急速に定着させ，国産化させていった大蔵省印刷局の功績は大きい．

こうした印刷技術の向上は特に色刷り印刷において，デザイン活動に大きな影響を与えた．それまで，板目木版では数百部程度であった発行部数が金属石版や木口木版の導入によって，数千部の発行を可能としたからだ．

すでに幕末に日本には銅版画，石版画が伝えられ，前者によって江戸だけでなく京都や須賀川で意欲的に作品が制作されていた．しかし，人々に原イメージを伝える上ではカラー印刷が可能な石版と機械木版技法が重要だった．この新技術開拓の先頭に立ったのは大蔵省印刷局であった．『観古図説』(1877年)，『国華余芳』(1881年)はその優れた成果だ．これらの技術がやがて商業出版や広告に波及するのである．

明治10年代後半には額絵を発行する石版業者が繁盛した．さらに，明治20年代に相次いで創刊された『文学世界』や『少年文学』といった雑誌の表紙や口絵は藤島武二，橋口五葉，岡田三郎助らの優れた作品によって飾られた．こうした動向は1900（明治33）年創刊の『明星』《1-5》でその頂点を極める．藤島は与謝野晶子の『みだれ髪』も装幀した《1-6》．また，明治末には，酒や化粧品メーカーはポスターやパッケージに優れたデザインを生んだ．なかでも，1911年の三越のポスター懸賞はアール・ヌーヴォー様式の影響を決定づけるとともに，その後の社会的な影響力の点でも大きな意味があった．

■1-5｜藤島武二 雑誌『明星』第拾壹号（東京新詩社）表紙 1901年 紙，印刷 26.2×18.7cm 日本近代文学館蔵
■1-6｜藤島武二 与謝野晶子著『みだれ髪』（東京新詩社）装幀 1901年 紙，印刷 20.3×8.5cm 日本近代文学館蔵

■鹿鳴館時代と明治の洋風モード

1884(明治17)年,総工費18万円,延べ床面積約1445平方メートルの「鹿鳴館」が竣工した.煉瓦造二階建のフランス風ネオ・ルネサンス様式で,設計は工部大学校のお雇い外国人ジョサイア・コンドルによる.二階のベランダには椰子の葉で飾られた列柱が並び,赤々と燃えるガス燈に照らされて,迎賓の集いが連夜にわたり開催された鹿鳴館ほど<明治>を象徴し,<開化>を雄弁に語る建築も少ないだろう.しかし,財政難を承知で巨額の公費を投じて完成した鹿鳴館の舞踏会は,来日中の外国人から「金ぴか,飾りすぎ,サル真似」(ピエール・ロティ,1886年)とか「なまいき」(ジョルジュ・ビゴー,1888年)など,辛口のコメントを浴びる.

明治10年代のわが国の貴顕淑女は,慣れない洋装に西洋式の社交術も覚つかず,ダンスに長けた者は極めて少なかったのだ.にわかに訓練を受けた芸者衆まで動員しての夜会が,幕末に締結された外国との不平等条約の改正交渉に役立つと考えた明治政府の発想は,真剣だが確かに荒唐無稽である.とはいえ,政府が強力に推進した開化政策のおかげで,同時代の美術や工芸,建築と同じく,多くの矛盾を孕みながらも,洋風モードに対する実験が始まる.

鹿鳴館を象徴するバッスル・スタイルは,<S字型シルエット>と称される極端にウエストを絞った女らしい上流ファッション《1-7》で,日本の帯に勝るとも劣らないほど窮屈なコルセットが不可欠である.その不健康な面を,お雇い外国人の医師ベルツが主張したにもかかわらず,近代化を達成するための<制服>として,政府高官の貴婦人連に汎用された《1-8》.それは,皇后美子の「思召書」(1887年)による,女子洋装の提唱に見る通り.鹿鳴館竣工の2年前には,官立学校の男子学制服が洋装と定められ,東京女子師範学校もこれに倣う(1885年).軍人,警官,駅長ほか,公職の服制における洋服の導入はもっと古く,1872(明治5)年に遡る.

一般の人々にも,日本髪を廃する「婦人束髪会」(1885年)を皮切りに,<制服>としての洋風モードが徐々に知られていく.錦絵まで発行して,<束髪=はいから>を推進したこの団体は,不便窮屈,不潔汚穢,不経済という理由で,伝統的な髪型を退けており,コレラや赤痢,天然痘の流行(1890〜93年)による洗い粉と石鹸の定着で,洋風化粧が浸透する図式と似ている.西洋式の白粉の普及も,鹿鳴館時代に催された天覧歌舞伎で,鉛白中毒の役者の足が震え,それが社会問題となったことに端を発した.つまり近代化とは,欧米風の衛生観念の徹底でもあり,洋風モードはその一翼を担ったのだ.

結局,鹿鳴館の夜会は不首尾に終わり,日清戦争(1894年)の影響で国粋主義が叫ばれるようになると,日本髪が復活する.欧米でも服装改良運動が起こる明治30年代,海老茶の袴に革の編み上げ靴,束髪にリボンを結って自転車を乗り回す和洋折衷スタイルの女学生が出現し,洋装が進む大正時代のモダンガールを予見した.[橋本]

■1-7

■1-8

■1-7｜楊州周延 欧州管弦楽合奏乃図 1889年 紙,木版 32.4×71.8cm 京都服飾文化研究財団蔵
■1-8｜戸田極子像 1886年頃 影山智洋氏蔵 鹿鳴館の華とうたわれた旧大垣藩主戸田氏共伯の夫人・極子の舞踏会用スタイル.19世紀末期フランスやイギリスで流行したバッスル・スタイルをよく着こなした上流夫人のひとり

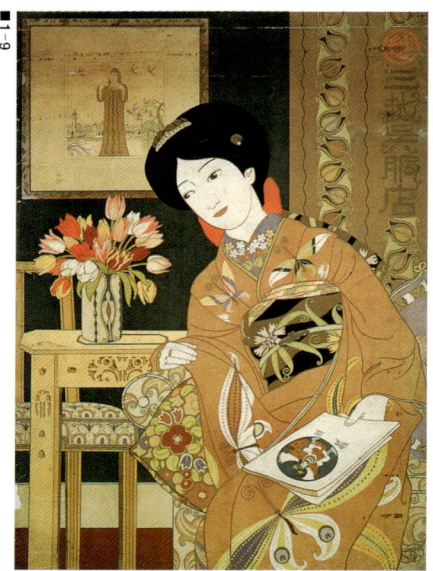

■ 1・9

■ 1・10

■ **美人画ポスター**

前身の三井呉服店,三越呉服店を経て,近代的な百貨店として帝都に君臨した三越は,早くから商業美術を経営戦略に取り入れた点で先駆的である.特に,当時「絵ビラ」や「広告画」と呼ばれた美人画ポスターは,多色石版の技術と図案家のセンスが光る逸品揃いだった.1911(明治44)年の懸賞広告画図案募集では,日本画家の橋口五葉が「此美人」で1等を獲得,その3年前には杉浦非水が嘱託デザイナーとして入社している.

明治30年代のアール・ヌーヴォー

　1900(明治33)年のパリ万博には多くの日本人が派遣されたが,そのなかに洋画家・浅井忠(東京美術学校教授)がいた.京都高等工芸学校設立準備委員の中澤岩太(京都帝国大学教授)に欧州で会い,その勧めを入れて帰国後直ちの1902年に初代教授となる.東京美術学校では黒田清輝と並ぶ画壇の雄だったにもかかわらず,新設の京都高等工芸で「図案」と「図学及画学実習」を教えることを即諾した浅井は,現地で日本の工芸の凋落と新興の装飾芸術〈アール・ヌーヴォー〉を目にして,なすべき事業への成算を得たに違いない.

　事実,浅井はセーヴルの博物館やサミュエル・ビングの美術店を訪れており,帰国に際しては,世紀末様式のポスターなど新しい学校で生きた教材となる資料を多く持ち帰っている.京都における浅井の活動は,聖護院美術研究所での絵画指導とは別に,ともに中澤を園長とする2つの工芸研究団体,「遊陶園」(1903年)と「京漆園」(1906年)の図案指導に及んだ.長く伝統造形を育んできた関西に,新たな近代デザインが試みられたのである.

　最盛期のアール・ヌーヴォーを特徴づける植物的な曲線と単一化された色面に,ジャポニスム,ひいては琳派や浮世絵の強い影響を嗅ぎ取ったのは,浅井ばかりではなかった.かつての同僚だった黒田清輝もまた,アルフォンス・ミュシャなどの印刷広告を携えて帰国.後にそれを見てポスター制作を勧められたのが杉浦非水《1-9》である.このように,明治30年代には,渡欧経験者や輸入印刷物を通じた世紀末様式の影響が大きかった.

　1899(明治32)年に私製絵葉書の発行が許可されると,文学雑誌のように限られた層ではなく,好事家を広く巻き込んでの絵葉書収集が大流行する.アール・ヌーヴォーの膾炙に大きな役割を果たした絵葉書芸術は,海外のスタイルを移入した点でハイカラだが,日本の伝統も反映していた.浅井の遺した作品

■ 1-9｜杉浦非水　ポスター「三越呉服店」1914年　紙,石版　105×77cm　武蔵野美術大学美術資料図書館蔵
■ 1-10｜竹久夢二『夢二画集 冬の巻』(洛陽社)装幀　1910年　紙,木版　22.4×16cm　個人蔵　写真提供＝町田市立国際版画美術館

は，近世的な表現の踏襲ではなく，近代の色使いや描写を用いて日本的な題材をこなしている．これこそ日本デザインの基礎的な手法であるが，その体系化を目前に浅井は世を去った．

これに対して，コマ絵に始まり，アール・ヌーヴォー的な抒情世界を経て大正ロマンに至り，アート・ディレクターとしてモダンなグラフィズムを大成したのが竹久夢二《1-10》だ．その初期作品は趣味雑誌『ハガキ文学』に見出される．明治の＜ハイカラ＞は日本に根差していたからこそで，やがてそれは大正の＜モダン＞へと流れ込んでいく．

工業図案科・図按科の創設

わが国における初期の図案教育は，1881（明治14）年開校の職工学校を前史とし，1889年の東京美術学校「美術工芸科」，同「図按科」(1896年)，工業教員養成所「工業図案科」(1897年)，東京高等工業学校「工業図案科」(1899年)，京都高等工芸学校(1902年)と，ほぼ同じ時期に始まる．

しかし，東京美術学校の美術工芸科は伝統的な金工と漆工の教授に偏り，同校の図按科も，有職や伝統工芸図案を墨守する福地復一の指導で，産業生産や新しいデザイン動向とは無縁だった．一方，平山英三を科長とする東京高等工業学校の工業図案科は1896年から，農商務省の海外実業練習生としてロンドンに渡り同地でデザイン事務所を主宰した経験を持つ井手馬太郎を起用している（1905年には，洋画家で農商務省での経験も積んだ松岡壽を科長に迎える）．ここでは，窯業科で若き板谷波山がマジョリカ焼の試験に従事し，校内の製版工場で新しい印刷技術を応用した絵葉書を発行するなど，活気ある実践教育が行なわれた．

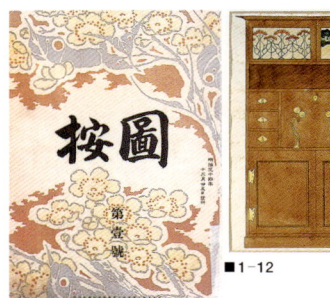

■1-12

■1-11

また平山は，日本初のデザイナー団体である「大日本図案協会」を1901（明治34）年に創立．機関誌『図按』《1-11》の刊行に加えて，海外のデザイン紹介やコンクールも実施し，デザイナーの啓発に尽力した．その成果は，工業教員養成所（工業図案科）の卒業生，小室信蔵による技法書『一般図案法』(1909年)において明らかである．小室が定式化した「写生から便化に至るデザイン技法」は，英国のデザイン教育を下敷きにしたもので，その後の日本の図案教育の基礎として長く反復利用されることになる．

京都高等工芸学校設立にあたり，中澤岩太と同じく武田五一（東京帝国大学助教授）も，1899（明治32）年に可決された貴族院建議案「美術及学理ヲ応用スベキ工芸技術ヲ練習スベキ学校ノ設立」を受けての設立準備委員に任ぜられた．武田は図案研究のために英・仏・独に留学し，同時代のアール・ヌーヴォーや分離派の息吹さえ感じさせる建築・インテリア教育の領域を拓いた．中澤，浅井《1-12》，武田という才能ある3人が京都の図案教育の流れをつくったのである．

■1-11｜大日本図案協会 雑誌『圖按』第1号表紙 1901年 紙，印刷 B5判 資料提供＝フジミ書房
■1-12｜浅井忠 飾り戸棚（図案） 1902-07年頃 紙，着彩 44.8×35.2cm 千葉県立美術館蔵

■万博の夢, ドレッサーの提言

世界で初めて万国博覧会が開催されたのは, 1851(嘉永4)年, ヴィクトリア女王治世のロンドン, ハイド・パークにおいてだった. 11年後の1862(文久2)年, ロンドンで再び万博が開かれ, 今度はケンジントン公園をちょんまげ姿の遣欧使節団が闊歩し, 初代駐日公使ラザフォード・オルコック卿のコレクションによる「日本コーナー」が注目を浴びる. その時点では＜デザイン＞と名づけ得ぬ品々ばかりだったが, わが国の美術工芸品が西洋の近代社会で市場性を得るきっかけは, デザイン先進国イギリスで行なわれた万博にある. そして足かけ2年, 開市開港の延長交渉という目的を背負った幕府使節団が, 仏英ほかヨーロッパ4か国を経て帰国した暁, 時勢はすでに開国に傾き, 美術工芸の輸出と産業化を介した近代国家建設の時代がスタートした, として良いだろう.

大政奉還の約半年前, 1867(慶応3)年春に開催のパリ万博には, 幕府と薩摩・佐賀両藩が正式参加. 佐賀藩士佐野常民が, ランプの台として有田焼の酒徳利が飛ぶように売れるさまを, ギャラリー・デ・マシーヌで目にする. この前後, 西洋の美術・建築界では, ＜ジャポニスム＝日本趣味＞に言及する考察が多く現われ, フランスのエルネスト・シェノー講演「日本美術」(1869年)とフィリップ・ビュルティの論文「ジャポニスム」(1872年)に先行して, イギリスでは, 植物学を修めた新進のフリーランス・デザイナー, クリストファー・ドレッサーが「中国及び日本の主要な装飾」を建築学協会で弁じた(1863年).

佐野とドレッサー. ともに科学畑の出身で政府のために働き, わが国の輸出工芸をデザインの高みに引き上げた二人が交錯するのが, 明治政府が初見参する1873(明治6)年のウィーン万博である(佐野は日本国全権公使兼博覧会副総裁をつとめる). ドレッサーは, 自ら手がけたジャポニスム色の強いミントン製品の出展以上に, 博覧会終了後, 日本館敷地内に残された神社や鳥居をロンドン郊外に移築することに情熱を注ぐ. そのためにわざわざ設立されたのが,

■1-13

■1-14

■1-15

第三セクター式の美術工芸輸出・製造機関「起立工商会社」と特約を結んだ「アレクサンドラ・パレス・カンパニー」だった.

ペルシャ青に七宝風の金で中華文様を表し, わが国の紋所にヒントを得たとされながら, 決して真正の日本意匠ではないミントンの花卉文皿《1-14》など, 315点を数える西洋の新しい美術工芸品を携えてドレッサーが来日したのは1876(明治9)年. 輸出工芸専用の公的オリジナル図案集『温知図録』のデザインが実用に試され, 起立工商会社が有田焼の占有販売で躍進したフィラデルフィア万博の年だった. アメリカ経由で上陸したドレッサーの置き土産, それは, 「第1回ロンドン万博」総合監督のヘンリー・コールが開設した王立サウス・ケンジントン博物館から明治政府への寄贈品, 逆にドレッサーが収集して博物館入りした同時代の日本製品《1-13》以上に, 輸出工芸の黎明期に放たれた重大な提言である.

伝統に異国趣味を加味した美術工芸品を量産輸出する《1-15》のではなく, 技術と品質を保ちつつデザインと生産システムを根本的に改革し, デザイン教育を重要視する――これは, ドレッサーの自戒であると同時に, 日英の産業工芸が万博の夢を経験し, やがてはモダニズムの時代に＜インダストリアルデザイン＞へと向かうための正しい指針となった. [橋本]

■1-13｜賀集三平　鳳凰文皿　珉平焼　1876年頃　陶器　H5.5×φ31.7cm　1876年のフィラデルフィア万博での購入品　ヴィクトリア・アンド・アルバート美術館蔵　courtesy of The Victoria and Albert Museum
■1-14｜クリストファー・ドレッサー　花卉文皿　製作＝ミントン　1875年　磁器　φ24.2cm　1876年にサウスケンジントン博物館から日本へ寄贈　東京国立博物館蔵
■1-15｜フィラデルフィア万博(1876年)の日本コーナー　1876年　紙, 印刷　京都大学人文科学研究所蔵

東京勧業博覧会の影響

　最初の官展である文部省美術展覧会が開かれた1907(明40)年に、上野公園では東京勧業博覧会が開かれた。この博覧会に合わせて三越呉服店は元禄美人ポスターを作成したが、これは日本最初の広告ポスターであった。同店は1911年にポスターの懸賞を行ない、橋口五葉が一等を得た《1-16》。当時は絵看板と呼ばれたポスターは額絵として店のイメージ向上に貢献した。

　この博覧会のパビリオンのなかにウィーン分離派の影響を見せる水晶館(古宇田実設計)《1-17》が出現している。これ以後の分離派流行の先鞭であるが、この直線的なデザイン傾向は「セセッション式」と呼ばれ、アール・ヌーヴォーと同様に伝統との呼応を見せつつ、特に日本で大きな影響力を持った。この年に竣工した福島邸(武田五一設計)《1-18》は関係者の注目を集め、この傾向は1914(大正3)年の東京大正博覧会(中條精一郎設計)において全パビリオンに拡大された。

　また、この博覧会ではずっと美術の下位分類であった図案が対等の別ジャンルとして明確に位置づけられた。印刷や立体造型の進展によって、デザインが美術と対等な営為として世に行なわれていることを公に認めたことになる。官展においても、出品分野に図案を設けるべきだとの要望が高まり、それが不採

■1-16

■1-17

■1-18

■1-16｜橋口五葉　ポスター「三越呉服店　此美人(第21回新柄陳列会)」1911年　紙、多色石版　103×72cm　三越資料室蔵
■1-17｜古宇田実　東京勧業博覧会「水晶館」(内部)　1907年　東京文化財研究所蔵
■1-18｜武田五一　福島行信邸(内部)　1905年　神戸大学建築系教室蔵

知的財産権法はどのように成立したか？

不平等条約解消の切り札が，工業所有権法制定だった！ こんな歴史を思い起こす人はもはや少なくないだろう．明治政府は法整備を，1858年の日米修交通商条約をはじめとする5か国との不平等条約解消の条件と受け止めていた．対等な通商を実現するには，外国人の専売特許，商標および図案の内国民待遇を保障する法の整備が必要だったのである．1872(明治5)年の条約改定の協議期限を前にして，岩倉使節団103人はまず米国に向かい，そこで米国特許局を訪問する．

出版条例(1869年)，専売略規則(1871年)，商標条例(1884年)，意匠条例(1888年)が，現在の名称である著作権法，特許法，商標法，意匠法として整備されるのは1899(明治32)年だ．図案教育の整備と同時期である．この年，万博への出品作保護をきっかけとして成立した工業所有権の保護に関するパリ条約(1883年成立)に加盟．万博で開示される最先端の技術や意匠の盗用を防ぐことが先進国にとって必要だった．このパリ条約加盟で，不平等条約という外交問題の一つは解決をみることができたのだ．一方，著作物を国際的に保護するためのベルヌ条約の成立は1886年で，この条約に応用美術の規定が加えられたのは1908年である《1-19》．

意匠条例制定の審議過程で，「意匠条例ハ新法ニ係リ事物ノ進歩上必要ニシテ即チ英語ノ『デザイン』ナルモノナリ(中略)適当ノ訳字ナケレハ之ヲ意匠ト訳セリ」との元老院記録が残っている．初代特許局長(1887年)となった高橋是清は，欧米の特許商標制度視察の報告書で意匠条例の早い制定を促した．

意匠条例は，全工業製品を対象とする点で初の法律である英国意匠法(1839年)を手本とした．保護対象は，「専ら工業上の物品に応用すべき風韻上の考案」．この期の出願は年平均300件，登録70件ほどと少なく，織物に関するものが登録の半分近くを占めるのが実態だった．それが1920(大正9)年には家具・飲食品・室内装飾品・容器包装類の356件を筆頭に，年間登録数1307件を数えるまでになっている．

なお，通商産業省に1958年，わが国初のカタカナ名の課としてできたデザイン課はいまはなく，意匠法も明治以来，意匠法という名称のままである．[森山]

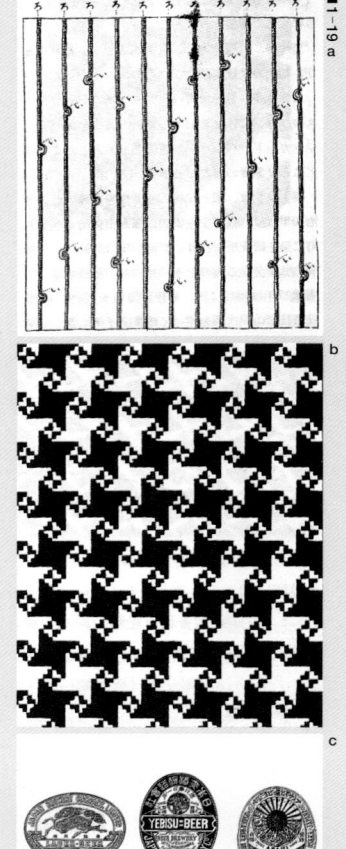

■1-19｜明治の意匠・商標 『工業所有権制度百年史 上巻』(特許庁／1984年)より
a. 意匠登録第1号 織物縞
b. 意匠登録第15号 織物模様(曲線)
c. 左から，商標登録第2719号「KIRIN LAGER-BEER」，商標登録第2848号「YEBISU-BEER」，商標登録第4262号「ASAHI LAGER-BEER」

用となると抗議行動が起きた．産業の成長とともにその内部にデザイン需要が形成され，営業活動として自立しつつあった．そのために，図案と純粋美術は峻別されなければならなかった．

こうした事情を如実に示しているのが多くの図案集の発行とその成功である．これらは染色・器物・立体・印刷に大別できる．この世界には日本画から入った古谷紅麟，神坂雪佳，工業図案科出身の鹿島英二，宮下孝雄，森谷延雄らが登場している．こうした人々はもはや明治前期の伝統重視のデザイン振興とは無縁であり，欧米のデザイン潮流を自在に受容し，自らのデザインを世界や時代の潮流にシンクロさせることができる世代であった．［以上，森］

産業としての絹，陶器，印刷

幕末から大正にかけて，日本の近代的なデザインを牽引したのは輸出産業だった．生糸と絹織物，陶磁器が活躍する．フランスの機械を導入し同国の技術者を招いて成功した富岡製糸工場（1872年設立）に始まるわが国の製糸，そして綿紡績は，20世紀を迎える頃には世界有数と言えるまでに発展した．陶磁器の輸出総額は，ウィーン万博出品の効果が出始めた1875年（明治8）から12年後の1887年では，実に7倍に増大している（ただしこの年も輸出第1位は生糸）．

ウィーン万博政府出品担当者だった民間人の河原徳立は，絵付け師を全国から集めて輸出品の絵柄を開発した．明治初期の伝統的上絵付けに加え，油絵のような影をつける洋風絵付けが本格化するのは，1893（明治26）年のシカゴ博が契機だった．そうした輸出陶器の絵柄のサンプルに選ばれたのはドレスデン風の「草花散らし」である．まずは京都，東京在住の画家が活躍したが，次第に新興の愛知県が中心産地となり，1898年には1000人ほどの画工が絵付けに従事した．

名古屋を中心とする産地がモダンな陶磁器の産地として成長したのは，伝統に縛られず，同じ地域で素地から絵付けまでの量産体制が可能だったからだ．

エポックは1904（明治37）年，名古屋市近郊での大倉和親を社長とする日本陶器合名会社（現・ノリタケカンパニー）の設立だ．

■1-20｜日本陶器（現・ノリタケ）　コバルト金盛りバラ絵カップ＆ソーサー，金盛り蓮図カップ＆ソーサー，コバルト金盛りガレ風カップ＆ソーサー　1891-1911年　磁器　個人蔵　写真提供＝平凡社
■1-21｜フランク・ロイド・ライト　帝国ホテル用テーブルウェアセット　日本陶器（現・ノリタケ）　1923年　ノリタケミュージアム蔵

■1-22

■1-23

　1876年から森村市左衛門・豊兄弟が森村組(東京)とモリムラ・ブラザース(ニューヨーク)とで始めて成功を収めた日米貿易向け陶磁器《1-20》生産の拠点である．しかし純白硬質磁器生産は困難を極め，市左衛門の義弟の大倉孫兵衛らの努力で輸出用ディナーセットが完成するのは1914(大正3)年だった．このディナーセット生産は，1916年に1万1000組，翌年は3万200組と拡大し，「ノリタケ」ブランドとして好評を博した．フランク・ロイド・ライトが帝国ホテル用にデザインした食器類《1-21》もこのノリタケ製．なお，米国向け陶磁器の原産地表示は他の輸出品と同様，1891(明治24)年から30年間は「NIPPON」だった．

　官主導の明治期にあって，印刷・出版の発展にとっては，大蔵省と並んで民間会社も重要だ．1876(明治9)年に秀英舎(現・大日本印刷)，1897年に博文館印刷所(現・共同印刷)，そして1900年に大蔵省印刷局の技術者によって凸版印刷が興った．また，明朝体の書体の源流は築地体と秀英体であるが，前者は大鳥圭介と並び近代活版印刷の先駆者である本木昌造を引き継いだ平野富二が完成させ，後者は名前のとおり佐久間貞一が設立した秀英舎のものだ．

　わが国最初の日刊紙「横濱毎日新聞」(1870年刊)はダブロイド判に活版印刷で始まった．1877年から30年間，1654号を数えた絵入り滑稽雑誌「團團珍聞」《1-22》も特筆すべきで，こちらは洋紙印刷に始まり，技術導入を経て発展を続けた30年間の出版技術の見本帖と目される．また，1900年前後に輸出品として重要だったマッチ《1-23》のデザインにも興味深いものがある．［森山］

■1-22 │『團團珍聞』 1877-1907年 紙，印刷 西野嘉章氏蔵 写真提供＝印刷博物館
■1-23 │ マッチラベル 明治時代 紙，印刷 神戸市立博物館蔵

アヴァンギャルドと生活改善

アヴァンギャルドとの遭遇

　第一次世界大戦が終わった直後，造形芸術の諸ジャンルは前衛（アヴァンギャルド）の洗礼を受ける．わが国でも，創造者の新しい意識を反映する試行錯誤がなされ，美術は世界の前衛と連動して自己改革を遂げた．

　20世紀初頭に始まる西洋の絵画革命，すなわち立体派，野獣派から表現主義に至る系譜，並行して広く展開した抽象表現，より早い時期に興った未来派と戦中のダダ，ロシア革命の申し子である構成主義は，既成の芸術観を破壊し，美術とデザインの境界を飛び越えようとした．この同時多発的に発生した実験的アイデアの総体こそ，アヴァンギャルドの本質である．これが日本に伝えられたのは，大正末から昭和の初めだった．

　フランス画壇の動向が部分的に紹介され，目まぐるしく変化する欧米の実情は，雑誌媒体や留学生の伝聞を介して爆発的に波及する．1920（大正9）年，亡命途上のダヴィッド・ブルリュークが来日して，前衛の高波は頂点に達した．古典的な西洋のしがらみと無縁だったからこそ，ブルリュークの尽力で500点もの前衛作品を集める「日本に於ける最初のロシア画展覧会」が実現し，美術の枠組を超えるアヴァンギャルドがわが国に伝播したのだ．もちろんデザインの世界にも刺激を与え，都会の自由人の間ではモダン風俗としてのロシア趣味が流行した．

　ブルリュークが去り，まもなく見舞われた関東大震災（1923年）の後で，日本の前衛は造形作品，雑誌装幀や店頭装飾のかたちで結実する．それをリードしたのが，留学中のドイツで構成主義に触れた造形作家で舞台芸術家の村山知義が率いる「マヴォ」である．震災の年，大浦周造，尾形亀之助，門脇晋郎，柳瀬正夢ら同人が第1回展を行ない，機関誌『マヴォ』も創刊．肉太で勢いのある黒や赤の線と文字を構築的に配した独特のグラフィックは，その力強さと新奇さで，昭和初期の商業美術に多大の影響を与えた《1-24》．彼らの急進的な側面は，後に柳瀬が深く関与するプロレタリア芸術の印刷媒体に受け継がれていく．

　反文展を標榜する二科会でも，フォーヴ系の一派（浅野孟府，岡本唐貴，神原泰，古賀春江，中川紀元，矢部友衛ら）が前衛集団「アクション」を始動させ，1924（大正13）年にマヴォと合体することで，「三科造型美術協

■ 1-24

■ 1-24｜柳瀬正夢　ポスター「小川未明選集 予約募集」（文化学会出版部）　1925年　紙, リトグラフ　77.3×40.5cm　武蔵野美術大学美術資料図書館蔵

会」が新たに誕生する．インスタレーションに通じる極端にダダ的な作品群を生んだ三科の活動は，復興の帝都に咲く仇花たるバラック建築の装飾にも及んだ．

だが日本の場合，ブルジョワ的な絵画や彫刻が完全に否定されたロシアとは異なり，革命政府の説く「工業素材による非リアルな構成，その社会的な効用」が，近代美術とアヴァンギャルドの遭遇によって達成されたわけではない．

綜合芸術の周辺

視覚造形の世界は，カンバスやブロンズの塊にとどまらない．舞台や音楽，そして何より生活と密接に関わりながら，美術史では無視されがちなデザインも含まれるべきである．西洋の近代デザイン史を顧みると，中世回帰的な手工芸の礼賛と復興を主張したウィリアム・モリスの美的生活があった．ユーゲントシュティルには，「生きて動いている人間を全体芸術作品に組み込む」という綜合芸術的な発想が見られる．理想の生活空間を追求したウィーン分離派(ゼツェッション)の活動は，その典型にほかならない．過去の建築様式からの絶縁（分離）が最大の指標であるように，分離派もまさしく前衛運動だった．

音楽家の山田耕筰と二人でわが国にドイツ表現主義を紹介（1914年）した斎藤佳三は，1928(昭和3)年の帝展出品作「組織美術工芸」で，日本趣味たっぷりの洋風インテリアのなかに分離派の理念を具現化しようとした《1-25》．マヴォの村山知義と並ぶ多彩な活動で知られる斎藤は，衣装や舞台のデザインから脚本も手がけ，作詞作曲は流行歌に及ぶ．音楽学校を経て図案家となり，「国際工芸株式会社」（1927年）や教育機関を主宰する一方で，映画や展覧会をプロデュースするなど，綜合芸術的な姿勢を貫いている（1939年には国民服もデザイン）．

1924(大正13)年に開幕した「築地小劇場」と，2年後にお披露目の「前衛座」も重要である．前者は本邦初の専属スタッフを有する専門劇場，後者は分裂と統合を繰り返しながら

■ **プロレタリアートの造形感覚**
1920年代後半（昭和初期）は，芸術がより社会性を帯び，わが国で初めて「デザイン」や「デザイナー」が自覚的に飛翔を始めた時期に当たる．なかでも，前衛運動と深く結びついたプロレタリアートの舞台や文芸は，新しい理念と類稀な造形感覚でデザイン世界に刺激を与え，エロ・グロ・ナンセンス系の地下出版人脈に支えられた点でも興味深い．彼らの活動は，装幀と写真，評論に秀でた雑誌メディアを介して人々に膾炙した．

■1-25 | 斎藤佳三　食後のお茶の部屋（オリジナル写真）1928年　個人蔵　写真提供＝三重県立美術館
■1-26 | 村山知義　築地小劇場第17回公演「朝から夜中まで」（ゲオルグ・カイゼル作／北村喜八訳／土方與志演出）舞台装置　1924年12月5日　写真提供＝早稲田大学演劇博物館
■1-27 | 黒田辰秋　朱塗三面鏡　1930年頃　木，漆　149×121×39.3cm　日本民藝館蔵

発展を遂げるプロレタリア演劇の出発点となった．ともに村山を介して舞台の上に視覚世界の革新を求め，新しい人間像，新たな生活イメージをつくり上げた点でアヴァンギャルドだった《1-26》．綜合芸術の影響力の大きさは，娯楽性の強い歌舞演芸や銀幕にも認められる．一世を風靡した石井漠のモダンダンスや，衣笠貞之助が手がけた表現主義的な映画に及んでいることは言うまでもない．

　美的生活の別種の実践としては，埋もれた日用品の真価を見出す柳宗悦の「民藝」があった．ここで再発見される工芸は，工業，経済的工芸，美術工芸のいずれにも属さない．柳のテイストを満たす無名の職人による民衆の実用品で，地方性を有していることが条件である．民藝は，1926（大正15／昭和1）年の「日本民藝美術館設立趣旨」に基づく個人コレクションの開陳にとどまらず，その思想に触発された人々（河井寛次郎，黒田辰秋，富本憲吉，濱田庄司ら）の実制作に至る《1-27》．しかし，個の表現を超え，あえて伝統的なフォルムに別次元のモダニズムを実現しようとする方向性は，わが国のデザイン造形に根深い問題を提起した．

ユートピア空間への憧れ

　まず，学習院の学生による文芸・美術雑誌『白樺』（創刊1910年）同人の活動が挙げられる．その中心となった武者小路実篤は，個人の自己意識から生まれる性善説的な理想主義から博愛や人道を説き，安らかな夢を達観する生来の楽観主義者だった．1918（大正7）年の「新しき村」に託された個人の内面と生活を全うすることで社会改革を導く発想は，モリス的なユートピア空間への憧れと言える．『白樺』周辺の人々は，綜合芸術のバイブル

■1-28

『ユーゲント』誌を手本にしていたが，その理想郷は実を伴っていない．有島生馬など一部の画家への影響を別にすると，基本的にはトルストイズムに通じる精神のリフレッシュ運動だったからである．

　工業化による産業構造の変化とデモクラシー流行りで，日本でも空間芸術家が登場した大正期．女工や農村の哀話も現実だが，その対極で1921年，西村伊作がわが子のために建てた「文化学院」は，リベラルな洋風生活を主眼とした，まさしく時代の賜物である《1-28》．社会主義にも影響された西村は，居心地の良さを追求する夢の住宅設計を行なった．アメリカの消費生活にも関心を示し，西洋式の理想的な家政学を実践．彼のユートピアは建物にとどまらず，そのなかで展開される私生活において実現され，教育によって普及したのだ．同じ年に羽仁もと子は，やはりデモクラシー思想に則った「自由学園」を設立した．

　農民主義を奉じつつ排他的な汎中流意識に帰結する＜美しき村＞への憧憬は，西村に限ったことではない．イギリスの田園都市運動の影響を受けて，1918（大正7）年，渋沢栄一は「田園都市開発株式会社」を設立する．郊外住宅整備の本格的な始まりだが，日本のそれは，もっぱら私鉄沿線の開発事業だった．本来の田園都市とは，大都市と便宜的に隔絶される職住近接型コミュニティである．しか

■1-27｜西村伊作 入学案内『文化学院──趣意書及び規則』表紙 1921年 紙，印刷 文化学院蔵

しわが国の現実は、市街地の大規模なスプロール化にほかならなかった。郊外交通網の発達が、人々の眼、心、懐を都会へ引き寄せたからだ。

生活改善という運動

アーティストとインテリが精神の革命をうたい、合理的な生産システムが確立されたこの時代、産業を追うかたちで衣食住の近代化が大衆レベルに達したのは、国を挙げての椅子式生活の勧めによる。

1920（大正9）年に設立の文部省外郭団体「生活改善同盟会」は、住環境を根幹から刷新しようとした。床座を椅子式に改め、間取りは家族本位で洋間を基本とする。台所は人間工学に則り、庭は災害時の便宜も図る。都市部では共同住宅の建設を進める。実態は上からの改革だったにせよ、木檜恕一（東京高等工芸学校）、今和次郎（早稲田大学）、佐野利器（東京帝国大学）、田辺淳吉（清水組）ら現場の第一人者が主導する生活改善は、西洋から距離を置きつつ日本人が自身の生活に目を向けた社会運動だった《1-29》。

その過程で、ハイカラ趣味人の余暇活動や都市のモダン風俗とは一味違う文化も育まれた。主題は教育、衛生、健康であり、啓蒙的な博覧会と新しいマス・メディアを介して一般に普及する。家族で遊園地へ出かけたり、ラジオや蓄音機を囲んでの一家団欒。雑誌と映画に接する機会が増え、スポーツや戸外レクリエーションを楽しむ。田園郊外に出現した文化住宅は、外出・消費文化と家庭文化の揺りかごでもあったのだ。

子供の娯楽世界は格段に広がり、岡本帰一、武井武雄、初山滋らを中心とする児童出版界には、アヴァンギャルドの村山知義と柳瀬正夢も加わって、モダンな童画がお目見えした《1-30》。写し絵や幻燈の伝統を汲む和製アニメーションの黎明期も、この頃である《1-31》。

生活を営むための＜装置＞の改良者としては、1909（明治42）年に遡るアメリカ式標準住宅の専門施工会社「あめりか屋」の橋口信助や、「文化生活普及会」（1920年）を通じた能率的家政学の提唱と日本初のアパートメントハウス（1926年）で知られる森本厚吉も挙げられる。生活改善同盟会は、その拠り所とな

■1-29｜生活改善同盟会　二重生活を醇化せる改善住宅　1922年　高橋仁著『平和記念博覧会出品──文化村住宅設計図説』（鈴木書店）より　写真提供＝山鬼文庫

■1-30｜岡本帰一　クレノオカヒモノ　雑誌『コドモノクニ』4巻13号（東京社）より　1925年　紙、印刷　四六倍判　大阪府立国際児童文学館蔵

■1-31｜西倉喜代治＋協力映画社　アニメーション「茶目子の一日」より　1931年　写真提供＝プラネット映画資料図書館

モダンガールは本当に〈近代美人〉だったのか?

首筋で切り揃えたボブヘアー, くっきり描いた青い眉とアイライン, 頬と口元には紅をさしてスポーティな洋装で盛り場を闊歩するモガ. 欧米の街頭広告はもちろん, わが国のデザイン史でも, 〈モダニズム〉を最も分かりやすく表象する大衆的なイメージと言えば, やはりモダンガールである《1-32》.

一般的にファッション史では, 第一次世界大戦後に登場したコルセットのいらない直線裁ちのドレス, おかっぱ頭にクロシェ帽のボーイッシュなモードは, 〈シャネル以後〉と定義される. しかし, スレンダーな体型は食料不足によるもので, 労働や外出に適する機能的な服と髪型も銃後生活から編み出されたという説がある. デモクラシー思想や合理的家政学が女性を〈家〉から解放し, 社会進出を促す時代には, 本来は必然から生まれたモガ・スタイルにも別の文化的意味が与えられるのだ.

視線を外界に向け始めた大正・昭和初期の日本女性は, 真の〈近代美人〉を目指して,「まず教養を根底に, 自分の生きていることについての意識を持つ」(今和次郎, 1927年) 職業婦人として行動範囲を広げ, 次に「外面を粧飾する技巧」(同) を体得すべきとされた. だが, これは理想に過ぎない. 震災後, 街路を行きかう老若男女をつぶさに観察分析した考現学 (1923年) が証言するように, 真の〈近代美人〉に恥じないモガは少なかった. 1925年, 銀座でのショート・スカートの女性は100人に1人, 3年後の休日でも, 洋装の成人女性は2～3%だったことが, 今和次郎の調査で知られている.

身も心も軽快になった女性は, 逆に享楽的な生活を謳歌し, その風俗壊乱ぶりが〈エロ・グロ・ナンセンス〉と形容されて, 三面記事を賑わすようになる. 自我と教養の反映たるべき近代的な化粧 (洋風のナチュラルメイク) や, 新しいライフスタイル (山の手に建つ女性専用アパートに住み, スーツ姿で丸の内に地下鉄通勤のビジネスガール) は, 異性の視線を妙に意識した女給風俗を超えることができず, イット (セックス・アピールを意味する当時の表現) をふりまくモガのイメージは, 便利でお手軽なアイ・キャッチャーに終始する. 香水 (資生堂やクラブ化粧品) と断髪・パーマネント (吉行あぐり美容サロンなど) が流行りはしたが, 明治以来の〈にっこり美人〉広告の系譜はちっとも変わらないのだ.

とはいえ, 有名な「自邸の鉄骨階段を降りる白いパンタロン姿の山脇道子」のイメージ (1935年頃) も, リアリティに乏しい. 同じ頃に日本女性が最も愛用し, しかも簡素で健全と推奨されたスタイルと言えば, アッパッパ (貫頭衣風の夏用簡単服) にズロースだったのだから. [橋本]

る〈制度〉の改革にあたり, 生産性の高い社会を形成する最小単位として家族を位置づけている. やがて〈装置〉には全体主義と機能主義が貫かれる. これは国家的な生活の統制と合理化であり, 標準化や規格家具のデザインを導いた. 過剰な装飾と贅沢な素材は一掃され, 商工省工芸指導所の試作品に発展, 1930年代以降の時局に整合していく.

■1-32 | 藤本斥夫 雑誌『婦人世界』22巻7号特別附録『美人學――かうすれば必ず美人になれる』(実業之日本社) 1927年 14.8×10.5cm 個人蔵

都市化の加速と大衆

　デモクラシー思想の浸透によって〈大衆〉の名で登場した大正・昭和初期の生活者は、デザインの消費者となり、都市部で大衆文化を生み出した。

　ただ、大衆文化のなかでも女性にまつわる事象は、時代を特徴づける解放感や享楽性だけでは説明できない。そもそもモダンガールは、第一次世界大戦や大恐慌が生んだ風俗で、働く必然から編み出された活動的なスタイルが、断髪やウエストラインのない丈の短い服だった。わが国の場合、生活改善と震災復興との表裏一体の関係によって、簡素な椅子式生活にふさわしい洋装や洋髪が定着する。中等教育の徹底と職業婦人の台頭は、婦人雑誌(プラトン社『女性』『苦楽』など)の購読者数と化粧品の個人消費量を伸ばす。

　1927(昭和2)年の高島屋「10銭均一ストア」以降、百貨店は生活必需品を商いの主体とし、月賦販売や食堂部の設置も広まった。創業者・小林一三の発案で《1-33》行楽地での集客を目的に「婦人博覧会」「婚礼博覧会」「家庭博覧会」(1913〜15年)を開催してきた阪急電鉄は、1929年、世界初のターミナル型店舗を大阪梅田に開店。東京銀座では、1916年に意匠部(川島理一郎、沢令花、前田貢、矢部季、山名文夫ら)を置いた資生堂が、社長・福原信三の手腕で、女性のライフスタイルを総合演出し、パーラー、美容院、子供服サロン、月刊誌を同時に手がける《1-34》。こうして百貨店に集約される女性の外出・消費文化が花開き、時代の寵児となった図案家は、人々の耳目を集めるポスター、雑誌広告、包装図案、店頭装飾を次々と制作した。

　建築物の構造上、日本では外壁を飾る超大判ポスターが発達しなかったが、都市における広告(塔)の効果は早くから認知されている。三越や大丸ほか百貨店を別にすると、大手広告主は、医薬・化粧品、アルコール・清涼飲料、食品や煙草などのメーカーで、始めは錦絵や美人画をなぞった和風〈にっこり美人〉系のポスターが主流だった。

　世相や流行の温床、カフェと大衆映画も外出・消費文化を象徴し、それが広告に映し出されて、物書きや絵描きに創造的な刺激を与える。映画ポスターでは、山田伸吉(大阪松竹)のような野太い個性が育まれた一方《1-35》、雑誌媒体と同様、多くの優れたスポンサー広告がニュース映画の合間に登場した。

　わが国の商業美術界の草分けとして、流麗なアール・ヌーヴォー風の表現を確立した杉浦非水は、1927年、作家集団「七人社」から

■1-33

■1-34

■1-33｜宝塚少女歌劇　レヴュー「モン・パリ」舞台写真　1927年9月　©宝塚歌劇団
■1-34｜前田貢　資生堂「ローズバニシングクリーム」外箱　1931年　紙、印刷　資生堂企業資料館蔵

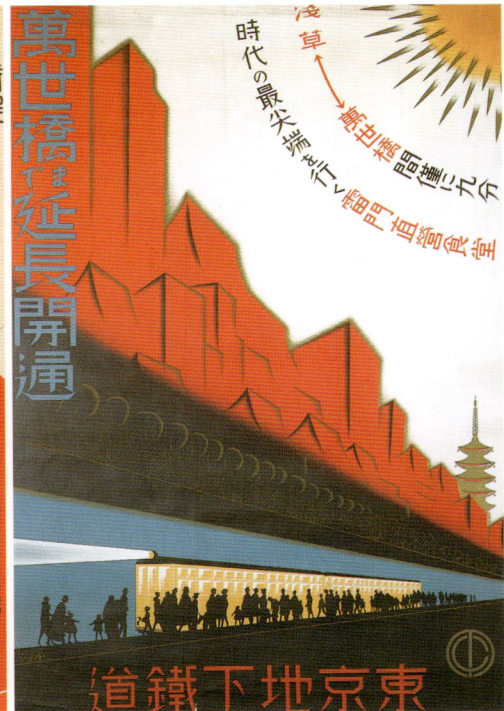

ポスター研究誌『アフィッシュ』を創刊．前年には職能団体「商業美術家協会」（濱田増治，多田北烏ら）も設立され，濱田の編纂による『現代商業美術全集』（全24巻，1928〜30年，アルス社）刊行の頃，欧米に倣って美術に連なる日本的なアール・デコ様式が普及した《1-36》．それは，本場フランスのA.M.カッサンドルやシャルル・ルーポー，ムネ・サトミ（里見宗次）らの作品と比べて何ら遜色がない《1-37》．他方，竹久夢二が開いた日本橋「港屋」は，甘美な懐古感覚や異国趣味で評判を呼んだが，本質的には夢二もアール・デコの東洋的末裔と言える．
　非水や夢二が開拓した＜商業図案＞は，濱田という理論的才能を得て＜商業美術＞に進化した．ライオン歯磨，雑誌『広告と陳列』（後の『広告界』）での経験を踏まえて，商業美術に賭けた濱田の情熱と広汎な研究成果こそ，新しい時代を画するものだった．その証しが『現代商業美術全集』の充実ぶりで，ポス

■ 1-36

■1-35｜山田伸吉　ポスター「罪と罰」1924/25年　紙, リトグラフ　53.7×24.9cm　京都工芸繊維大学美術工芸資料館蔵（AN2694-29）
■1-36｜恩地孝四郎　『夢二叙情画選集・上』（岩田準一編／賽文館）装幀　1927年　紙, 印刷　22.5×15cm　うらわ美術館蔵
■1-37｜杉浦非水　ポスター「東京地下鉄道／萬世橋まで延長開通」1929年頃　紙, オフセット　91×61.5cm　東京国立近代美術館蔵

校を擁し，伝統と前衛が交錯する京都を含めて，建築の村野藤吾，写真のハナヤ勘兵衛や中山岩太，服飾の田中千代といった個性的な人材の輩出は，百貨店に代表される先見の明ある関西の財界に負うところが大きい．意匠部と宣伝部を別個に有する神戸大丸は，観光や商用で訪れる外国人の眼を意識したグラフィックに優れ，独学でバウハウスに触れた今竹七郎が活躍する《1-39》．1929年には，今竹や二渡亜土（神戸そごう）らが「神戸商業美術研究会」を結成，その2年前には「大阪商業美術家協会」も発足している．

また，初めての国産洋マネキン製造社である京都の島津マネキン（1925年）は，前衛彫刻の荻島安二を起用．日本初の電飾広告「ライオン歯磨」（通天閣／1920年），同じくヌード写真を用いたポスター「赤玉ポートワイン」（寿屋／1924年）も関西で初登場した．

この逞しい商業美術の流れは，同時代の山名文夫をして「図案家第一号」と言わしめた井上敏行（井上図案所）と戦後にナショナル宣伝研究所を立ち上げる竹岡稜一（松下電器）らの「大阪商業美術家連盟」（1933年），そして脇清吉の「プレスアルト」（1937年）につながっていく．

インテリアと工芸の生活志向

アール・デコという言葉は，1925（大正14）年にパリで開催の「現代工芸美術国際博覧会」に由来する．しかしそのスタイルは，工場から立ち上る煙をバラの花に見立てたルーポーのポスター図案で語り尽くされるほど単純ではない．ニューヨークで株価が大暴落（1929年）した2年後，エンパイアステートビルが電飾に包まれて勇姿を現わし，大洋を結ぶ高速船のデッキでは，ジャズが鳴り響く．

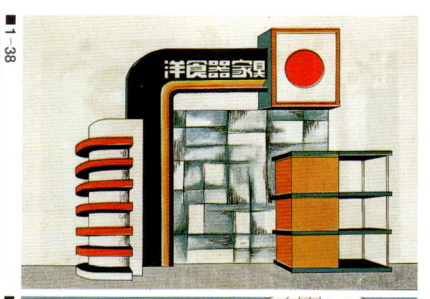

ター，チラシ，パッケージ，タイポグラフィ，キャッチ・コピー，ロゴマーク，モノグラム，ショーウィンドウ，イルミネーション，ポップ広告ほか各種ディスプレイ什器，その演出など，多種多様な内容を誇る《1-38》．

都市化の加速に伴う商業美術の発展は，1930年の時点で日本最大の都市だった大阪を中心に，関西独自の展開をも促した．阪急電鉄によって25分で結ばれる＜阪神間＞の洗練された生活は，谷崎潤一郎の『細雪』にうかがわれる通り．東京に先駆けて高等工芸学

■ 1-38 │ 濱田増治　電燈照明ある建築的構成の家具食器類の背景装置『現代商業美術全集4 各種ショーウヰンドー装置集』（アルス／1929年）より　個人蔵
■ 1-39 │ 今竹七郎　ダイレクトメール「神戸大丸　七月中旬御案内」1927-30年　紙，印刷　個人蔵　写真提供＝三重県立美術館

女性のスカート丈が再び膝下へ届き,エロ・グロ・ナンセンスと流線型に象徴される1930年代,機能主義とは無縁な量産デザインに象徴されるマシーン・エイジ(機械時代)が到来した.梶田恵のような傑出した個性を別にすると,純粋な洋風インテリアが公共建築や一部の住宅だけで実現されたわが国の場合《1-40》,アール・デコの空間デザインは,商業美術と比較にならないほど未熟である.アール・デコを特徴づける装飾的な異国趣味も,生活改善が推進した合理的な椅子式生活と相容れない.

1926(大正15/昭和1)年,半官半民のデザイン指導を主眼とする「帝国工芸会」が設立されるが,時あたかも生活志向の多様なインテリア設計が登場した頃に相当する.まず森谷延雄(東京高等工芸学校)は,綜合芸術に通じるロマンティックな詩的空間を模索した《1-41》.森谷が率いる「木のめ舎」(加藤真次郎,森谷猪三男,林喜代松ら)は,詩情を湛えるデザインながらも,一般の人々が手にできる価格の洋家具を提案した点で注目に値する.森谷の急逝で活動は短命に終わったが,1927年の展示会に際して,出展全作を網羅する『木のめ舎家具作品集』(装飾研究会)が刊行された.

1928年には,「仏蘭西美術家協会展」で本格的なアール・デコ様式の家具が実物で紹介される.帝国工芸会と同じ年に始まる新興工芸家グループ「无型(むけい)」(杉田禾堂,高村豊周,内藤春治,広川松五郎,村越道守,山崎覚太郎ら)は, 1925年展に刺激を受けつつ同時代にふさわしい工芸を求めたが,依然として浪漫主義的な香りを残した.翌年に結成の「工人社」(各務鑛三,北原千鹿,佐藤潤四郎,信田洋,山脇洋二ら)は,より先鋭に時代風

■1-40 | アンリ・ラパン 朝香宮邸(殿下書斎) 1933年 写真提供=東京都庭園美術館 東京都港区に現存
■1-41 | 森谷延雄 京都大学楽友会館三人掛け椅子 1925年 木,皮革 109.3×164.8×66.7cm 東京造形大学美術館蔵
■1-42 | 山脇洋二 煙草入れ 1927年 銅 22×18cm 高松市美術館蔵 撮影=高橋章(フォトス)
■1-43 | 大倉陶園+日野厚(監修) 雲鶴レリーフ電気スタンド 1925年 磁器,金属 φ16.9×42.2cm 大倉陶園蔵

潮を映そうとする《1-42》．だが用と美の統合を目指した両グループとも，実作では機能主義の切れ味とアール・デコの華やぎの間を揺れ動いていた．

これに対して，最初から輸出目的で製造された量産陶磁器，特に日本陶器（ノリタケ）の製品には，アール・デコ色が濃厚である．もともとアメリカの裕福なジャポニスム愛好家のために，日本の伝統的な文様と技法を受注生産してきた洋陶磁器メーカーだけあって，アール・デコのモダンでエキゾチックな折衷感覚の商品化には長けている．意匠は本家ニューヨークのデザイナーが決定し，当初から低コストの量産を目指していた点で，また家具や金属工芸とは異なり，一般の人々の日常空間に適応しやすいサイズと素材性を有していたために，最も生活志向の高い新しい工芸だった．

東洋陶器，大倉陶園，香蘭社，深川製磁などの他メーカーも，外出・消費文化の一角を築いた洋食と喫茶の普及で，原色遣いのユニークなテーブルウェアを国内向けにも生産している《1-43》．ガラス器や机上小物（文房具や喫煙具）についても同様で，むしろ商業美術に近いモダンな展開が見られた．

関東大震災から帝都復興へ

明治維新からほぼ半世紀後，文明開化から近代化へも邁進してきた日本は，死傷者20万人，焼失家屋40万戸を数える「関東大震災」（1923年）という大きな危機に直面する．師であるフランク・ロイド・ライトの志を受け継いだ遠藤新が，苦心の末に導いた帝国ホテルの竣工式典の日のことだった．

首都東京の壊滅的な被害にもまして，復興が世界的な新しい都市計画の第一歩となった点で，震災は新たな時代を導いた．それまでの様式学習を終え，それとは異なる視点から芸術としての建築を志向する人々が現われたのである．

焼け跡に建つ仮設建築に感銘を受けて，ペンキと梯子を携えて街頭で活動した「バラック装飾社」（1923年）ほどユニークな団体も少ない．東京美術学校の装飾研究グループ「尖塔社」（飛鳥哲雄，大坪重周，遠山静雄，吉田謙吉，吉邨二郎）を母体に，画家の中川紀元，神原泰，横山潤之助，彫刻家の浅野孟府を加え，指導者に今和次郎を戴いていた．もともと仮設物であるバラックにかりそめの割書装飾を施すわけだから，対象はカフェや小店舗など，転変する世情を象徴する物件ばかり《1-44》．今と吉田が次に目覚めたのは，復興の繁華街に溢れる活きの良い現実の断片を，組織的に採集分析することだった．ここに「考現学（モデルノロヂオ）」が始まる．

別の視点から復興の善後措置に当たったのが，翌年設立の「財団法人同潤会」である．耐

■1-44｜バラック装飾社＋曾禰中條建築事務所＋竹中工務店　カフェーキリン　1923年　紙，印刷　写真集『建築寫眞類聚：バラック建築・巻1』（洪洋社／1927年／松戸市教育委員会蔵）より

■1-45｜同潤会　渋谷アパートメントハウス　1927年　紙，印刷　写真集『建築寫眞類聚：第6期・第6回 新興アパートメント・巻1』（洪洋社／1927年／松戸市教育委員会蔵）より

震・耐火性を考慮した鉄筋コンクリート造の共同住宅だけではなく，木造の貸家や仮設・分譲住宅の設計と建設を行なう．都内では，人口と住宅の密集する地区の再開発と，都市居住者を対象とした合理的な生活空間の提供が同時に進められた．

デザインの謎 日本の＜分離派＞と＜デ・スティル派＞とは何だったのか？

近代デザインの発展，それは過去の歴史と様式への＜決別＞の歩みだった．ただし，あくまでも西洋の歴史主義やアカデミズムへの決別である．わが国では，明治，大正，戦前昭和という短い期間に，モダニズム以前（過去）・以後（近代）の西洋との邂逅，その学習，そして消化不良を伴いながらも自己形成に至る段階が，重なり合って進行している．この変遷で目を引くのが，建築における日本の＜分離派＞と＜デ・スティル派＞の動きだ．

三度も「我々は起つ」と連呼する宣言文を高らかにうたい上げ，1920（大正9）年に結成された「分離派建築会」は，石本喜久治，滝沢真弓，堀口捨己，森田慶一，矢田茂，山田守による日本初の自主的な建築運動体である．同人全員が東京帝国大学を卒業したばかりのエリート建築家で，グループ名はウィーン分離派を意識していた．過去への＜決別＞を表明したのは言うまでもなく，そのスタイルは量塊感あふれる空間，虚空に伸びるダイナミックなアーチや尖塔を特徴としており，ドイツ表現派の影響が色濃い．

しかしモダニズムに則った造形意識に目覚めた点で，単にアール・ヌーヴォーや分離派の＜かたち＞の妙味にひかれた明治末の先達とは区別される《1-46》．分離派建築会に刺激されて，製図工という下層の社会階層出身者から成る「創宇社」（1923年，山口文象ら）も生まれ，より先鋭なプロレタリアートの建築運動として注目された．

建築・デザインにおけるモダニズムは，世紀末のうねるような曲線からミース・ファン・デル・ローエの壁や柱のない透明な空間に至る．この展開の過程で，表現派と同時期に，矩形と三原色による厳格な抽象世界を目指したオランダのデ・スティル（1917年）は，わが国と不思議な接点を持っている．それは，1927（昭和2）年に京都で始動した「日本インターナショナル建築会」（石本喜久治，上野伊三郎，本野精吾ら）だった．発足時の「真正なる＜ローカリティ＞に根底を置く＜インターナショナルな建築＞の追求」という声明からしてふるっているが，来日したこともないデ・スティルのテオ・ファン・ドゥースブルフとヘリット・トーマス・リートフェルトを名誉会員に挙げ，世界のモダン・ムーヴメントとの対等な提携関係，巨匠たちとの知的協働を主張した．

しかし実作への反映は曖昧で，中心人物の本野が1924（大正13）年に完成した素っ気ないコンクリート・ブロック造の自邸《1-47》に，早過ぎたモノクロームと直角の美学が結実する．電子オルガンの元祖「マルティーノ」の響きに理想の建築観を託した本野は，社交ダンスの教本を著したり，エスペラント語に堪能な＜謎＞の超モダニストだった．一説によると，日本インターナショナル建築会は，すべての過去と＜決別＞する極左エスペランティスト結社の極東支部だったとも臆されている．

ラポルト，デセグノ，ブレスアルト——こうした戦前昭和のデザイン媒体名は，不思議なことにすべてエスペラント語である．［橋本］

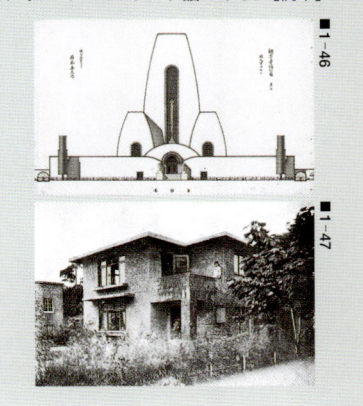

■ 1-46 ｜ 石本喜久治 卒業設計「納骨堂設計図其三（正面図）」1920年 64×69cm 紙，墨 東京大学大学院工学系研究科蔵
■ 1-47 ｜ 本野精吾 本野精吾自邸『デザイン』第2号（創生社／1927年／宇都宮美術館蔵）より

プロレタリア芸術とプロパガンダ

　日本のプロレタリア芸術の源流と展開を辿ると，必ず村山知義と柳瀬正夢という二人の個性に行きつく．ともにマヴォを立ち上げて斬新な表現と視覚をもたらし，ロシア構成主義の輸入と同時に，マルクス主義周辺の書籍紹介で貢献している．

　しかし，マヴォ結成の2年後に発足した「造型」（浅野孟府，岡本唐貴，神原泰，矢部友衛ら）を端緒に，「全日本無産者芸術連盟＝ナップ」（1928年），「プロレタリア美術家同盟＝AR」（1929年）を経て，1931（昭和6）年に「日本プロレタリア文化連盟＝コップ」が始動する間，本土ロシアでは造形的な革新性が弱まり，ボルシェヴィズム（スターリン主義）に歩調を合わせたリアリスティックな芸術・文化政策に傾いていく．

　これをなぞるように，わが国でもプロパガンダ効果の高い大量印刷媒体では，社会主義リアリズムが大勢を占めるようになる．それは版画（小野忠重）と漫画，舞台や文芸の世界も巻き込み，大衆への訴求力が強い視覚表現で左翼世界を代弁した．

　分裂と統合を繰り返すプロレタリア芸術団体をいくつも経験した柳瀬の場合，ゲオルク・グロッスに傾倒する一方で，構成主義的な表現を脱し，無産者階級のポスター，チラシ，雑誌，書籍を精力的に手がける《1-48》．震災復興から間もなく世界恐慌の影響で不況に突入した暗い社会情勢は，グロッス風の諷刺画で克明に描き出されるが，コップに対する大弾圧は柳瀬自身にも及び，1932年に捕らえられて拷問を受けた．デザインも国家に集約・統括される時代が始まったのである．
［以上，橋本］

　新しい都市の住宅モデルには，共同の炊事・洗濯場，公衆浴場・食堂，集会室や娯楽室など厚生施設と生活環境の充実を盛り込み，植栽にも気を配る．建物と内装の意匠にも優れ，生活改善と同じ文脈で，機能主義的なデザインを主調とした《1-45》．

　大衆娯楽の場として人気を呼んだ博覧会も，改良住宅の展示や街づくりの提案で啓蒙的な役割を果たしている．震災前から建築界で高まっていた住宅改造に対する関心は，伊東忠太を総合監督に迎えて1922（大正11）年に開かれた平和記念東京博覧会で明らかだ．会場内には「文化村」が出現し，アメリカン・ハウスの普及に尽力した橋口信助の「あめりか屋」ほか，さまざまな工務店が手がけた中流＜文化＞住宅の実物モデルハウスが14棟も集合した．

　その半年後，大阪箕面でも「住宅改造博覧会」が催される．完全な椅子式生活を実現する住宅群は，インテリ層を賑わす話題にとどまらず，博覧会終了後に土地付きでサラリーマン階層に分譲され，あかぬけた郊外住宅地を形成した．

■1-48｜柳瀬正夢　ポスター「五万の読者と手を握れ／全民衆の味方，無産者新聞を読め!!」　1927年　紙，印刷　54.5×39.5cm　武蔵野美術大学美術資料図書館蔵

2章 産業工芸と商業美術の時代

1931–1952

The Rise of Industrial and Commercial Arts

森山明子

戦前昭和という時代

＜二つの昭和＞という言い方がある．第二次世界大戦終結を境とした＜侵略と戦争の戦前昭和＞と＜平和と繁栄の戦後昭和＞というわけである．また，欧州における両大戦期（1914〜44年）が＜30年戦争＞と呼ばれる例があるのにならって，満州事変から太平洋戦争敗戦（1931〜45年）までを＜15年戦争＞と呼ぶ立場（鶴見俊輔『戦時期日本の精神史』）もある．

日露戦争の勝利で世界の舞台に登場し，第一次大戦で大国に数えられ，第二次世界大戦の敗北で占領国となったこの国の＜第一の昭和＞はひたすら暗い．20世紀を形容する＜戦争の世紀＞と重なるのである．

一方，太平洋戦争開戦まで飛躍を続けるのが工業だ．第一次世界大戦期に生産総額において農業・水産業を追い越した工業だが，1937（昭和12）年にはやはり生産額において軽工業優位から重化学工業優位へと転換している．この工業力は1939〜41年あたりにピークに達し，以降縮小していく（『近代日本経済史』）．輸出入額は日本においても，満州国・関東州・中国を含む円ブロックにおいても，1940年をピークに以降激減する（『昭和史Ⅰ／1926-45』）．

米の生産量は明治以来漸増しか示さず，1970年代前半までの日本の20世紀は明らかに＜工業化の時代＞だった．また，1880年代末に4000万人に達した人口は半世紀後の1930年代末には7000万を越えて，前世紀の形容＜人口爆発の世紀＞は日本にもあてはまる．戦前の50年間の平均寿命は42歳（男性），それが1946〜51年平均では61歳．こうした人口増大と生活水準向上の両方を支えたのは工業力なのだ．

このような政治と経済とに密接に関係することが，戦前昭和のデザイン活動のそれまでにない特徴である．

前章で述べた通り，織物業や輸出工芸品（雑品）への打撃が大きかったのは金融恐慌（1927年）だった．その対策もあって，農商務省から独立していた商工省は1928（昭和3）年に仙台に国立の工芸指導所を開設する．米国の大恐慌（1929年）に端を発する昭和恐慌を機に政府は，大企業に対しては重要産業統制法，中小企業には工業組合法をもって産業合理化を進めた．その一方で展開したのが，消費節約・貯蓄奨励・国産品愛用の国民精神運動である．

国家的要請の下にモダンデザイン思潮は実践に移され，官民で産業工芸として展開されだしたのだ．すでに複数の職能団体を発足させていた商業美術（グラフィックデザイン）に加え，産業工芸（インダストリアルデザイン），室内工芸（インテリアデザイン），展示装飾（ディスプレイデザイン）確立の足音が，昭和の幕開けとともに聞こえていた．美術工芸，商業図案が，産業工芸，商業美術として定着するのがこの時代．そこには，工業化と戦争に対応する＜二つの戦前昭和デザイン＞があった．

1931（昭和6）年の満州事変による好況はデザインを活性化した．1937年のパリ万博出展品および日本工房の出版物にこの時期の日本のデザインのピークを見ることができる．1931年から1937年は，西欧のモダンデザインを咀嚼してわが国のモダンデザインが成立した時期だった．

だが，1937年の日中戦争開始と翌年成立の国家総動員法はデザインを変質させた．商業美術はこの時点で商品広告の役割を断たれて国威発揚の宣伝に活路を見出し，展示装飾は同じ国威発揚のために軍需産業並みの活況を呈する．産業工芸は軍需産業に奉仕するようになる．＜贅沢は敵＞は＜撃ちてし止まむ＞へと，雪崩れこんでゆくのである．

工業化とデザイン

デザインのパイオニアたち

　昭和初期に造形の専門教育を受け，1930年前後に活躍を始めた世代が意識的にモダンデザインを志向し，それを社会で実現した最初の世代だと思われる．

　東京美術学校出身の吉村順三（1931年建築科卒）の卒業制作「住宅群」はインターナショナルスタイルを示し，河野鷹思（1929年図案科卒）の卒業制作である映画ポスター「ある自殺」はアール・デコ様式に近い．東京高等工芸学校の木材工芸科出身者には船の艤装(ぎそう)を手がける佐々木達三（1927年卒）と剣持勇（1932年卒）がいる．剣持より先に工芸指導所に入所することになる豊口克平（1928年卒）は工芸図案科卒だ．また，原弘は1907（明治40）年開校の東京府立工芸学校を卒業（1921年，製版印刷科）して母校で教鞭をとった後民間組織に転じた．こうした人々にとって，デザインは生業だった．純粋美術に対するコンプレックスはほとんど見られない．

　東京高等工芸学校（現・千葉大学工学部）が設置されたのは1921（大正10）年．翌年，工芸図案科および付属金属彫刻部，金属工芸科，印刷工芸科の3学科1部で授業が始まり，

■2-1｜山脇巖　バウハウスへの打撃　1932年　フォト・モンタージュ　35.5×28.8cm　山脇巖・道子資料室蔵　1932年にデッサウ・バウハウスは閉鎖され，ヒットラーが政権を握った翌1933年にベルリンで終焉した

2 産業工芸と商業美術の時代

■ **バウハウスの影響**
まとまったバウハウス見聞記の雑誌掲載は1925年の『みづゑ』が初出だが，1930～32年に実際にデッサウで学んで帰国した山脇巌・道子夫妻が建築・工芸に与えた影響は大きい．それは留学中の作品，講演にとどまらず，巌の設計で出現した自邸はこの時代のモダンリビングの見本として雑誌『NIPPON』等でも紹介された．ただ，テキスタイルを学んだ道子の活動は戦争をはさんで生活美学の実践・教育に収斂してしまった．

翌々年に木材工芸科が加わる．1930年前後に活躍を始めた産業工芸のパイオニアたちは，この学校の初期の卒業生だったのである．民芸運動に共感して戦後松本民芸家具を興した池田三四郎，松下電器の初代意匠課長となる真野善一もそうした一人だ．

1923(大正12)年に図按科が図案科と建築科に分かれた東京美術学校(現・東京芸術大学)が新しいデザインを求める学生を輩出したのは，むしろ根強い美術工芸の伝統に反発してだった．東京高等工芸はそれと性格をかなり異にしていた．また，私立の帝国美術学校(後の武蔵野美術大学，多摩美術大学)には，1929年の創立時から日本画科，西洋画科に並び工芸図案科が設けられた．

戦前昭和のデザイン教育機関として異色なのは，1932年から7年間，建築家の川喜田煉七郎が銀座に開いた新建築工芸学院だ．川喜田は，1930年にウクライナ・ハリコフ市の劇場コンペでル・コルビュジエやグロピウスに伍して第4席を占め，雑誌『建築工芸アイシーオール』を創刊．私塾に近い新建築工芸学院では，バウハウス留学組の水谷武彦，山脇巌・道子《2-1,2,3》のほかに土浦亀城，市浦健なども教育にあたり，グラフィックで活躍する亀倉雄策，桑沢デザイン研究所の創設者となる桑沢洋子，草月流家元の勅使河原蒼風が学んだことで知られる．

学院のあった山口文象設計の三ツ喜ビルには舞台，写真，服飾などの若手が集まっていた．川喜田と武井勝雄が共著の『構成教育体系』(1934年刊)は，＜便化＞教育でなくバウハウス流だったこの学院の造形教育のあり方を明らかにする．

■2-2｜山脇邸(居間) 設計＝山脇巌 1935年 写真提供＝山脇巌・道子資料室 山脇巌設計で駒場に建つ山脇邸には，ミース・ファン・デル・ローエやマルセル・ブロイヤーがデザインした金属製のパイプ椅子が置かれた

■2-3｜山脇道子 機織り機と猫 1935年 毛織物 300×150cm 山脇巌・道子資料室蔵 テキスタイルを学んだ山脇道子が帰国後2年がかりで完成した帝展入選作．「バウハウス織物は図案の織物ではなく，材料の織物」だという山脇の認識が生きている

商工省工芸指導所の発足

「まるで学校のようだった」と関係者が振り返る工芸指導所．3年前に農商務省改組で生まれた商工省が国井喜太郎《2-4》を所長として1928(昭和3)年11月，仙台で開所したのが，国立デザインセンターというべきこの機関である．東北の工芸産業育成と未利用資源の開発を理由として大蔵省に設立案が認められた経緯があっての仙台だった．図案設計部長の斎藤信治，意匠主任の西川友武をはじめ，総勢49人を発足当初のメンバーとする．

仙台には木工・漆工，金工，図案設計の3部があり，陸軍地方幼年学校跡地の1万平米に及ぶ敷地に3棟の工場と，人材も施設も充実していた．「我国在来ノ工芸的手工業ニ対シテ，工業ニ関スル最新ノ科学及ビ技術ヲ応用利用スルコトヲ指導奨励シテ，ソノ製品ヲ海外市場ニ輸出スルニ適当ナラシムルコトハ甚ダ必要デアリ」という商工大臣の告示に組織の目的は明らかである．工芸に科学を取り入れて近代産業とし，輸出に供する製品づくりを指導しようというのだ．国井は工芸産業視察に赴いた欧州から，自らを「いよいよ以て工芸狂」と書くような人物で，「経済戦に於ける吾国の武器は，工芸品の改善と之が輸出促進であると固く信じて」いた．

業務一覧として掲げたのは，調査研究，試験研究，商品見本の試作，図案の受託，伝習生・研究生の養成，審査及び質疑応答，講習・講演会，設備貸与，刊行物頒布だ．事業開始の後1年余りで，200日の現地指導，400件の質疑応答，360点の資料貸与という記録は，工芸指導所への期待がいかに大きかったかを物語る．開所翌年には，技術者の再教育を行なう3か月の伝習生事業が始まり，

■ **65年間続いた商工省工芸指導所**
農商務省改組によって1925年に生まれた商工省は2年後，工芸指導所建設予算に27万円を計上する．美術工芸ではなく産業工芸の振興を目指す組織の設立は難航し，政治的課題だった東北振興に乗ることで1928年に仙台に設立．陸軍地方幼年学校跡地が敷地で，仙台市立宮城野中学校の校庭の片隅にいまも碑「工藝発祥」が残っている．1952年産業工芸試験所，1969年製品科学研究所と改称，1993年に他2組織に発展解消された．

14年間で500人が全国から集まった．

通算346号を数えた『工藝ニュース』の前身『工藝指導』発刊もこの年．第1号の内容は，国井の「工芸の指導に直面して」を巻頭に，「工芸品の製造に用いらるべき機械に就いて」「支那工芸産業化を観て本邦斯業の覚醒を望む」「工芸の現代性について」「工芸の理化学化と機械化に就いて」「人形と流行と」と続く．機械と中国と現代性が，スタッフの意識を占めていることがうかがわれる．『工藝指導』は1929年から非売品として9号発刊され，『工藝ニュース』創刊の翌1933年に休刊となる．

『工藝指導』創刊号の資料に「昭和三年中の本邦貿易」が載っている．輸出総額は19億7200万円，輸入総額は21億9600万円で，輸出入先ともに米国，中国，英領インドの順．輸出品目は生糸，綿織物，絹織物，精糖，陶磁器，メリヤス製品，綿織糸，紙類，小麦粉，缶瓶詰食品の順だ．

工芸指導所は工芸品改善による貿易振興を

■ 2-4｜国井喜太郎　1964年　撮影＝臼井正夫　写真提供＝工芸財団　「工芸狂い」を自認し，1928年から1943年まで商工省工芸指導所の初代所長を務めた

目的とした．その工芸品輸出額は輸出全体の約6％を占め（1930年），同年の工芸品輸出1億2000万円のうち，愛知県を第1の産地とする陶磁器の割合は2割ほどであった．

ブルーノ・タウトと規範原型

開所1周年で工芸指導所は早くも記念展を催し，仙台における11月の年中行事となった《2-5》．5年間の成果を示すべく工芸指導所研究試作品展を東京・三越本店で開催したのは1933（昭和8）年9月だ．各地工芸物産の改良品を並べたこの展示が，工芸指導所の最初の節目となった．

ドイツから来日中のベルリン工科大学教授の建築家，ブルーノ・タウトが試作品を酷評したのだ．タウトを招いたのは上野伊三郎ら建築家だった．これをきっかけに同年11月から，タウトは3か月と短期間ながら工芸指導所嘱託となって，機構改革案，規範原型の椅子，照明器具などの研究指導にあたった．規範原型とは，装飾を取り去って使用目的や機能から生み出される形を意味した．これはドイツ工作連盟の考え方と言える．

『工藝ニュース』第二巻第九号（1933年）に3頁の記事「ブルーノ・タウト氏の批評・本所研究試作品展覧会に関する」が掲載されている．製品の機能性，形態と装飾の関係に注意を促し，「椅子は完全な一つの有体となるまでには二十回の楷梯を必要とする」というのがタウトの談話の主旨だ．そして，この記事の末尾がかの有名な，日光東照宮に比較しての桂離宮賛美だったのである．

「椅子の規範原型」チームには，豊口克平，剣持勇，安藤良美，岡安順吉らがいた．スタッフはタウトの主張を，＜機能，材料，構造，経済，造形のバランスの上に立って社会性を持つ道具を企画・生産・販売すること＞と理解した．それを「椅子の規範原型の研究レポート」として作成・発表している．

スタッフの提案にタウトが反対したのは機能実験だが，タウトが去った後，冬の鳴子温泉で豊口と剣持は「雪型による椅子の支持面の実験」を行なう．さまざまな姿勢で座った雪の座面を曲線自由定規で測定し，それを模造紙に写していくのだ．人間工学的実験の先例と言えよう．その成果は『工芸研究』や『ラポルト』で発表され，先の研究レポートとともに新興の家具設計に影響を与えた．

タウトと並び，豊口は同じドイツのフランツ・シュスターが1930年に発表した組み合わせ家具にも大いに触発された．チャールズ・イームズやエーロ・サーリネンらによる米国のそれに比較し，シュスターの緻密さと現実性に軍配を上げて，標準家具の手本とした．わが国の産業工芸に影響大だったのは何といってもドイツだ．タウトは工芸指導所を去っても大倉陶園，群馬県工芸所などで指導を続けた《2-6》．

自由な雰囲気に溢れていたという指導所をしのばせる記事が，『工藝ニュース』の1936年4月号に載っている．絵入りのその記事はゴードン・カレンの「デザイナーに寄する譜」である．「1. 機構（ファンクション）の伴はない形はナンセンスだ．形は実に，機構に出発する．構造と同時に『性格』を含む機構！」以

■2-5｜仙台での工芸指導所開所1周年記念展風景　1929年『占領軍住宅の記録（下）』（住まいの図書館出版局／1999年）より
■2-6｜ブルーノ・タウト　卵殻螺鈿角形シガレット入れおよび同丸形パウダーケース　1934年　群馬県立歴史博物館蔵　タウトが日本滞在中に製作したもの

■2-6

下14の警告があり，それは，「将来に於けるよき指標の希望が何処にあるかを指し示す」ものだ．この頃，デザインは混乱しつつも，希望に満ちていたのだった．

工芸の動向と型而工房

雑誌『アトリヱ』が機能美をテーマとする「新形態美断面」を特集したのは1929(昭和4)年5月号である．昭和初期にはモダンアートや大正デモクラシーと不可分な＜新工芸＞および＜民芸＞と，やや遅れて始まるモダンデザイン系の＜産業工芸＞とが並存していたが，この特集は両方の動きを論じた．

赤土会，无型(むけい)，日本工芸美術会，工人社といった工芸作家グループがすでに誕生していたが，1935年発足の実在工芸美術会こそ1930年代を代表する新工芸のグループだった．解散した无型同人の高村豊周らが，帝展工芸部と分かれて設立した実在工芸美術会は「用即美」を旗印に，デザインと加工を別人が行なう分業製作方法は認めたものの，芸術的個性を大事にした作家集団だった《2-7》．作家ではなく工人を称揚した民芸《2-8》のほうは，設立趣意書発表10年後の1936年，日本民藝館(館長・柳宗悦)設立にこぎつけ，翌年には発起人の一人だった河井寬次郎がパリ

■2-7
■2-8
■2-9

■2-7｜内田邦夫　紅茶セット　1937年　カップ4.5×13cm，受皿2.5×6.3cm，ポットφ21.5cm，ミルク入れφ13.3cm，砂糖入れφ12.5cm　産業技術総合研究所中部センター蔵　撮影＝林達雄　写真提供＝愛知県陶磁資料館
■2-8｜富本憲吉　白磁珈琲器(ポット＋ミルク入れ＋砂糖壺)　1933年　東京国立近代美術館蔵　民芸運動に加わり，後に離れた富本だが，形は個性重視の新工芸的，色は白でモダンデザイン的だ
■2-9｜作家不詳　S字型真鍮製灰皿(大阪府勧業奨励会出品作)　1936年　15×138×56cm　京都工芸繊維大学美術工芸資料館蔵 (AN2596-2/3)

2 産業工芸と商業美術の時代

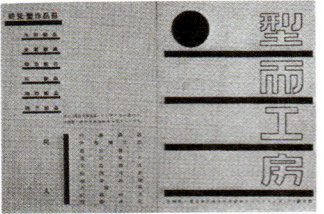

■2-10

■2-11

■2-12

■ 生活工芸の先駆,型而工房

工芸指導所と同年の1928年発足．生活工芸を希求した民間の研究組織で，形而上的な思想性と工房的な実務性とを結合する造語が名称である．工業デザイン成立以前に，設計，試作，発表・展示，講習会，頒布と活動した総合性に特徴があり，欧州モダニズムの直接的な影響の元で日本の生活に合う家具デザインを求めた．パリの「前衛芸術の日本1910～1970」展（1986～87年，ポンピドゥ・センター）にも出品された．

会長は阪谷芳郎，副会長は鶴見左吉雄（元農商務省商品陳列館長）．安田禄造，国井喜太郎，木檜恕一，宮下孝雄といった参加者から，工芸，教育，官界，産業界を網羅しようとの意図が伝わる．具体的活動よりも宮下が編集主任を務めた機関誌『帝国工芸』の評価が高いようだ．〈工業品美化〉という概念はまずこの雑誌で論じられ，工芸品に並べて工具などの工業製品を展示した大阪の産業工芸博覧会（1935年）で注目された．大阪では勧業奨励会も開催された《2-9》．

型而工房の蔵田周忠は，早稲田大学工学部出身で分離派建築会の会員だった．東京高等工芸学校工芸図案科講師となった翌年，型而工房を結成．蔵田が住む代官山の同潤会アパートでの建築・デザインの集まりが発展したのがこの研究団体なのである．パンフレット《2-10》には「型而工房は室内工芸を中心として出来得るだけ大量に，質実に，尚市場の

万博の工芸部門でグランプリを受賞する活躍を見せた．

産業工芸の代表は商工省工芸指導所だが，民間にも運動が興った．官民で1926年に設立した帝国工芸会，建築家の蔵田周忠を主宰者に1928年結成の型而工房がそれだ．

帝国工芸会は構成員100人を超える職能団体で，第一次大戦後のドイツの産業復興に力を示したドイツ工作連盟をモデルとした．

■2-10｜型而工房のリーフレット　1930年
■2-11｜型而工房標準寸法による鋼管家具試作　1930年
■2-12｜型而工房　木製小椅子　1934年　42×56×84cm　武蔵野美術大学美術資料図書館蔵　シートは力布を市松模様に張り，座面41cm

生産を目標とするものです」とあり，木材，金属，染織，紙，陶磁，硝子を研究対象として掲げた．

発足時のメンバーは蔵田を主宰者に，池辺義敦，伊藤幾次郎，豊口克平，中島賢次，松本政雄，小林登，斉藤四郎ら10人．洋家具会社・小沢慎太郎商店の役員と職員である佐藤桂次，岩井良二をはじめ，それぞれ会社に勤務していた．

10年ほど続いたこの運動の特徴は，工業デザイン成立以前に，家具を中心に設計，試作，発表・展示，講習，頒布を行なった総合性にある．実験研究・調査はパイプ家具《2-11》，椅子，生活実態調査として『ラポルト』（エスペラント語でリポートの意）にまとめられた．試作した小椅子《2-12》，肘掛椅子，家庭用標準家具，学童用標準家具，幼児用標準家具を展示会で発表．結成年の第1回目の展示に理解を示して会場を提供したのは，紀伊國屋書店の田辺茂一である．

展示のみならず1930年には婦人之友社と3製品の，次いで1936～37年には婦人公論と8製品の発売契約を結んで頒布した．講習会も活発で，同人以外の講師として川喜田煉七郎，土浦亀城，仲田定之助ほかを迎えた．外遊してバウハウスやドイツ工作連盟に学んだ蔵田は帰国直後，自ら制作した映画「欧州諸都市の近代相」を披露して第2回講習会の白眉となった．

商業美術の定着

1930年代は，濱田増治を得て骨格を整えた商業美術の定着期にあたる．化粧品，食品，百貨店などの宣伝部や広告部において企業内スタッフが文案や図案で活躍した．百貨店，資生堂，森永製菓，花王，寿屋（現・サントリー）などがそうした企業だ．森永製菓に在籍した商業図案家たちは1932年に「構図社」を結成して展覧会を催すほどだった．同じ時期に活動を始めたデザイナーには，原弘，河野鷹思，伊藤憲治，岡秀行，亀倉雄策といった先駆者がいる．

1930年代のグラフィックの傑作は彼らが残した．なかでも，河野鷹思の松竹キネマの広告ポスター《2-13》，詩謡雑誌『臘人形』の表紙，『NIPPON』のグラフィックは特筆に値

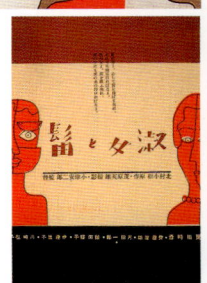

■2-13

■2-13｜河野鷹思「淑女と髯」の予告ポスターと雑誌広告　共に1932年　ポスター106×73cm　写真提供＝河野鷹思デザイン資料室　松竹キネマ時代の河野は，印刷を表現技術ととらえ，独自のイラストレーション，文字，写真を駆使して数々の傑作を残した

■ 2-14

■ 2-15

■ 2-16

する．世界の動向と自らの資質を統合し，風刺漫画や映画のセット，舞台美術まで，若くして脱領域的な活動を展開した．福助足袋（岸本水府，中山岩太），花王石鹸パッケージ（原弘）《2-14》，「日本国有鉄道」（里見宗次）《2-15》，島津マネキン（原弘，木村伊兵衛），スモカ（片岡敏郎，恩地孝四郎），資生堂コールドクリーム（山本武夫）《2-16》，『恋愛株式會社』（東郷青兒）《2-17》などのグラフィックも歴史に残る．パリ在住の里見宗次による帰国第1回展「戦時下の世界を知るポスター展」が上野美術館で開催されるのは1940年だ．

そうした人々の多くは満州事変後の好況のなかで，デザイナー団体を結集する．団体は数十あったといわれ，主なものは七人社，商業美術家協会，全日本商業美術連盟（1936年設立）．異色組が構図社，1936年に機関誌『デセグノ』（エスペラント語でデザインの意）を発刊する多摩帝国美術学校図案科会などだ．自然消滅したものも少なくない．

この期で注目できる媒体は『プレスアルト』（エスペラント語で印刷美術の意）だ．これは広告の現物に同名の機関誌を加えた会員制の頒布会で，研究会設立の1937年から1944年まで73号を数えて戦後復刊されている．

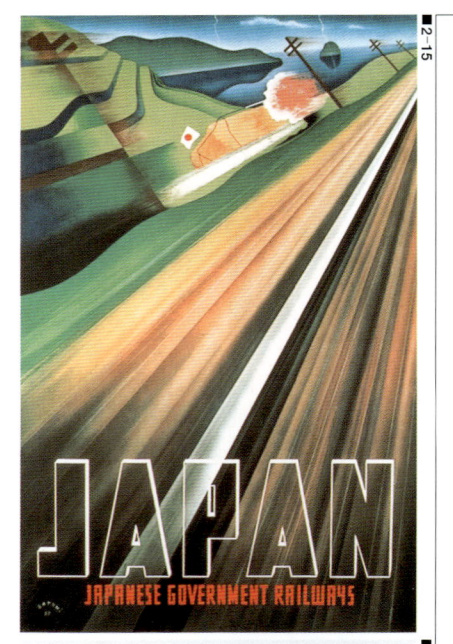

■ 2-14｜原弘 「新装花王石鹸」のパッケージデザイン 1931年 特種製紙総合技術研究所蔵 ディレクター太田英茂のもとで原がデザインした
■ 2-15｜里見宗次 ポスター「JAPAN」1937年 フォト・オフセット 100.2×60.7cm 武蔵野美術大学美術資料図書館蔵 パリで活躍した里見の1937年パリ万国博覧会金賞受賞作．海辺を走る列車のスピード感の表現が見事だ
■ 2-16｜山本武夫 「資生堂コールドクリーム＋バニシングクリーム」のポスター 1938年 66.5×52cm C＝矢部信秀 資生堂企業資料館蔵

古本屋を営む脇清吉を創設者に，京都高等工芸学校図案科教授の本野精吾，霜鳥之彦らが後援した．同校の教官や卒業生，山名文夫，早川良雄らを会員に部数は100〜300部ほど．各号20点ほどの，脇が広く集めた現物を総計すると戦前だけで1650種となり，それぞれに制作者，印刷方法，印刷所等のデータ付きだ．戦時ポスターや献納広告しか集らまなくなっても収集・頒布を続けたことを含め，偉業というほかない．

『モダン金沢』も注目できる．こちらは金沢でコーヒー店を営む鞍信一が，＜映画とカフェーと流行と生活の雑誌＞を副題に，1930年から5年間刊行したコラム中心の雑誌．映画の地方都市への浸透の速さをうかがわせ，アール・デコ風のデザインは洒脱である．

報道写真と『NIPPON』

カメラマン，デザイナー，文化人が集った日本工房が，文化的な対外国家宣伝を旨とする『NIPPON』を発刊したのは1934（昭和9）年である．ウルシュタイン社の契約カメラマンだった名取洋之助がナチによる外国人記者就業禁止によって帰国し，＜報道写真を普及させる文化運動＞を目的に第一次日本工房をつくるのは1933年．メンバーは，『光画』の同人・木村伊兵衛とその出資者である野島康三，写真評論家・伊奈信男，デザイナーの原弘，俳優でドイツ留学もした岡田桑三など．文学者の林達夫が顧問となり，大宅壮一も関与して「ライカによる文芸家肖像展」，「報道写真展」を開いた．

原，岡田をはじめ，長谷川如是閑，柳宗悦らは雑誌『光画』の寄稿者だった．東京府立工芸学校在職中の原弘は1929年，ヤン・チョヒルトらのエレメンターレ・テュポグラフィを紹介しつつ本質的活版術を論じる「欧州に於ける活版図案の新傾向」を発表．『光画』でも，論文「絵―写真，文字―活字，そしてTypofoto」を連載した．その原は1932年，「東京印刷美術家集団」を組織するなどタイポグラフィ研究を進めた．

しかし1934年に岡田，木村，原，伊奈は日本工房と別れ，後に『FRONT』の出版元となる東方社の前身である中央工房を結成．それに対し名取は共同広告事務所の太田英茂を通じて知った河野鷹思，山名文夫を誘って第二次日本工房を再興し，『NIPPON』《2–18〜22》を発刊する．

この雑誌はB4サイズと大判で60〜80頁の総アート紙，共同印刷による英独仏スペインの4か国版で，1944年まで36号発刊された．創刊号は鐘紡が7000円を出資し，発売元は丸善，財団法人国際文化振興会が継続的に買い上げた．主に参考にしたドイツの雑誌『DIE NEUE LINIE』（デザインはハーバート・バイヤー）と同様，衣食住をテーマに，カメラマンとデザイナー主導で編集は進んだ．初期の表紙の傑作の多くは河野のデザインによる．名取は1936年タイム社が創刊したニュース週刊誌『LIFE』の契約カメラマン

■2–17

■2–17｜東郷青児　モオリス・デコブラの原著による『恋愛株式會社』（白水社）のブックデザイン　1931年　20.3×15.5cm　損保ジャパン東郷青児美術館蔵

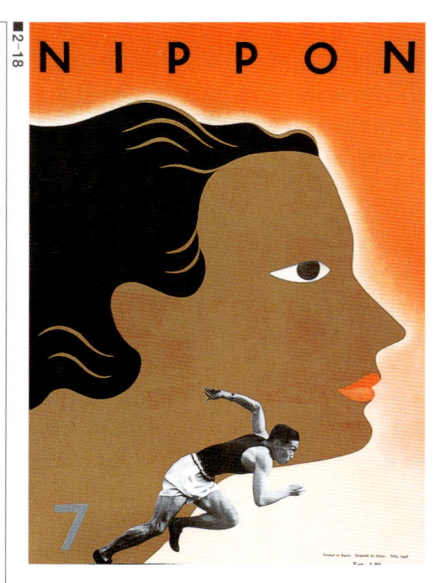

■ 戦前グラフィックの頂点『NIPPON』

1934年10月刊の創刊号には英独仏伊4か国語で「Represents quarterly actual life and events in modern Japan」「PUBLISHER AND EDITOR YOUNOSUKE NATORI」と明記．1937年5月発刊の11号は同年開催のパリ万博特集号で，木製マネキン，竹，漆，陶器，織，人形といった工芸品，光学機器，時計，線路破損検査機などの工業製品，日本庭園模型，工芸指導所の椅子，東京五輪施設ドローイングなどの出品作が掲載された．

となり，土門拳，藤本四八が加わった日本工房は7か国200誌に及ぶメディアに写真を提供した．名取はカメラマンであると同時に優れたアートディレクターだったのだ．

日本工房が担当した対外貿易振興誌『COMMERCE JAPAN』(1938年刊)《2-23》は，文化的ナショナリズムを担う必要もなく，ダイヤグラム，ピクトグラム，印刷表現等において『NIPPON』以上に斬新だ．グラフィックにおけるモダンデザインはこの期に確立されたと見ることができる．

また，1937年のパリ万博特集号である『NIPPON』11号掲載の出品作は工芸，工業，建築と多彩で，戦前昭和のデザインのピークを物語っている．

日中戦争開始後，個人会社だった日本工房は株式会社組織の国際報道工芸，次いで国際報道と改称し，中国にプレス・ユニオン・フォ

■ 2-18｜河野鷹思『NIPPON』第7号表紙　1936年5月発行
■ 2-19｜山名文夫『NIPPON』創刊号表紙　1934年10月発行
■ 2-20｜河野鷹思『NIPPON』第10号表紙　1937年3月発行
以上，すべて36.4×25.7cm　編集・発行人＝名取洋之助，印刷＝共同印刷，発行＝日本工房
■ 2-21｜『NIPPON』第11号38-39頁　濱田庄司および香取秀真の紹介記事
■ 2-22｜『NIPPON』第12号表紙および裏表紙広告　1937年7月発行　D＝山名文夫　表紙と裏表紙の鐘紡(KANEBO)の広告とが見事にマッチしている

■ 2–23

ト・サービスほか2社を設立する．中国発刊を擬装した『CHANGHAI』『MANCHUKOU』および『CANTON』，貿易中央組合会の『COMMERCE JAPAN』，満州鉄道の『EASTERN ASIA』，タイ語による日本文化紹介誌『カウパァプ・タワンオーク』を発行するなど，軍の意向に従う仕事を多く手がけたのである．

最盛期，スタッフは日中で70人を超えた．河野が従軍画家次いで陸軍嘱託となって大陸へ去ってからは，1938年入社の亀倉雄策が陸軍報道部や内閣情報局を相手に企画を通してデザインを進めた．そのためか，亀倉は戦場に駆り出されることがなかった．

流線型と満州文化

両大戦間に発達したのは交通網である．そのシンボルの一つ，金属製の飛行船「グラーフ・ツェッペリン号」が東京に飛来して日本人を驚かせたのは1929(昭和4)年だ．

陸路でヨーロッパに向かうには，東京から列車で下関に着き，連絡船で大陸に渡り，「あじあ」号(1934年)《2–24,25》で8時間半の大連・新京700キロを含むシベリア鉄道経由でパリに到達．これが最短20日間ほどのルートだった．世界的に流行していた流線型の導入が決まり，C53形機関車を改造して「あじあ」号の機関車をデザインしたのは，後に新幹線を開発することになる鉄道省工作局車輌課鉄道技師の島秀雄である．技術者らしく島は当時から流線型には冷ややかで，＜被せ＞で外観のみ整える逃げ腰の設計が目立つために，流線型に対する熱は世界ですぐに醒めたと見る．「あじあ」号では煙突などを工夫し，「排煙実績のように多少なりとも実質的な寄与をしたのは我が国の国鉄だけだったろうと，今でも自負してはいる」(『島秀雄遺稿集』)と振り返る．

また，豊田自動織機製作所が自動車部を設け，1936年に流線型乗用車トヨダAA型《2–26,27》を発表する．日本郵船の主な豪華客船は設計・中村順平，船内装飾施工・高島屋が多く《2–28》，中村は大阪商船の船も多く手がけた．太平洋戦争開戦までは船のインテリアもデザイナーの晴舞台だった．そのスタイルはアール・デコ調を基調に漆や螺鈿を加え，＜新日本様式＞と呼ばれる．これらの列車，船の登場は，スピード感あふれるポスターで人々に告知された．

1932～36年の日本からの対満投資は激増し，その投資は南満州鉄道(満鉄)や満州国政府を経由しての鉄道・通信施設，軍需用重化学工業，次いで上海の紡績(在華紡)に向けられていた．満州には往時，100万人を超す日本人がいた．満州映画協会(満映，1937年設立)，満州電映総社(1941年設立)などには左翼系の文化人も含まれていた．1930年前半はトーキーが一般化し，松竹，東宝などによって独自の日本映画が魅力を放ち始めた時期だが，そうした映画関係者もこぞって満州へ渡っていた．

大杉栄らを虐殺したことで知られる甘粕正彦は，1929年に欧州から帰国して満州へ渡

■ 2–23 |『COMMERCE JAPAN』第5号より記事「Japan's Merchant Marine」1939年　貿易中央組合会

2 産業工芸と商業美術の時代

り，満映理事長の職にあって映画製作と関連事業を飛躍させる役割を演じる．関連事業とは，日本から歌舞伎，演劇，芸能，音楽を招いての興業，大同劇団を支援しての新劇の振興，新京音楽団の創設，映画科学研究所の設立などである．映画の持つ大衆性と宣伝力に注目して関東軍主導で設立されたのが満映で，根岸寛一，マキノ光雄，内田吐夢，杉山公平といった映画人たちがここに集った．戦後，東映に結集する人々である．東方社理事長を務め，戦後東京シネマ社長となる岡田桑三もその一人．李香蘭主演の「私の鶯」（1943年）をはじめ，満映製作の中国人向け娯楽映画は100本を超える．

■2-24, 25｜「あじあ」号を牽引するパシナ形蒸気機関車と後部展望車内装　共に1934年　写真提供＝交通博物館　大連・新京間700キロを8時間半で結ぶ特急列車のスタイルはアール・デコ．1934年新造
■2-26, 27｜トヨダAA型乗用車およびフロントマスコット　豊田自動織機製作所　1936年　トヨタ博物館蔵　豊田自動織機製作所は1933年に自動車部を設置して自動車の開発に取りかかり，3年後に流線型の乗用車を発表した
■2-28｜中村順平「貨客船新田丸一等カフェ及ダンシングスペース装飾デザイン原画」1940年　30×65.2cm　横浜マリタイムミュージアム蔵　新田丸は日本郵船の北米航路用の新造船

服飾デザインの離陸

戦後,働き手を失った家庭を支える女性の多くは洋裁に活路を見出した.1949(昭和24)年に2000校,20万人が学ぶ洋裁学校ブームが準備されたのは戦前である.

1920(大正9)年,並木婦人子供服裁縫教授所を開いていた並木伊三郎と,遠藤政次郎との出会いが文化服装学院創設のきっかけだ.並木は,そのまま組み立てれば立体になる「原型」をもって,洋裁を徒弟制度から近代的な教授法に転換した.原型があれば誰でも自由にスタイルを発展させ,誌上でそれを伝達できる.平面裁断は身体を採寸して平面上に型を作製するもので,ドイツで完成していた.財団法人並木学園となった1935年時の総在学生数は1300人だった.文化服装学院の双璧,ドレスメーカー女学院(1926年開校)の創設者は杉野芳子.米国滞在7年目の1920年に杉野は帰国し,原型を用いる型紙による洋裁を普及させる.

1930年には百貨店連合が初のフゥァッションショーを催し,30年代半ばには洋裁学校が第1の隆盛期を迎える.二代目学院長の遠藤政次郎が飛行機「文化服装学院号」3機を国に献納したことからも,洋裁学校の隆盛ぶりが察せられる.

モダンデザインとして注目できるのは田中千代だ.バウハウス派のオットー・ハスハイエの指導を受けて帰国し,1932年に大阪のカネボウ・サービス・ステーションで発表した白とピンクの「パジャマドレス」《2-29》の新しさは特筆に値する.また,機能的なユニフォームに注目し,戦後,桑沢デザイン研究所を創設する桑沢洋子は,バウハウス流の新建築工芸学院で学び,婦人雑誌の編集者をしていた.杉野は千葉の寒村育ち,田中は外務大臣の長女,桑沢は東京・神田の衣類問屋を生家とするなど出自は多様だ.

1937年,都下の洋裁学校を代表する15校

■2-29

■2-30

■2-29 | 田中千代 パジャマドレス 1932年 写真提供＝田中千代学園 スイスでオットー・ハスハイエに学んだ田中のファションは思想,造形ともにモダンデザインをよく体現して新鮮だ
■2-30 | 非常時婦人服展(1937年11月9日-23日 銀座松坂屋)出品作から『工藝ニュース』1938年1月号より この展覧会出品作約40点には,和装と洋装が同居する

デザイン産業はいつ成立したのだろうか？

デザインの業としての成立は何を基準とすべきだろうか．ここでは，デザインと制作・製造の分離を前提に，デザイナー団体の結成，企業デザイン部門の設立，デザイン需要の母胎となる産業形成によって，成立時期を考えてみる．国勢調査による職業別人口，事務所統計等にデザインが加わるのは1970年以降だからだ．

最初のデザイナー団体と言える大日本図案協会設立は1901（明治34）年．だが，広告業の定着は1920年代だから，広告分野の＜デザイン業＞成立は1930年前後と考えられる．この頃，化粧品，食品，百貨店などの宣伝部や広告部では企業内クリエイターが文案や図案で活躍していた．資生堂は1916年に意匠部を開設，1929年に山名文夫（1897年生）が入社して企業スタイルを確立する．

コピーライターの草分けは，森永製菓，寿屋，寿毛加社で次々と傑作コピーを残した片岡敏郎（1892年生）．プロデューサーには，花王石鹼本舗長瀬商会広告部に文案家として入り，写真を用いた新聞広告を編みだした太田英茂（1892年生）を挙げることができる．彼らに続いて，森永製菓に今泉武治（1905年生）と新井静一郎（1907年生），味の素に大智浩（1908年生），伊奈胡蝶園に花森安治（1911年生），三省堂に高橋錦吉（1911年生）がいた．

企業の転籍組が多いことも，デザインの業としての成立を裏づける．森永製菓の社内デザイナーによる構図社のメンバーは13人．その一人である平沼福三郎はそれ以外に21人の名前を挙げているから，1941年広告部消滅までの＜森永広告学校＞の充実ぶりが分かろうというものだ．

服飾デザインの業としての成立はどうだろう．同時期，デザイナー兼教育者のパイオニアに杉野芳子（1892年生），大塚末子（1902年生），田中千代（1906年生），伊東茂平（1908年生）らがおり，文化裁縫女学校1校で在校生1300人（1935年）を記録するものの，教育の目的は家庭裁縫だった．デザイン業の成立とは言えまい．

パイオニアならば，百貨店のインテリア部門にもいた．明治末の洋家具製造販売は大阪，神戸が盛んで，東京市に業者は120〜130軒．洋家具の流行はモデルルーム方式で展示会を催す高島屋，三越などの百貨店が握っていた．1909（明治42）年に図案部を設けた三越では，後に家具部長となる野口壽郎（1909年生）が1924年に入社して家具デザインを始めた．1926年設立の帝国工芸会は構成員100人を超える職能団体ではあるものの，官学所属組が目立つ．デザイン振興ではあるが，業の成立ではないだろう．工業デザインの業としての成立は，1951年の松下電器意匠課開設あたりまで待つべきだろう．［森山］

が結成した日本洋裁家連盟は「非常時婦人服展」《2-30》を開催する．40種の出品作は和服向けと洋服向けに大別でき，その一つであるステープルファイバーを素材とするオリーブ色の防皺防水加工1着は5〜7円と安価だった．『工藝ニュース』誌上でスケッチ入りでこれを報じたのは豊口克平である．和服の提案に疑問を呈し，「現実は如何とも致し方ない．住宅の形式，経済，習慣等は簡単には之を解決出来まい」と，自らの仕事に引き寄せて評している．

ところで，白いかっぽう着姿の婦人の集団，大阪国防婦人会が出現したのは1932年．1938年にその数は，全国で700万人に膨れ上がる．軍服，国民服，モンペ以前に，かっぽう着があったのである．

戦争とデザイン

広告業と通信業の分離

　満州事変を機に世界の注目が日中に集まり，対外情報対策，報道統制の必要が生じると，政府は通信社統合政策をとった．国と企業との長い交渉の後，国策通信社である同盟通信社に日本電報通信社(現・電通)通信部が分離・吸収されたのは二・二六事件後の1936(昭和11)年6月である．1901(明治34)年に日本広告株式会社として創業した電通(初代社長・光永星郎)は当時，新聞・雑誌・交通を媒体とする広告と，経済に関する通信とを業務内容としていた．

　広告代理業は明治20年代に本格的に活動を始め，いまに残る大手では万年社(大阪・高木貞衛)が1890年，博報堂(東京・瀬木博尚)が1895年に創業していた．電通が東京はもとより，大阪でも取扱高で万年社を抜いてトップに立つのは1930年．電通の業務縮小を意味する先の通信部の分離は，政府に押し切られる形で実施され，約700人いた社員は300人に激減した．もっとも，分離当時は通信業の赤字を広告代理業の黒字で穴埋めする状態だったことから，戦後第4代の社長となる吉田秀雄はこの分離が広告代理業近代化のきっかけだったと反面，評価した．

　電通は創業当時「意匠文案　翻訳等は総て無料なり」をうたった．現在のクリエーティブ局に相当する本社図案文案研究室が新聞，雑誌以外のポスター，カタログ，パッケージへ業容を拡げたのは分離後の1938年だ．国家総動員法をはじめとする各種統制法令の成立で，自由な商品経済は消えつつあった．

　新聞広告の＜御三家＞は長らく薬品，化粧品，図書だった．化粧品がトップ3から脱落するのは「化粧品営業取締規則」が改正された1940年．同じ年，東京朝日新聞に献納広告第1号として明治製菓の「贅沢は敵だ」が登場する．上位を占めていた食料・嗜好品の広告も1938年以降低落し，森永製菓は1941年に片岡敏郎以来，文案家とデザイナーを輩出して＜森永学校＞と呼ばれた広告部を廃止する．新聞広告は1937年をピークに紙数・行数ともに落ち込み，1941年の行数はピーク時の約8割，広告税導入の翌年には4割水準となっている．広告の分水嶺は日中戦争開始年だったのである．

　1939年には劇映画と文化映画・ニュース映画の同時上映を義務づける「映画法」が施行され，その文化映画制作会社は電通，朝日映画，理研科学映画の3社に統合された．片や，各広告代理店が拡充していた満州，中国での拠点は太平洋戦争開始までは営業を続けた．企業の寡占化が起こり，トップ企業電通は1936～41年の間，売上高で2.1％，利益で2.6％増と好業績を達成している．

人材が結集した報道技術研究会

　報道技術研究会(報研)の結成は1940(昭和15)年．1938年に論文「報道美術に於ける集中と分化」を発表していた今泉武治が趣意書を書き，23人が会員に名を連ねた．今泉，新井静一郎，原弘，堀野正雄，大久保和夫，氏原忠夫，山名文夫，前川國男，藤本四八，小山栄三，裕乗坊宣明などである．活動は敗戦まで5年にわたり，初期会員以外に写真家，

建築家，学者，編集者など60人余りが参加した．

そのメンバーは日本工房や東方社と重なりながら，驚くべき広がりをみせる．デザイン以外では，イタリア文学者の三浦逸雄，三越の岡田茂，演劇評論家の戸板康二，作詞家の江間章子，漫画家の加藤悦郎などがいた．研究会のメンバーの多くは企業や組織に在籍しての活動ながら，「太平洋報道展」「戦う独伊壁新聞展」などの展覧会，大政翼賛会の壁新聞や組ポスターなどに結集している．

内閣情報局，大政翼賛会を主な発注元とした終戦までの5年間の仕事として，ポスター37点，壁新聞7点，編集・構成物17点，17の展覧会が確認できる《2-31,32》．銀座に掲出された「撃ちてし止まむ」の大ポスターも報研の仕事だった．研究した海外の宣伝グラフ誌はドイツの『Signal』『Der Adler』，ソ連の『USSR』，フランスの『VU』などだ．今泉によれば，映画のモンタージュ論やカットバック技術をグラフ構成にする方法なども，研究会で話し合ったという．

翌年，日本宣伝技術家協会が電通のバックアップで発足する．会長は光永真三電通社長がつとめ，常任幹事は江川正之，山名文夫，金丸重嶺，高橋鉄，大智浩の5人，幹事には新井静一郎ら8人が名を連ねた．大蔵省の貯蓄宣伝や軍人援護会の宣伝などを受けたものの，指導力不足もあって目覚ましい活動は見られなかった．同年，内閣情報部(後に情報局)の指導下にあった大政翼賛会に準備委員会を置いて発足したのは社団法人日本宣伝文化協会だ．これらの構成員が重なっているのは，組織立った戦争宣伝体制がなかったこと，何かやりたいとの熱意，そして誰もが＜バスに乗り遅れまい＞としていたためだとの証言もある．

■2-31｜壁新聞「おねがひです．隊長殿，あの旗を射たせて下さいッ！」報道技術研究会 1942年 D＝山名文夫，I＝栗田次郎，作字＝岩本守彦 108.7×76.6cm 松戸市教育委員会蔵 写真提供＝練馬区立美術館 報研の代表作とされる

■2-32｜宮本三郎 陸軍省ポスター「第三十八回陸軍記念日 撃ちてし止まむ」1943年 71×51cm 武蔵野美術大学美術資料図書館蔵 各種グラフィックで展開された1943年の決戦標語使用の一例

■ 国威発揚を狙わざるをえなかった『FRONT』
太平洋戦争開始直後の創刊で、海軍号、陸軍号（以上1942年刊）、満州国建設号、落下傘号、空軍（航空戦力）号、鉄（生産力）号（1943年）、華北建設号、フィリピン号、インド号（1944年）と、A3判・B4判で9冊発刊。印刷されたが発刊されなかったのは10号「戦時下の東京号」、幻の11号は「戦争美術号」の予定だった。号の呼び名は正式なものでなく通称。東方社デザイン部長の原弘が一貫してデザインにあたった．

東方社刊，10冊の『FRONT』

多くの組織のなかで，1941（昭和16）年設立の東方社は際立っている．同じ海外向け国家宣伝グラフ誌ながら，1934年刊で1944年まで36号を数える日本工房の『NIPPON』と，1942年刊で10冊（実際の刊行は9冊）の『FRONT』は性格を異にする．前者は国際連盟脱退もあり日本の文化を，後者は戦争突入で日本の国力をアピールしようとした．メンバーは重なるものの，日本工房が文化人集団だったのに対し，東方社は民間組織ながら参謀本部の対外宣伝機関の性格が強かった．国際報道（旧・日本工房）は70人，東方社では100人を超えるスタッフが働いた．

東京・小石川の3階建洋館を本拠に，理事長に岡田桑三，理事に林達夫，春山行夫，岡正雄ほか，写真部長・木村伊兵衛，美術部長・原弘といった陣容で，東方社は1941年

■2-33 『FRONT』1-2（海軍号）より見開き　1942年
■2-34 『FRONT』14（フィリピン号）より見開き　1944年　末期に至るほど誌面は明るくなったとの元スタッフの証言がある
■2-35 『FRONT』1-2（海軍号）表紙　1942年　表紙裏のスローガン「アジアの守り日本海軍」は15か国語で記載され，写真では遠近が強調されている
■2-36 『FRONT』7（落下傘部隊号）表紙　1943年
■2-37 『FRONT』3-4（陸軍号）表紙　1942年　以上，すべてD＝原弘　発行＝東方社　42×29.7cm

に発足した．第一次日本工房から分かれた中央工房が母体だった．岡田桑三はドイツで造形を学んだ元映画俳優で，嘉瑞工房を開き欧文活字研究者でもある井上嘉瑞と近い関係にあった．デザイン関係では今泉武治，多川精一もスタッフだ．1943年には林が理事長となり，太田英茂が事務長に就いている．

『FRONT』《2-33〜37》は創刊号の海軍号以降，陸軍号，満州国建設号，落下傘号，空軍（航空戦力）号，鉄（生産力）号，華北建設号，フィリピン号，インド号，戦時下の東京号（未刊）と，10号印刷された．テキストには，欧米列強の植民地政策を批判したアナトール・フランス，日露戦争におけるアジアの勝利を讃える孫文の言葉の引用もあり，日本によるアジア解放がメッセージだった．

ソ連の『USSR』を参照しつつ，原によるA3サイズ見開きの画面いっぱいに展開したモンタージュ写真，ページを上下に分断した遠近感に富む構成は迫力がある．日本の戦争グラフィズムの頂点と言えるデザインだ．写真版はドイツ製両面2色刷りグラビア印刷機をもつ凸版印刷板橋工場が受け持ち，文字は最大15か国語によってオフセット印刷された（1989〜90年に10号分が復刻された）．

用紙やインクが特需扱いだったのは，占領地での宣撫工作と同じである．1941年に徴用され，オランダ軍が去ったジャワ（現・インドネシア）に上陸して宣撫工作にあたった河野鷹思や大智浩がそう証言している．両人は占領地ジャワでは，謀略映画の舞台装置，郵便切手，日本語教科書，ソ連で使うかもしれない紙幣まで手がけた．ナチが組織したプロパガンダ・カンパニー（宣伝中隊）を真似たこの部隊は，ジャーナリストの大宅壮一が中心人物だった．

国家宣伝を具体的に担った主な組織は，大政翼賛会宣伝部，東方社，報道技術研究会などである．政府とつながる宣伝の仕事に携わった人材は少なからず兵役を免れ，フリーランスデザイナーの多くは徴兵され戦場に送られている．それが戦中のデザイナーの実態だった．

変体活字廃棄運動があった

グラフィックデザインは活字，写真，紙，印刷技術など多くの要素に支えられて成立する．その活字が戦時体制に呑まれた事件に，＜変体活字廃棄（廃止・返上・献納）運動＞があった．

広告がピークを迎えた1937（昭和12）年，日中戦争突入の軍需を理由に非鉄金属の価格が高騰，闇取引が横行する．活字やその母型の支持母材である鉛，錫，真鍮の新地金の入手が難しくなりだすのだ．業界内には使用して磨耗した活字を集めて再利用する動きが起こったものの，統制の流れに乗ってつくられた日本故銅統制会社はそれを認めなかった．その翌年，正進社印刷所社主の高橋与作が提唱したのが変体活字廃棄運動である．

奢侈品等製造販売規則が公布された1940年，高橋は東京印刷業組合活字規則統制委員会なる組織へ私案として廃棄を提案，決議に至ってしまった．多様な金属活字も贅沢品であるとの主張が通ったわけである．組合としての決定は臨時総代会で理事会に一任されるまでの議事録があるものの，最終決定は明文化されていないようだ．委員会段階での決定は，廃止が行書体，隷書体，草書体，楷書体，宋朝体，丸ゴシック体，花文字．3年の猶予期限付き廃止が弘道軒清朝体．存続が決まったのは，正楷書体，角ゴシック体，明朝体のわずか3書体である《2-38》．

■2-38

變体活字　變体活字　變体活字

恩地孝四郎をデザイナーに迎えてアオイ書房を東京で経営していた志茂太郎は、「印刷界の暴挙を戒む」(『書窓』62号，1941年)を発表したが、活字廃棄を止めることはできなかった．そればかりか、石井茂吉が開発した写植組版をいち早く導入するほどのプライベートプレス(個人印刷所)の雄、アオイ書房は閉鎖を命じられる．ちなみに、実用技術の開発で日本がリードした写植機の技術は、石井茂吉と森澤信夫が1924(大正13)年に共同で特許申請している．後に写研とモリサワを設立するこの二人が文字盤の改良を重ね、発明展覧会出品で話題となるのは1932年だ．

この期、タイポグラフィ分野の研究会には欧文印刷研究会がある．既出の志茂、井上、原、裕乗坊、さらに三省堂、津田三省堂、一色活版の面々など15人が参加した．ここでも、対外宣伝グラフ誌と研究会のメンバーは重なっている．

＜変体活字＞とは奇妙な名称だ．また＜献納＞とは返上して得られる代金で戦闘機を軍に献納することを意味し、さらに＜廃棄＞の実情は売却処分だったという説がある．政府は航空兵の機銃操作に悪影響のおそれがあるとして、6号以下の活字やルビ付き本文明朝体活字もなきものとした．

1941(昭和16)年には内閣情報局主導の雑誌統制により，美術雑誌8誌が廃刊となった．翌年の主要新聞の整理統合により，残った新聞社は一県一紙の54社．1943年の第2次雑誌統制によって雑誌出版は195社を残すのみとなった．1930年代に全盛をみた金属活字，それによる本づくりは息の根を止められた．1944年には印刷企業整備要綱により，印刷業の3分の2が廃業に追い込まれる．

太平洋戦争下のイベント

デザイン活動の転換点となった年は日中戦争開始の1937年だが，太平洋戦争開戦前後にも転換は起こった．1937年、28億円だった国家予算に対して大兵力を中国に送るための臨時軍事費は25億円に達する．以降，商品広告は減って商業美術は産業美術，報道美術と呼称を変えた．

そのためもあり，図案家，写真家，文案家などの広告技術者は，献納広告，壁新聞，国策映画・展覧会といったプロパガンダを担うようになる．1943年の決戦標語「撃ちてし止まむ」がこの時期を象徴する．銀座の目抜き通りに百畳敷の大看板が掲出され，難波の店頭ウィンドウに人気者のフクチャンがその幟(のぼり)をもって闊歩する大マンガパネルが描かれた．銀座の写真は金丸重嶺，設置はいずれも

■2-38 | 変体活字として議論された書体の例．右から角ゴシック，角ゴシック細字，丸ゴシック，丸ゴシック篆書　片塩二朗著『活字に憑かれた男たち』(朗文堂／1999年)より．変体活字廃棄運動については同書に詳しい

乃村工藝社が担当した．広告技術者と装飾技術者とはプロパガンダにおいて協働する．

ディスプレイなる分野は戦前昭和期，催事の仕掛けを意味した．1892（明治25）年に乃村工藝を創業した乃村泰資は若くして舞台模型を巧みにあやつり，両国国技館での大カラクリで評判をとった．雑誌『広告界』の前身は『広告と陳列』であり，1939年のニューヨーク万国博《2-39》頃から展示，博展，造型といった言葉が登場する．百貨店の装飾，博覧会の施工がこの分野の花形である．この時期，装飾業者は60社余りだったようだ．

その装飾業は1930年代後半からは国の内外で国威発揚のための報道，宣伝，国策イベントの仕事が増え，軍需産業並みの活況を呈する《2-40,41》．業界がこぞって艦船模型，戦局地図やパノラマ，ジオラマによる戦地再現，ニュース・スチール，宣伝パネル，射撃訓練用標的のパノラマ，軍需品の梱包用外箱などを製作．太平洋戦争開戦後は，特殊潜航艇の模型や真珠湾奇襲のパノラマなどが多かった．

乃村工藝が受注した満蒙軍事博覧会（大阪，1932年），汎太平洋平和博覧会（名古屋，1937年），大東亜戦争博覧会（南京，1942年），あやめ池遊園地海軍館（奈良，1943年）でも，そうした製作物が観衆の耳目を集める役割を果たす．

1943年にすべての美術工芸展は中止となった．物資は払底した．しかし，陸軍省の許可のもとで1942年に日本軍事工藝株式会社と社名を変えた乃村工藝社に陸軍省報道部・航空本部からの受注は順調だった．

代用品, 国民服, 木製飛行機

工芸指導所第2の転換は1939（昭和14）年に起こった．この年，大阪で関西支所開設，翌年に本所は東京・西巣鴨に移転した．仙台は東北支所として，木工，漆工，金工の研究

■2-39

■2-40

■2-41

■2-39｜ニューヨーク世界万国博覧会国際館日本部の写真壁画「躍進日本」 写真＝土門拳，構成＝山脇巖　1939年　8.1×22m　写真提供＝山脇巖・道子資料室　2年前のパリ万博でも2.1×18mの写真壁画（構成＝原弘）がつくられた
■2-40｜日支事変聖戦博覧会のパノラマ（兵庫県西宮）1938年　施工＝日本軍事工藝（現・乃村工藝社）写真提供＝乃村工藝社
■2-41｜日劇ファサードの大壁画（東京・有楽町）1943年　施工＝日本軍事工藝（現・乃村工藝社）写真提供＝乃村工藝社

を存続した．日中戦争後は，業務内容も変貌した．代用品の研究といった戦時型の生活用品の指導が中心となり，太平洋戦争勃発後は飛行機の木製化，ハリボテの囮機の組み立てまでやることになる．

輸出工芸振興のための作業に代用品の試作研究《2-42》が加わったのは1938年．貴重な軍需材料に代わる代替材は，木材，竹材，陶磁，合成樹脂，柿渋塗料，硬質紙，水産皮革，豚皮などで，研究用にと大量のがま蛙が送られてきたこともあった．ただこの時期，すべてのメンバーが軍需省の仕事だけを行なったわけでなく，戦時下での家具，食器，日用品，玩具などの研究および生産指導は続けられた．政府は外貨獲得のために「輸出品高級化」も必要としたし，「製品標準化」は敗戦まで一貫したテーマだったからだ．

同じ標準化の線上にあるのが1940（昭和15）年の国民服制定だ．官民11人からなる国民被服刷新委員会が，282点の公募案から選んだ．デザインは一般公募だったのである．「国民服令」には礼装のあり方，国民服はカーキ色に限るなどの規定もあるが，一般男子の着用率は高くはなかったという．一方，婦人服標準研究会による婦人標準服のほうは公募で集まった648点から，1942年に洋式，和式，活動衣の各数種が発表された．事実上の標準服となったのが，このなかのモンペ型の活動着だったのである．

工芸指導所は1940年，坂倉準三を介してフランスからシャルロット・ペリアンを講師に招く．ル・コルビュジエのもとでデザイナーとして働いたペリアンは，そこで坂倉と知り合った．ペリアンは＜装飾＞ではなく＜設備＞を唱え，生活の芸術化を目指していた．

京都で陶芸家の河井寬次郎と親交を温めた後，ペリアンは輸出工芸連合会にいた柳宗理とともに東北へ赴き，宮城，山形，秋田などで精力的に工芸の指導と製作を行なった．藁細工の技術を利用した椅子カバーや寝椅子などが残っている《2-43,44,45》．こうした実践によって誕生した作品を集めたのが，自身が監修して翌年東京と大阪の高島屋で催された「選択・伝統・創造」展だ．民芸品にも美を見出したペリアンの日本滞在は戦争の影響もあって2年に及び，戦後の日本のデザインに及ぼした影響はブルーノ・タウトに勝るとも劣らない．

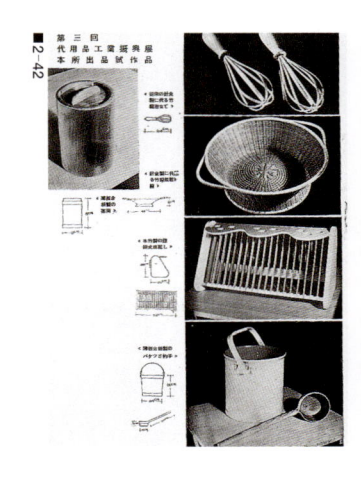

1944年11月に軍需省の招集で工芸指導所が加わった飛行機木製化の取り組みは，操縦者座席，ガソリンタンク，操縦桿，尾翼に及んだ．これには木材と樹脂で成形して試験飛行を行なった米国機，またソ連機を参照している．技術的には，木材合板の曲面成型法や耐水ベニアの開発が重要である．一方の偽装作戦に用いる囮機は，陸軍双発戦闘機「隼」，海軍の「飛竜」の実物模型づくりだった．組立10分，分解5分が条件だったという．全国の協力工場回りが必要なこれらの作業に従事したのは，軍需管理官だった豊口と剣持，そ

■2-42｜第3回代用品工業振興展出品の試作品　1940年『工藝ニュース』1941年1月号より　産業工芸指導所が出品したもので，左上から，薄板合板製の茶筒，従来の針金製に代わる竹製泡立て，針金製に代る竹製皿乾籠，木竹製の壁掛式皿乾し，薄板合板製のバケツと杓子

■2-44

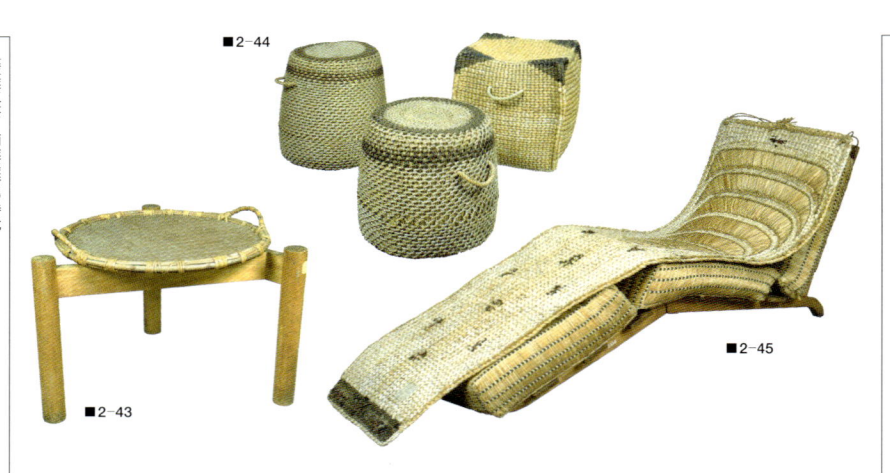

■2-43

■2-45

して山脇巖，小杉二郎，金子徳次郎，松本文郎らである．

　意匠登録は1943年から出願停止となった．同年，国井に代わって斎藤信治が所長に就任，翌11月に『工藝指導』(旧・『工藝ニュース』)休刊．1945年3月に大阪支所が，4月には東京本所が空襲で消失．敗戦の年の12月に本所は杉並区久我山に移された．

　戦前に限っても，工芸指導所に入所した面々は強者揃いだ．これまでに挙げたメンバー以外に，明石一男，新井泉，勝見勝，金子至，小池岩太郎，小池新二，高村豊周，藤井左内，服部茂夫，寺島祥五郎，芳武茂介などがいる．その多くは1950年前後に工芸指導所を退職してデザイン事務所を開設する．

　米国人デザイナー，チャールズ・イームズは戦争中の戦傷者用副木，飛行機木製化の研究を経て戦後，成型合板家具の傑作を生んだ．それと同様に，日本の戦時下で開発された技術もわが国の戦後の工業デザインに大きな力となった．技術開発と人材育成という意味では，工芸指導所は＜学校＞だったと言えるようだ．

占領軍住宅の家具と備品

　1952(昭和27)年のサンフランシスコ講和条約発効まで日本は占領下に置かれた．貿易再開の1947年から1952年まで，日本から輸出される製品の刻印は「Made in Occupied Japan」だったのである．占領体制と直結するデザイン活動には，2万戸の進駐軍家族用住宅建設および家具の設計・生産がある．1946年，占領軍にこれを命じられた戦災復興院は商工省繊維局の責任で生産することとなり，工芸指導所の豊口克平を責任者に，金子徳次郎，秋岡芳夫らが設計・生産指導にあたった．

　設計品種は約30種・95万点《2-46～49》．設計期間は3か月．10分の1図およびスケッチ，原寸図，試作，正式図，プリントの順に占領軍デザインブランチのヒーレン・S・クルーゼ少佐が＜検認＞を行ない，各地の工場で生産に移される．枯渇した資材と洋家具に未経験な工場という悪条件ながら，サクラ，シオジを主材料にブナ，タモ，シイ，セン，

■2-43,44｜シャルロット・ペリアン　丸椅子(H38×φ30cm)，角椅子(H38×W32cm)，卓子(H51.5×W63cm) 1940-41年　山形県立博物館蔵　素材は藁，木，竹，土着の製品に科学と時代を取り込むべく山形県新庄町(現・新庄市)で考案・指導し，地元の農民が製作した
■2-45｜シャルロット・ペリアン　折畳み寝椅子　1940-41年　61.5×46×138cm　山形県立博物館蔵　ペリアンが指導して山形県新庄で製作されたもの．土台は木製，クッションと掛け布は藁製

タブ，ケヤキを加え，ラッカー，オイルワニス塗を基準とした．こうした経緯は1946年6月に復刊された『工芸ニュース』に豊口，金子が書いているが，出版が検閲下にあったことからクルーゼのデザイン指導への不満などには触れられていない．

住宅に付属する家電製品《2-50》，衛生備品については，三菱電機，東芝，戦前から水洗トイレの普及につとめていた西原衛生工業所などが担当し，1946年から1948年にかけて開発，納品するというスピードだった．こうした家具・備品の素早い開発・生産は，戦後デザインの離陸に多大な影響を残して終わった．

戸山ハイツも占領と関係する．米軍放出資材を用い，総面積7万4200坪（住宅敷地3万坪）の戸山が原の一角に，1949年に1415戸の日本人向け小型兵舎式組立住宅ができた．この洋式簡易生活向け住宅群を戸山ハイツと呼ぶ．畳敷きは一切なく椅子式だった．東

デザインの謎 戦時下デザインはどこまで解明されたか？

『昭和史 新版』(1959年)の初版発行は1955年，新版は60版を数える．戦争を繰り返してはならないとのメッセージが，広範な読者を獲得しているのだろう．鶴見俊輔による『戦時期日本の精神史 1931〜1945年』(2001年)も復刊された．これらを手にすると，戦争とデザインの問題はどこまで解明されたのか知りたくなる．デザインという言葉が一般化される前に戦時体制に組み込まれた関係者はどんな証言を残し，研究者は何を明らかにしたのだろうか．

証言集として発刊が早かったものに『日本デザイン小史』(1970年)がある．編集同人は，奥田政徳，新井泉，原弘，亀倉雄策，宮桐四郎，板橋義夫，土方重巳，高橋錦吉の8人．＜デザインとは何か＞を求めて編集されているが，58人の寄稿の中心をなしているのは1920年代から敗戦までのデザイン活動である．「わたしのデザイン系譜」(河野鷹思)，「青春 日本工房 時代」(亀倉雄策)などには，戦時体制下のデザイン実態が活写されている．とはいえ，官職にあった豊口克平でさえ，航空機の木製化について「この当時のまたもっと詳しい事情や技術を記述するものはほとんど終戦とともに失われた」と書いた．掘り起こしが困難なものは多い．

その後の関連出版は，この小史に登場する人物や事象をより精緻に，あるいは豊富な図版や客観的資料を用いて解明したものとも言えるかもしれない．『型而工房から 豊口克平とデザインの半世紀』(1987年)，『日本の近代デザイン運動史』(1987年)，『戦争のグラフィズム 回想の『FRONT』』(1988年)，『幻のキネマ 満映』(1989年)，『FRONT』復刻版(1989〜90年)，『挫折の昭和史』(1994年)，『昭和のデザイン＜パイオニア編＞』(1995年)，『撃ちてし止まむ』(1998年)，『活字に憑かれた男たち』(1999年)，『青春図會 河野鷹思初期作品集』(2000年)，『原弘と「僕達の新活版術」』(2002年)，『岡田桑三 映像の世紀』(2002年)などがそうした例である．

「ポスター日本」(1987年)，「日本工芸の青春期 1920s-1945」(1996年)，「日本のタイポグラフィックデザイン1925-95」(1999年)，「日本の生活デザイン 20世紀のモダニズムを探る」(1999年)等は戦中にもかなり触れた展覧会だ．美術館，デザイン団体，デザイン学会等の記念企画として昭和のデザインはやっと明らかにされつつある．

また，創立100周年を超える企業による，『錬技抄』川島織物145年史』(1989年)，『ディスプレイ100年の旅』(1993年)，『印刷博物誌』(2001年)，『電通100年史』(2001年)，『DNP125』(大日本印刷，2002年)といった記念出版も続き，産業とデザインの両面から貴重な素材を提供してくれる．

2 産業工芸と商業美術の時代

■2-46

■2-47

■ 戦後に出現したデペンデントハウス
連合軍総司令部から日本に指示された2万戸の家族用住宅建設には空前の規模の生産体制が敷かれ、戦後の家具・什器づくりの起点となった．1948年に報告書『デペンデントハウス』がまとめられたが、＜DH＞と略称されるこの名称は＜扶養家族＞を意味する．「進駐軍用DH」と通称されたこの事業は、1999年『占領軍住宅の記録（上）（下）』として掘り起こされた．＜デペンデント＞と＜進駐軍＞が消えたのは半世紀後だったのだ．

京都建設局の呼びかけで都内の家具メーカー5社が出品してのモデルルームが一般公開され、日興産業製作の一連の「エンコー家具」が注目を集めた．整理ダンス、飾棚、書棚、食卓、椅子、応接セット、流し台などだが、調度26点を2万円足らずで買える経済性があっての人気だった．

家を失った都市住民が敗戦直後に得ることのできた住宅は、縄文時代のような＜三角住宅＞、営団のバラック、兵舎や工員寮の改造住宅に過ぎなかった．質的に向上した高輪アパートのような公営集合住宅の建設が始まった自力建設時代と呼べるのは1948年以降である．戸山ハイツ建設はこの年だから、建築家の間に座式・椅子式の議論を巻き起こしたとしても、一般都市住民にとっては憧れの対象だったことが理解できる．

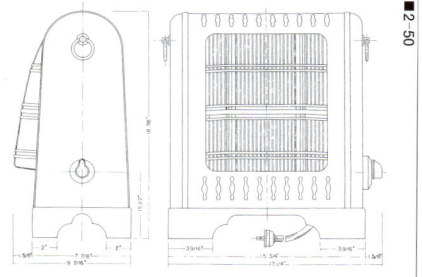

占領時代が終わった1952年、工芸指導所は改称されて産業工芸試験所となり、日本インダストリアルデザイナー協会設立．前年には、戦後グラフィックデザインの発展を担う日本宣伝美術会が発足していた．

■2-46｜剣持勇 オフィサーズクラブ用の椅子 1946年 木 97×75×120cm 家具の博物館蔵 写真＝田中俊司
■2-47｜豊口克平 占領軍家族用の食堂椅子 1947年 木 90×44×50cm 家具の博物館蔵 写真＝田中俊司
■2-48｜デペンデントハウスA-1a型住宅の居間と食堂 『DEPENDENT HOUSING』（工芸指導所・技術刊行会／1948年）より
■2-49｜オフィサーズクラブの家具 1946年 『占領軍住宅の記録（下）』（住まいの図書館出版局／1999年）より
■2-50｜デペンデントハウス用電気ストーブの図面 『DEPENDENT HOUSING』（工芸指導所・技術刊行会／1948年）より

3章 1952–1971 大量消費社会とデザイン

Mass-production and Mass-consumption

紫牟田伸子

高度経済成長期のデザイン

戦前昭和期に理念および手法として芽吹いたモダンデザインは、戦後ようやく産業社会に導入された．商業美術や産業工芸といった＜美術＞や＜工芸＞に寄り添う存在から、＜デザイン＞という独立したカテゴリーが確立するのがこの時代である．

1945（昭和20）年の敗戦後、日本は、アメリカを筆頭とする海外からの技術導入による技術革新や特定の業種に重点的に資本を投入する傾斜生産方式の採用など、政府指導による産業育成政策によって復興への道を歩み始めた．戦後の極度のインフレからGNP（国民総生産）が世界第2位になる1968年までわずか23年．朝鮮動乱の特需（1950〜53年）を皮切りに、神武景気（1956〜57年）、岩戸景気（1959〜61年）、いざなぎ景気（1967〜69年）という未曾有の好景気の波に乗り日本経済は急成長を遂げた．

1956年度の『経済白書』には「もはや戦後ではない」と記されている．この年、貿易を除く一人当たりの実質国民所得や鉱工業生産などがすべて戦前経済の水準を超えた．日本経済は敗戦から立ち直り、高度成長期に突入した．その原動力は送り手側の技術革新および生産設備の近代化、受け手の側による耐久消費財の大衆化である．椅子座の生活、食寝分離、清潔で合理的な生活など、欧米式の生活様式が大衆の憧れとなり、戦後復興を果たすと内需も拡大していく．

プラスチックをはじめとする新素材、トランジスタなどの新技術を背景に、輸出と国内需要に対応するため、企業はデザインに着目し製品は加速度的に多様化していく．1950年代半ばの「三種の神器」（洗濯機、冷蔵庫、掃除機のちに白黒テレビ）から1960年代の「3C」（カー、クーラー、カラーテレビ）の時代へ．こうして大量生産・大量消費の仕組みが出来上がった．

この時期、デザインは生産システムの近代化、生活様式の変化と歩調を合わせた．大量生産・大量消費のシステムが徐々につくられる中で、「大衆にあまねく行き渡る商品」を目指し、産業工芸はインダストリアルデザイン（ID）と呼ばれるようになる．

家電元年、自動車元年はともに1955年．この1950年代後半の日本製品、たとえば電気炊飯器（ER-4）、車（スバル360）、バイク（スーパーカブ）、トランジスタラジオ（TR610）、カメラ（ニコンF）などは、技術者とデザイナーの情熱によって生まれた機能主義デザインの名品である．占領時代に輸出された「Made in occupied Japan」製品が「Made in Japan」製品として評価されるようになるこの時期は、「ID栄光の50年代」と形容できる．

商業美術はグラフィックデザインとなり、広告はマスメディアの発達により大掛かりになる．「消費革命」という言葉が「経済白書」に登場するのは1960年度だ．アメリカのマーケティング手法を取り入れた短命な商品サイクルのもとでの販売競争が加速する．商品の多様化は広告の発達に繋がり、テレビ、ラジオなど新しいメディアでの広告もうなぎ上りに増えていった．

1964年の大国家イベント、東京オリンピックでデザイナーは分野を超えて結束したが、1960年代はベトナム反戦運動、学生運動、五月革命を背景として、デザインの世界でも消費礼賛とコマーシャリズムへの批判が世界的に沸き起こった時期だった．しかし、こうした動きはわが国では限定的だった．サイケデリックやサブカルチャーの台頭はアンチ・モダンではあるが、なにしろデザインは発展途上にあり、経済成長のほうが優先された感が強い．経済偏重主義への疑義も露呈させるのは、高度成長する日本を世界にアピールする華やかな場であった1970年の日本万国博覧会（大阪万博）だったのである．

デザイン界の成立

アメリカを目標にせよ

　戦後，爆発的なヒット娯楽となったのは，正村竹一考案によるパチンコだった．人々は焼け跡からたくましく復興していった．

　連合軍司令部（GHQ）によってもたらされたアメリカ文化は人々の生活にもデザインにも大きな影響を与えた．GHQ文化局が支援して開催された「アメリカ文化展」「アメリカに学ぶ展」や，朝日新聞が連載したチック・ヤングの漫画『ブロンディ』は，米国の家庭では自動車，洗濯機，テレビ，ミキサー，ヒゲそりなど多くの生活用品があふれていることを日本人に知らしめた．デザイナーは＜焼け跡のラッキーストライク＞をはじめとする製品パッケージ，雑誌『ハーパーズ・バザー』や『ヴォーグ』などを驚きをもって迎えた．占領軍家族用の住宅家具および什器の製作は，デザイナーとメーカーにアメリカの水準を目標においたデザインの確立を急がせる原動力となった．

　1951年に来日したレイモンド・ローウィは翌年に発売された煙草「ピース」（日本専売公社，現・日本たばこ産業）のパッケージデザインで注目を浴びた《3-1》．150万円という破格のデザイン料と発売後の売上急増は，デザイナーのみならず一般人および企業にデザインの重要性を気づかせる事件となったのである．当時，デザインという言葉は一般的には「洋裁業」を指すに過ぎなかった．

　産業工芸試験所（1952年，工芸指導所を改称，以下産工試）は，「外国人意匠専門家招聘計画」に基づいて多数の人材を招き，1956年から15年間に，ジョージ・ネルソン，カイ・フランク，ジェイ・ダブリン，エットーレ・ソットサス，ポール・ライリー卿などが来日した．

　海外渡航が不自由な時代，海外の情報は，来日したデザイナーを囲む勉強会や『口紅から機関車まで』（ローウィ著・藤山愛一郎訳，1953年刊）といった書籍や雑誌から吸収するほかなかった．それを補うべくデザイン評論家の勝見勝や小池新二らは，『工芸ニュース』，『リビングデザイン』（勝見勝監修，1955年，1959年に『デザイン』と改称）などで海外デザインを積極的に紹介した．

　特筆すべきは，海外市場調査会（1951年設立，後の日本貿易振興会JETRO）が1955年から派遣した産業意匠改善研究員である．金星商事社長佐々木洋次の尽力によって設けられたこの制度の第1回目，官民の研究員4人はロサンゼルスのアートセンター・カレッジ・オブ・アーツに1年間派遣され，スタイリング重視の時代のアメリカのデザイン方法論

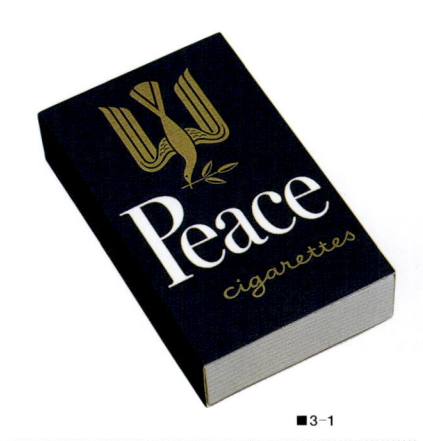

■3-1

■3-1｜レイモンド・ローウィ　たばこ「ピース」のパッケージ　1952年　日本専売公社（現・日本たばこ産業）　デザイン料150万円という金額は，内閣総理大臣の月給の約15倍に相当したという

を学んだ．派遣された研究員は1955年から66年までの11年間，アートセンターを中心に欧米各地に98人を数え，企業が自力で海外留学させられるようになるまで重要な役割を果たした．留学生の多くは帰国後，企業デザイン部門，デザイン教育機関で活躍する．

1956年を第1回とする日本生産性本部の工業デザイン調査団もそうした一環だ．これはアメリカ政府との協議の下に実施された45日間の視察で，大学や研究所，企業，工場，工業デザインオフィス，市場調査機関，アスペン世界デザイン会議などがスケジュールに組まれた．第1回は団長を小池新二，副団長を平賀潤二（東芝）と豊口克平（産工試）とし，企業とフリーランスデザイナー13人．団員は帰国後，アメリカの最新のデザインに接した体験談を報告書や勉強会などを通じてデザイン界に伝えた．こうしたアメリカ偏重には批判もあったが，日本はまずアメリカのデザインを急速に吸収していったのである．

インダストリアルデザイン誕生

「産業意匠」「産業工芸」に代わって「工業（インダストリアル）デザイン」という言葉が登場し始めるのは1946年に復刊した『工芸ニュース』である．小池新二が，「新しいデザイン運動から工芸の語を追放すべし，デザインは設計の意であって，意匠のことではない」と同誌で訴えたのは1949年．だが，同年開催の戦後初の第1回産業意匠展と工業デザイン募集では，出品の大部分は戦前と同じ漆器，陶器，雑貨，染織であり，＜新工業的産業製品＞として期待された家具，陶器，量産機械生産品はわずか1割にも充たなかった．

産工試はこの年にインダストリアルデザイン（以下，ID）の研究に着手し，翌年には東芝とともに市場調査からデザイン決定，生産管理，販売成績の追跡までの全行程の共同作業を試みた．これはメーカーとデザイン事務所との協力によって，IDを実際の生産プロセスの中に取り入れて製品に実現するテストケースであった．1952年には工業意匠課を新設し，企業への指導員派遣も行ない始めた．産工試は「工芸の指導機関」から「工業デザイ

■3-2

■3-4

■3-3

- ■3-2｜柳宗理　ティーポット　1948年　松村硬質陶器　硬質陶器　写真提供＝柳工業デザイン研究会　当時絵付けされないものは未完成品と見られたと柳は回想している
- ■3-3｜小杉二郎　ミシン「HL-2＜320型＞」1953年　蛇の目産業（現・蛇の目ミシン工業）　鋳鉄，エナメル塗装　28×41×18cm　写真提供＝蛇の目ミシン工業　1954年に発売され大ヒットとなった，1953年第2回毎日新聞日本工業デザインコンペ特選第1席
- ■3-4｜小杉二郎　トラック「マツダ360」1958年　東洋工業（現・マツダ）　金属，エナメル塗装　143×128×297.5cm　写真提供＝マツダ　小杉は1948年から12年間東洋工業の小型三輪トラックのデザインを担当した

■ 3-5

ンの研究機関」に徐々に性格を変えていくのである．

　戦後いち早く活動を始めた柳宗理《3-2》，小杉二郎《3-3,4》，金子徳次郎らに続き，1952年から53年にかけてデザイン事務所の設立が相次いだ．KAK（金子至，秋岡芳夫，河潤之介）《3-5》，Qデザイナーズ（渡辺力，松村勝男，渡辺優），東京芸術大学図案科助教授の小池岩太郎を中心に栄久庵憲司ら学生たちが結成したGKグループ（1957年にGKインダストリアル研究所と改称）などだ．

　だが彼らにデザインを委嘱する企業はごく一部で，企業内には宣伝部はあるものの工業デザイナーという職能はなく，製品の多くは技師が形づくるか，海外デザインを真似るかだった．

　IDの啓蒙と職能認知の必要性を痛感していた人々はASID（アメリカン・ソサエティ・オブ・インダストリアルデザイン）に触発され，1952年に日本インダストリアルデザイナー協会を設立する．会長は後に日本住宅公団総裁となる加納久朗，理事長はスバル360をデザインする佐々木達三．設立時25人の会員にはデザインに関心を示す東芝，三菱電機などのメーカーからの参加もあった．

　一方，企業内デザイン部門の設置は松下電器産業に始まる．1951年，アメリカ視察から帰国した社長の松下幸之助が「これからはデザインの時代だ」と断じて，当時千葉大学工学部で教鞭をとっていた真野善一を招聘したのは有名なエピソードだ《3-6》．一方，松下と同道した日本楽器（現・ヤマハ）の川上源一は社外のGKにデザインを依頼した．朝鮮動乱による特需景気が下火になり始めたことを背景に，いずれも競争力強化と需要喚起をデザインに期待してのことである．その後，東芝，トヨタ自動車，日立製作所，三菱電機などで続々と企業内デザイン部門が設立され，1961年には大賀典雄を室長とするソニーのデザイン室が誕生する．

　コンペティションの出現もIDの確立に寄与した．毎日新聞社が1952年に開始した新日本工業デザインコンペ（後の毎日デザインコンペ）の第1席は柳宗理，2回目の第1席には小杉二郎が選ばれた．同社は1955年には毎日産業デザイン賞も創設し，初回の作品賞はグラフィックは早川良雄，IDは小杉が獲得．コンペとアワードの2賞を設けた毎日新聞は，1948年から1974年まで英文による貿易振興年鑑『NEW JAPAN』（AD＝原弘，河野鷹思）を発刊し続けた．

■ 3-5 | KAK カラーメーター「セコニックCT-2」 1955年 成光電気（現・セコニック） プラスチック 10.5×6.7×3.1cm 「セコニック」レーベルの下にパッケージやロゴ，使用説明書まで含めたトータルデザインを行ない，デザインポリシーを統一した日本初の試み
■ 3-6 | 松下電器産業 ラジオ「ナショナルDX-350」 1953年 D＝真野善一 プラスチック 18×35.5×14cm オー・デザインコレクション蔵　撮影＝大輪茂 1953年の第2回毎日新日本工業デザインコンペ特選2席

グラフィックデザインの始動

「商業美術」も戦後,「商業デザイン」を経て「グラフィックデザイン」に変貌を遂げる.1951年,日本宣伝美術会(JAAC/以下,日宣美)は,「職能の在りかたを明らかにし 宣伝美術の認識を決定的なものとし 仕事についてのすべての権利をまもり 共通の利益と共同の幸福のためにお互いをつなぎあわせ 仕事の向上と有益化のために各界と結び 世の中を美しく,たのしく 世界の新しい美術運動に参加する」と趣旨をうたい上げて設立された.戦後の再出発にあたり,戦前の広告懇話会(1938年設立)を手本とする,商業美術を生業とするデザイナー70人の自発的な集まりだった.設立翌年には東京,大阪から九州,北海道を含む全国的組織となり,グラフィックの言葉こそないものの,1970年の解散までグラフィックデザイン運動の中心的な役割を担った.

第1,2回展は亀倉雄策《3-7》,山名文夫,伊藤憲治,原弘《3-8》,早川良雄《3-9》,山城隆一《3-10》,河野鷹思ら創立会員の展覧会を各地で開催したが,1953年の第3回から公募展となるに至って,毎日新聞の新日本工業デザインコンクールと双璧をなすデザイナーの登竜門となった.公募展の応募数のピークは1960年の2535人・4623点.日宣美展は新聞や雑誌に取り上げられ,グラフィックデザイナーという職能の認知と地位向上に貢献した.職能団体なのか作家団体なのかは常に論議の的だったが,作家性を強く打ち出したことが反対派学生の審査会場乱入,解散の遠因となった.

一方,アメリカの広告の状況を視察してきた電通制作局の新井静一郎は,広告制作にアートディレクターシステムを導入しようと,

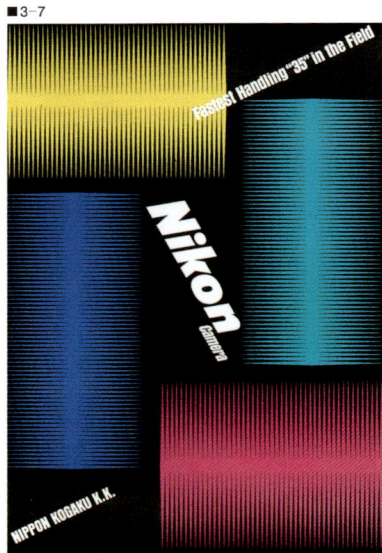

■ 3-7　　■ 3-8　　■ 3-9

■ 新人の登竜門,日宣美

公募展からは粟津潔,杉浦康平,田中一光,横尾忠則ら新人が続々と会員になっていった.日宣美に入選し会員になるということは当時,将来を約束されたも同然のことで,若手デザイナーたちは応募作品の制作に力を入れた.若手の制作に協力した印刷所にスクリーン印刷のサイトウプロセスがある.また日宣美は若手の意見に従い,1963年から「私の提案」部門を創設し,永井一正らの「日の丸の提案」や細谷巌らの「新聞紙面の提案」など社会性に満ちた提案が入賞している.

■ 3-7 | 亀倉雄策　日本光学工業(現・ニコン)のカメラシリーズのポスター　1957年　シルクスクリーン　103×72.8cm　写真提供＝武蔵野美術大学美術資料図書館　ニコンは1948年の「ニコン」が朝鮮戦争の従軍カメラマンに使用され,堅牢性が証明されたことから,世界を代表するカメラブランドになった.亀倉はデザイン全般のアドバイザーを務めていた

■ 3-8 | 原弘　日本宣伝美術会「日本タイポグラフィ展」ポスター　1959年　シルクスクリーン　103×72.8cm　写真提供＝武蔵野美術大学美術資料図書館

■ 3-9 | 早川良雄　近鉄百貨店「第7回秋の秀彩会」ポスター　1951年　リトグラフ　75×53cm　写真提供＝武蔵野美術大学美術資料図書館

■3-10

■3-11

　1950年に今泉武治，藤本倫夫，川崎民昌，祐乗坊宣明らとともに広告研究会「Aグループ」を結成した．これが「東京アド・アートディレクターズ・クラブ」（1952年設立，1961年東京アートディレクターズ・クラブと改称，以下ADC）に発展する．ADCは電通など広告代理店や主要新聞社の広告管理者がメンバーの中核で，日宣美の作家と対立することもあったが，亀倉，伊藤，山城らが加わって日宣美と共存するようになっていく．

　この時期，さまざまなグループができては消えていった．1953年設立の「グラフィック集団」もその一つで，写真家大辻清司，石元泰博，画家の樋口忠男，グラフィックデザイナーの増田正らをメンバーに，協働制作によるデザインを実践した前衛的な実験グループで，美術評論家の瀧口修造が顧問だった．

瀧口は前衛美術集団「実験工房」や国際デザインコミッティー（1953年設立，現・日本デザインコミッティー）の顧問もつとめた．フォトワークを中心にした制作プロダクション「ライトパブリシティ」の発足は1951年．宣伝部や広告代理店がサービスとして請け負っていたデザインを専業とする先駆的な会社として，1959年設立の日本デザインセンターと同様，今日まで健在である．

　この動きのなかで一つの展覧会が注目を集めた．1955年に日本橋高島屋で開催された「グラフィック'55」展である．山城，大橋正《3-11》，原，河野，伊藤，亀倉，早川など日宣美の主要メンバーにアメリカからポール・ランドが招待作家として参加したこの展覧会は，手描きポスター作品が主流だった日宣美に対し，実際に印刷され使用されたポス

■3-10｜山城隆一　ポスター「森・林」　1955年　シルクスクリーン　103×72.8cm　写真提供＝武蔵野美術大学美術資料図書館
■3-11｜大橋正　明治キャラメルのポスター　1957年　オフセット　72.9×51.9cm　写真提供＝松戸市教育委員会

最小限住宅と家具

　420万戸の住宅が不足と言われた戦後だが、小住宅の提案が活発になったのは1950年頃である。1951年に住宅金融公庫法が実施され、当初40平方メートル、翌々年に50平方メートルが融資規模の上限とされたからだ。「あめりか屋」や『新建築』誌で小住宅コンペが開催され多くの建築家が挑戦するとともに、山口文象のRIAによる「ローコストハウス」、住宅のモジュール化を目指した池辺陽や鉄骨住宅を提案した広瀬鎌二の「SH-1」などが建設されている。それに先立つ1947年に前川國男は木造プレハブ住宅「プレモス」《3-12》を設計・販売したが、約1000棟建てただけで製造中止となったのは、流通インフラの未整備と高コストが原因だった。

　これらの小住宅の建築家に好まれたのが、渡辺力《3-13》、松村勝男らの家具であった。渡辺は清家清、松村勝男は増沢洵と共同で家具やインテリアを設計している。戦前のパリ万博の日本館で名をあげていた坂倉準三は、家具や室内のデザインを手がける数少ない建築家の一人で、この事務所からは長大作や村田豊などのインテリアデザイナーが輩出した。

　この時期の家具の生産技術で注目されたのは成形合板技術だった。1946年にチャールズ・イームズは成形合板の椅子を発表、日本では1947年に天童木工が成形合板家具の生産に成功し、「バタフライスツール」（柳宗理、1954年）《3-14》や座卓など、技術力を活かした製品生産を行ない家具界に活気をもたらした。天童木工は「ムライスツール」（1961年、D=田辺麗子）を生んだコンペも開催し、若手の発掘と新商品開発に積極性を示した。産工試は戦中から成形合板の研究を始めている。プラスチックが家具に広く使用されるのは1960年代になってからだ。

　「ル・コルビジェ、レジェ、ペリアン展」（1955年）は日本の建築とそれに関連するデザイン界に刺激を与えた。だがこの期、日本にインテリアデザインが確立していたとは言

■3-12

■3-13

■3-12　前川國男「プレモス」1947年　写真提供＝前川建築設計事務所
■3-13　渡辺力「ひも椅子」1951年　製造＝創建社　オーク、ロープ　73×53×75cm　写真提供＝武蔵野美術大学美術資料図書館　ローコストで座ぶとんをクッションとして利用できる量産家具

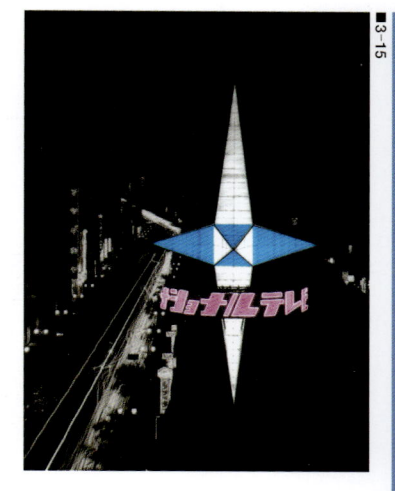

えず，1958年に設立された日本室内家具設計家協会（1969年，日本インテリアデザイナー協会と改称）の会員のほとんどは家具デザインを主な仕事としていた．池辺陽がキッチン研究を連載していた『モダンリビング』（1951年創刊）や山本夏彦が発行する『木工界』（1955年創刊，現・『室内』）などはモダンインテリアの情報源だった．デザイナーたちは建築家と共同で生活空間の機能的な家具のあり方を探る一方，建築家があまり手がけない海外見本市のディスプレイなどに取り組んだ．

ショーウィンドウやサインのデザインはグラフィックデザイナーの範疇にあった．なかでも伊藤憲治は早くから空間デザインの意識を持ち，和光のウィンドウディスプレイ（1952年），銀座のナショナルのネオンサイン（1954年）《3-15》も手がけている．亀倉によるミリオンテックや伊藤のナショナルが，ネオン製造会社でなくデザイナーによる最初期のネオンサインである．

ジャパニーズモダン論争

ジャパニーズモダン論争は1953年に起こった．1952・53年と続けてアメリカに渡った剣持勇（産工試意匠部長）は，日本の伝統的なスタイルが関心を集め，モダニズムの文脈の中で咀嚼されている一方で，土産物まがいの日本製品（蔑称「ジャポニカ」製品）が海外に流出しているのを見聞した．

そこで，米国市場で良質で簡素な北欧製品が「スウェーディッシュ・モダン」と称されているのになぞらえ，「ジャパニーズ・モダン（近代日本調）」を提唱して産工試で研究・試作を開始した．その成果を「デザインと技術」展（1954年，日本橋三越），スウェーデンで開催された国際建築意匠展「H55」（1955年）などで積極的に打ち出していった．しかし，剣持の意図に反して，悪しき日本を売り物にするジャポニカと変わらないと吉阪隆正らモダニストたちから批判を浴び，論争までに発

■3-14｜柳宗理「バタフライスツール」 1954年 製造＝天童木工製作所（現・天童木工） メープル，成形合板，金属 39×42×31cm 写真提供＝柳工業デザイン研究会 天童木工の技術による2枚の成形合板からなり，家庭で組み立てられる

■3-15｜伊藤憲治 ナショナルのネオンサイン（東京・銀座） 1954年 10×10×20m 写真提供＝伊藤なを子

3 大量消費社会とデザイン

展した．

　だが日本のデザインは，ブリュッセル博（1958年）で評価が高まり，日本固有の庭園や木造建築，インテリア，漆器などがモダンデザインとして海外の雑誌に取り上げられ，広く紹介され始めた．また国際デザインコミッティーを中心に初参加となった第11回ミラノトリエンナーレ（1957年）《3-16》では坂倉準三が座長をつとめ，富本憲吉の白磁花器，柳宗理の庭園灯と送電用具の碍子が展示され，柳はゴールドメダルを受賞している．

　ジャパニーズ・モダン論争の発生は，欧米から導入された合理的機能主義デザインが，日本の庭園，木造建築，生活雑貨などにみられる簡素な伝統的デザイン様式と形の上では相通じるものであったことに由来するようだ．剣持《3-17》は，インダストリアルデザインを「工芸とモダンデザインの融合」と位置付け，日本の伝統的な美を生かしつつ機能的なデザインを持ち込むという思想の持ち主だったが，作家性を捨てることはなかった．後年，柳宗理は民芸の精神を継承すべきはインダストリアルデザインであると語って匿名性（アノニマス）を提唱する機能主義的なデザインを実践したが，その造形には紛れもなく柳の個性が息づいている．豊口克平《3-18》は日本の住居に合う家具を追求した．伝統とモダンデザインという二重性は，急激に西洋化する50年代の大きな問題だった．

　この問題はグラフィックにおいては声高な論争に発展することがなかった．戦前にニュー・タイポグラフィの思想に触れた原弘にしても，それらとは異なる文字文化に育まれた明朝体を中心に，印刷技術の側からモダンデザイン思想を具体化しようとしたと見ることができよう．

■3-16｜第11回ミラノトリエンナーレ「日本館」 1957年 監修＝坂倉準三・清家清 佐藤和子著『「時」に生きるイタリア・デザイン』（三田出版会／1995年）より
■3-17｜剣持勇「ラウンジチェア」 1958年 製造＝山川ラタン（現・ワイ・エム・ケー） 藤 72×93×86cm 写真提供＝武蔵野美術大学美術資料図書館 ホテルニュージャパンのバー用家具のひとつとしてデザインされたもの．1964年にニューヨーク近代美術館20世紀デザインコレクションに選定された
■3-18｜豊口克平 「スポークチェア［OM5027］」 1963年 製造＝天童木工製作所（現・天童木工） ナラ, 布 83×80×67cm 写真提供＝天童木工

82

■戦後のデザイン教育

　ファッションデザイナーとしてデザイン啓蒙活動を行なっていた桑沢洋子は，1954年に桑沢デザイン研究所《3-19》を設立する．各1年制のドレスデザイン科とリビングデザイン科で発足し，翌年95人の第1回卒業生を送り出した．教師陣は校舎も手がけた建築家橋本徹郎，彫刻家佐藤忠良，舞台美術家朝倉摂ら，講師陣に勝見勝，金子至，渡辺力，清家清らを迎え，デザイン教育のあり方について夜ごと議論しながら講義に臨んだという．桑沢はさらに専門的なデザイン教育の場を求め，豊口克平らの協力を得て，1966年に東京造形大学も設立する．

　戦前にバウハウス教育を導入した新建築工芸学院に学んだ桑沢は，バウハウスの理論と方法論の実践を目指し，芸術各分野の横断的な講義を中心としたカリキュラムをとった．

　一方，1949(昭和24)年に実施された新制大学制度のもとで，各大学は工芸や図案といった既存の学科のなかに新たなデザインの知識を注入していこうという模索を始めつつあった．教師も学生も新しいデザイン思想をともに学びながらの模索だった．

　東京美術学校は東京音楽学校と合併して東京芸術大学美術学部となり，工芸科に工芸計画科が設けられたのが1951年．工芸科を改組し，工芸科とデザイン科に明確に分かれたのは1975年のことである．

　東京高等工芸学校は千葉大学に改組されて工芸学部となり，翌1951年工学部と改称，工業意匠科が設置された．ここでは小池新二，塚田敢，山口正城らが教鞭を取った．芸術と産業・技術とを融合させるデザインを理想とした小池は後にその理念をさらに推し進め「芸術工学」を標榜する九州芸術工科大学を1968年に設立し，初代学長となる．また，京都高等工芸学校は京都高等繊維学校と1949年合併して京都工芸繊維大学工学部となった．

　帝国美術学校は1947年に造形美術学園と改名して，実用美術科(グラフィック，工芸美術，生産工芸，室内工芸)が設置された．1948年には武蔵野美術学校と改称．実用美術科は工芸図案科(1950年に造型科)となり，1962年武蔵野美術大学となって設置された造形学部の内にデザイン科が誕生．特筆すべきは1967年に新設された基礎デザイン学科で，当時細分化しつつあったデザイン諸分野を総合的・横断的にとらえる初めての試みだった．多摩帝国美術学校は1947年に理事長杉浦非水の下に多摩造形芸術専門学校となり，美術部，建築部，工部が設置された．多摩美術大学となったのは1953年である．

　また新設大学も数々生まれた．工芸美術の伝統の継承と保存育成を目指して創設された金沢美術専門学校(1955年に金沢美術工芸大学)は，1946年に美術科，陶磁科，漆工科，金工科の4学科でスタートした．1954年には愛知芸術大学も設立されている．

　1960年前後には新しいデザイナーを求める産業界の要望が高まるなかで，デザイナー志望者も増大し，日本デザインスクール(現・日本デザイン専門学校，1958年設立)やインテリアに限定したインテリアセンタースクール(1963年設立)など，デザイン専門学校も相次ぎ登場した．

　一方，豊口協らの学生たちは上記大学のほか，東京教育大学，女子美術大学，日本大学などデザイン部門を有する大学から集まり，1955年「デザイン学生の会」を結成した．この会は1960年に「デザイン学生連合」となるまで，勉強会やセミナーを催したり，世界デザイン会議の事務局を手伝うなど活発に活動した．［紫牟田］

■3-19｜桑沢デザイン研究所で開催されたスタジオ・ショー　1954年　写真提供＝桑沢デザイン研究所

変貌する生活とデザイン

Gマークとグッドデザイン

　日本政府は輸出振興政策に基づく企業育成を目論む上で、国際問題にまで発展した外国製品のデザイン盗用に頭を悩ませていた。カイ・ボイセンの木製玩具の模倣をはじめ外交ルートを通して年平均40件前後の苦情が申し入れられていたが、1957年に外務大臣藤山愛一郎が訪問中のイギリスでデザイン盗用を突きつけられて事態は決定的となった。

　日本織物染織同業組合が組合員の輸出商品のデザイン模倣をチェックする意匠委員会を設置するという、わが国初のデザインに関する民間の自主協定が結ばれたのは1951年。以降政府は、日本繊維意匠センター、日本陶磁器意匠センター、日本雑貨センター（現・生活用品振興センター）という3つの財団を設置し、意匠の自主登録とデザイン盗用製品の輸出防止を図った。1959年施行の輸出品デザイン法がその集大成である。

　一方で、商道徳の確立とデザイン開発の奨励を目的として制定したのがGマーク制度《3-20》だった。大臣の諮問機関として1956年に特許庁に発足した意匠奨励審議会に設けられたグッドデザイン専門分科会が1957年から実施したのがGマーク商品選定である。

■ 3-20

　坂倉準三を委員長に、デザイナー、建築家、評論家など43人で構成された分科会は、第1回の選定品にガラス製品、陶磁器、ミシン、カメラ《3-21》を選んだ。翌年、通商産業省通商局に中央官庁初のカタカナ名の課であるデザイン課（初代課長・新井真一）が設置され、通産省と特許庁はオリジナルデザインとコピー商品を並べて展示する「デザインを護る展覧会」（日本橋・白木屋）を開催する。米国ライフ誌の東京出張所長が「デザイン盗用に対する国民感情は、必ずしもよくないが、通産省がその防止に強い政策をとることに踏み切ったことは国民感情を大いに和らげるであろう」と語ったのは、内外の反応の一例だ。

　1888（明治21）年成立の意匠条例（意匠法）だが、1909年（明治42年法）、1921年（大正10年法）の大改正を経て1959年の昭和34年法では、登録要件として新規性の判断基準が国内公知から世界公知に拡大され、創作非容易性（創作性）が加わった。また、英国産業デザイン協議会（CoID = Council of Industrial Design）が1956年に開いたデザインセンターを手本として、4年後にはジャパン・デザインハウス、大阪デザインハウスが設立された。優れたデザインの輸出品の展示、英文の『ジャパン・デザイン・アニュアル』を刊行しての海外広報を主業務とし、所轄はJETROデザイン課だった。

　「グッドデザイン」の概念はエドガー・カウフマン・ジュニアが提唱し、シカゴ・マーチャンダイズ・マートとニューヨーク近代美術館は1950年から5年間、展示会「グッドデザイン展」を開催した。1952・53年、約500点が並ぶシカゴの展示会を視察したのは剣持

■ 3-20｜グッドデザイン商品選定制度のシンボルマーク　1957年　D＝亀倉雄策　Gマーク選定商品にこのマークのステッカーが貼られる。当初は委員会にかけるため商品を推薦するのがたいへんな作業だったという。1963年から申請方式に変わった
■ 3-21｜8ミリカメラ「キヤノン8T」　1956年　キヤノンカメラ（現・キヤノン）　金属　14.4×5.2×8.8cm　グッドデザイン商品制度第1回選定商品　オー・デザインコレクション蔵　撮影＝大縄茂

勇だ．Gマーク制度発足に先立つ1955年，松屋銀座で「グッドデザインコーナー」が設置されている．これは勝見勝の提唱により評論家の浜口隆一をはじめ建築家，デザイナー，美術家ら15人からなる国際デザインコミティーによる運営で，グッドデザイン運動を推進し，消費者によりよいデザインを提供することを目的としていた．コミッティーメンバーが選定した「優れたデザイン」が店頭に並べられた《3-22》．次いで，渋谷東横百貨店，白木屋に同様のグッドデザインコーナーが設けられるようになり，クラフトコーナーと合わせて，新生活用品の＜セレクトショップ＞として流行したのだった．GKインダストリアルデザイン研究所によるキッコーマン「卓上醤油瓶」(1960年)《3-23》をはじめ，日常の生活用品の数々にまでデザインが浸透し始めていったのだ．

公団住宅とDK

　日本の住宅を決定的に変えたのは公団住宅である．西山卯三提唱の「食寝分離論」，浜口ミホの「生活時間，生活空間」論議など新しい住生活の提案，1951年に吉武泰水と鈴木成文が設計して公営住宅に取り入れられた「51型標準設計」(大きさ順にA，B，Cの3種)などをモデルに公団住宅は生まれた．公団住宅最大の特徴は，台所と食事室を結び付けた「ダイニング・キッチン(DK)」《3-24》．食事の部屋と寝る部屋を分ける．家族がプライベートな空間をもてる．人間工学的な配慮がなされた台所があり，椅子座の生活がある．つまり，家事優先で主婦の地位向上につながる合理的なプランとして公団住宅は生まれた．
　加納久朗を初代総裁として1955年に設立された住宅公団は，鳩山内閣による「42万戸建設計画」の内の2万戸を分担して年内発注することとなった．当時標準12坪の公営住宅に対抗して，一戸当り13坪の広さとダイニング・キッチンを特徴とする．DKの基本設計は，前年に松屋銀座で松村勝男とともに「新作台所家具展」を開催して好評を得た浜口ミホに依頼された．浜口の提案により，伝統的な調理台中心よりも作業効率の良い流し台

■3-22｜森正洋「G型醤油さし」1958年 製造・販売＝白山陶器 磁器 (小)7.3×7.8×5.7cm, (大)9.2×9.3×6.9cm 写真提供＝産業デザイン振興会　1960年度第1回新しい日本のグッドデザイン展でグッドデザイン賞を受賞．高品質・低価格の日用食器類の創造という戦後のデザイナーの役割を示す手本ともなった

■3-23｜GKインダストリアルデザイン研究所　卓上醤油瓶　1960年　野口醤油醸造(現・キッコーマン)　写真提供＝GKデザイン機構　店頭から卓上までそのまま使えるボトルデザインとして日本の食卓を変えた．GKとは東京芸術大学助教授小池岩太郎の名にちなんだ「Group of Koike」に由来

■3-24

■3-25

を中心に設計され，一体成形のステンレス流し台は当時無名だったサンウェーブが取り組んだ．その他，シリンダー錠，浴室，アルミサッシなどそれまで普及していなかった住宅用部品も大量生産されて低コスト化が進み，一般住宅でも使われる道を開いた．

東京23区内で初めて完成した青戸第一団地（1956年入居開始）に1200戸，千葉県柏市光が丘（1957年）の1000戸の団地では，住宅のほかに商店，診療所，学校，郵便局，市役所の出張所などコミュニティに必要な機能が揃えられ，人工的な「町」がつくられたのだった．1957年には前川國男による公団初の高層住宅「晴海高層アパート」《3-25》が登場している．

全国規模でDKをアピールした公団住宅の入居世帯の多くは，若夫婦もしくは若夫婦と子供を家族構成とするホワイトカラー層が多かった．とりあえずアメリカ流の生活スタイルの器としての公団住宅，ダイニングキッチンで食事をして夫婦共稼ぎに出かけるという家族像が憧れとなり，「団地族」（1958年，朝日新聞）という言葉を生み出した．この頃，女性の社会進出，女性の自立に関する議論が活発になる．

家電が開いた女性市場

神武景気という未曾有の好景気が始まったのは1956年．国民所得は増え，国内需要が高まっていく．まず急速に普及したのは家庭電化製品で，洗濯機，冷蔵庫，掃除機などが売れに売れ，「三種の神器」という言葉も生まれた．この年は「家電元年」ともいうべき年で，洗濯機や電気釜に早くから取り組んできた山田正吾は初の汎用的な東芝の電気釜「ER-4」《3-26》を成功させ，富士電機のデルタ型扇風機《3-27》，ミキサーなどの家電が続々と登場した．

さらにテレビ放送が1953年から開始されると，街頭テレビに群がっていた人々も，早川電機工業（現・シャープ）が白黒テレビ第1号（1953年）を発表した後，競って自宅にテレビを購入するようになっていった．日本初のトランジスタラジオ「TR-55」（1955年）の開発に成功したソニーのポケットに入る「TR-610」《3-28》は50万台販売の世界的ヒット商品となり，トランジスタテレビ「TV8-301」《3-29》は翌年のミラノトリエンナーレで金賞を獲得するなどデザイン上の評価が高

■3-24｜初期公団のパンフレットより 写真提供＝都市住宅整備公団 初期にはDKの使い方を示すためテーブルと椅子を備え付けにしていた
■3-25｜前川國男 晴海高層アパート 撮影＝二川幸夫 写真提供＝前川建築設計事務所
■3-26｜東芝 電器釜「ER-4」 1955年 D＝岩田義治 アルミニウム，プラスチック 24×30×26cm 写真提供＝東芝 伝統的な釜とモダンデザインを融合
■3-27｜富士電機製造（現・富士電機）扇風機「デルタ」 1955年 D＝古川徹也 ステンレス，プラスチック 55×38×32cm 青いプラスチックの羽とスチールの先端部が飛行機を連想させる

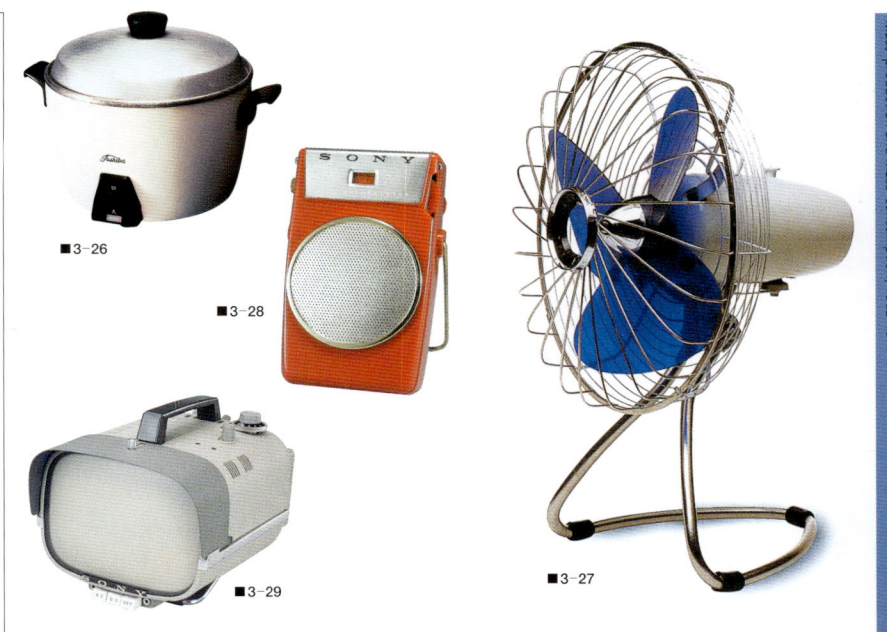

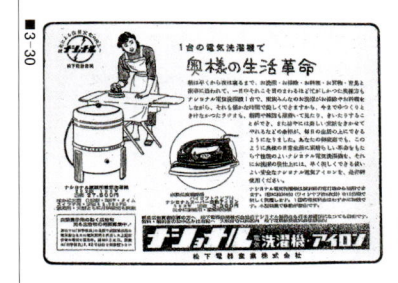

まる．コンパクト，シンプル，モダンなこの期の機能的デザインは，わが国のデザインの方向を決定付け，家電産業は日本の基幹産業となっていく．

広告はこの時期，積極的にアメリカのホームドラマのような清潔でおしゃれな主婦を訴求し，電化による家事労働からの解放をうたった．松下電器の広告「奥様の生活革命」《3-30》では1台の電気洗濯機で「今までゆっくりきけなかったラジオも，新聞も落ち着いて見たりきいたり」できると語りかけている．

また，花森安治が独自の美意識をもって創刊した『暮しの手帖』(1947年創刊)《3-31》は1954年から「日用品のテスト報告」として，ソックスや石油ストーブなどとともに家電製品を積極的に取り上げている．広告を掲載せ

■3-28│東京通信工業（現・ソニー）トランジスタラジオ「TR-610」 1958年 プラスチック 10.6×6.3×2.5cm オー・デザインコレクション蔵 撮影＝大縄茂 1958年グッドデザイン商品選定 ポケットサイズのトランジスタラジオとして爆発的にヒット，同社の主要輸出品第1号となった
■3-29│東京通信工業（現・ソニー）トランジスタテレビ「TV8-301」 1959年 金属 20.3×21×24.1cm 写真提供＝ソニー 世界初の直視型トランジスタテレビ，画面は8インチ，電池で可動，重さは6kg，第12回ミラノトリエンナーレ（1960年）で金賞獲得
■3-30│松下電器産業 新聞広告「奥様の生活革命」 1953年 D＝竹岡リョウー（松下電器産業宣伝部）
■3-31│『暮しの手帖』創刊号（1948年9月）表紙と製品テスト「電気釜をテストする」（1958年5月） 写真提供＝暮しの手帖社

ず客観的に結果を発表するこの日本初の消費者テストの連載は，消費者のみならず家電メーカーを成長させる役目を果たした．1958年に来日したフリーダ・ダイヤモンドは主婦市場開拓の可能性を鋭く指摘したが，瞬く間に浸透した家電は女性という消費者市場成立の証であった．

　戦後の新しい素材である石油化学系樹脂，特にプラスチックは1950年代に成型の容易さ，安価で色彩が多様なことから，急速に各種製品の主要素材となった．積水化学が1957年に発売したポリバケツは初期の大型射出成型品だった．この時期，玩具や清潔で丈夫でカラフルなキッチン用品にも利用され始めた．軽量化・小型化，そして複雑な形状が成型できるため組立部品を少なくできる利点が認められ，プラスチック技術は急速に発展し，デザインを一変させていった．

カーデザインの黎明

　家電と並び，1950年代から製造が本格化したものに自動車がある．GHQによって禁じられていた自動車生産が許可された1947年から，多くのメーカーが海外の車のノックダウン生産によって技術的な遅れを取り戻そうとした．「自動車元年」の1955年，二大メーカーから戦後初の本格モデルが登場した．トヨタ自動車工業の「トヨペット・クラウンRS」と日産自動車の「ダットサン110」（112型は1956年第2回毎日産業デザイン賞受賞）である．

　同年，通産省は「軽自動車育成政策概要」を発表．この試案は各社が開発した車から一車種を選んで共同生産しようという＜国民車構想＞だった．＜国民車＞の条件は，最高時速

■3-32｜富士重工業　スバル360　1958年　D＝佐々木達三　写真提供＝富士重工業
■3-33｜トヨタ自動車工業　トヨタコロナの新聞広告「デザインの勝利」　1960年　AD＝亀倉雄策，D＝田中一光・幅一夫，C＝梶祐輔　写真提供＝日本デザインセンター
■3-34｜日産自動車　ダットサン310（初代ブルーバード）　1959年　D＝佐藤章蔵　写真提供＝日産自動車
■3-35｜本田技研工業　スーパーカブC-100　1958年　写真提供＝本田技研工業

100キロ以上，ガソリン1リットル当り走行距離30キロ以上，月産2000台の場合の工場原価が15万円以下で最終価格が25万円以下，エンジンは350cc～500cc，定員は大人2人・子供2人など．だが自動車工業会はこの試案を退け，各社独自開発に乗り出した．その成果が〈てんとう虫〉と愛称される富士重工業の「スバル360」《3-32》である．

中島飛行機を前身とする富士重工業は，飛行機の製造技術を自動車の製造に転換していた．スバル360はミニカーで4人乗り．限られたスペースのなかで軽量化と居住性を確保するため，表面積の少ない球面を選んだ．乗用車を初めてデザインする佐々木達三は，スケッチは描かず，粘土モデルを削りながら仕上げた．1958年の発売から1970年まで，販売累計39万台余を数える名車である．

1950年代後半発表のダイハツ「ミゼット」，トヨタの大衆車「コロナ」《3-33》，日産の「ダットサン310」(初代ブルーバード)《3-34》は，いずれも社内デザイナーにより機能的なデザインにまとめられている．ブルーバードをデザインした佐藤章蔵は，強い外国車の新傾向が現われても蒙る影響が少ない「自立的なデザイン」を指向し，「だから，ブルーバードには，誇張，テライ，追随，奇矯などによるアトラクションは存しない」と述べている．一方，トヨタの事実上の初代デザイン部長となる森本眞佐男はロサンゼルスアートセンターに留学し，米国流のカーデザイン手法を日本にもたらした．

本田技研の生産累計2000万台超のオートバイ「スーパーカブC100」《3-35》は1959年に発売され，まずアメリカに輸出された．後に意匠権を巡り7億円を超える損害賠償額が裁判で認められたことでも有名だ（後に和解）．チーフデザイナーは本田宗一郎，デザイン開発を行なった造型室は新卒で入社したばかりの木村譲三郎と森泰助にモデラーが一人だけ．使いやすさと軽量感を重視して初めてプラスチックを外装材に採用した．フロントフェンダー，フロントカバー，両サイドのカバーに使用されたのはポリエチレンだ．ヤマハはGKインダストリアル研究所のデザインによる「YD型250cc」を発表．50年代は企業のトップとデザイナーが密接な関係をもち，思い切ったデザインができる時代だった．1960年には日本の二輪車の生産台数が149万台となり，世界第1位となる．

自動車やバイクのデザインは，この時期に日本発，世界商品となるデザイン手法が芽生え，その後過当競争によるスタイリングとマイナーチェンジの時代に突入するのである．

テレビ，アニメ，特撮映画

1953年，NHKと同年開局の日本テレビによるテレビ放送が始まった．日本テレビのCM第1号は，電通制作の精工舎の正午の時報だった．ラジオCM第1号の「ボクはアマチュア・カメラマン」(小西六写真工業，1951年)を作曲した三木鶏郎は，テレビでもCMソング第1号「やっぱり森永ね」(森永製菓，1954年)を手がけてパイオニアとなった．テレビは大宅壮一が「一億総白痴化」(1956年)と批判をするほどの浸透ぶりで，広告は「お茶の間」を目指し始める．

早くから民放ラジオ放送の可能性に着目していた電通第4代社長の吉田秀雄は，民放ラジオ，民放テレビ両方の広告をネットワーク化していった．84日間かけて欧米を視察した1956年には，「近代広告代理業構想」を発表し，アメリカ流のアカウント・エグゼクティブ制度の確立，ランダムサンプリング調査

をつくる．

　日本の総広告費を見ると，1953年に491億円（内ラジオ45億円）だったものが，1959年には総広告費1456億円（内ラジオ162億円，テレビ238億円）とテレビ広告費がラジオ広告費を上回る．同年の皇太子御成婚式がテレビ中継されて，白黒受像機が爆発的に売れたのも理由だ．1961年全日本CM放送連盟（ACC）が発足．TVCMは広告の中心的なメディアへと助走し始めた．

　漫画は戦後に急成長し，テレビアニメへと展開する．戦後の一般市民の日常感覚を反映させた「サザエさん」（長谷川町子，1946年連載開始）や「鉄腕アトム」（手塚治虫，1952年連載開始）などのヒットを受け，『週刊少年マガジン』『週刊少年サンデー』（以上，1959年），『週刊少女フレンド』（1962年），『週刊マーガレット』（1963年）といった漫画雑誌の創刊ラッシュがまず起こる．コマ割りや擬音表現の文字デザインを駆使して漫画を娯楽読み物から独立した表現ジャンルへと転換させた手塚は，ディズニーアニメに影響を受け，自ら設立した虫プロダクション制作による初の30分テレビアニメ「鉄腕アトム」《3-36》を1963年に放映し始める．このアニメは子供たちを熱狂させ，番組スポンサー企業のマーブルチョコレートはおまけの「アトムシール」のおかげで爆発的に売れた．

　一方，映画界では，1950年代に「特撮映画」というジャンルが生まれた．その記念すべき第1作は1954年東宝制作の映画「ゴジラ」《3-37》である．監督の本田猪四郎，特撮監督の円谷英二，プロデューサーの田中友幸による「ゴジラ」は，核実験によって肥大化した恐竜という社会性のあるテーマ設定で大ヒットを記録．円谷英二はその後テレビにも進出し，「ウルトラマン」シリーズで子供たちの

■ 3-36

■ 3-37

■ 怪獣とヒーロー
「鉄腕アトム」は，原子力で機動する未来のロボットとして描かれたヒーローだった．漫画「あしたのジョー」「巨人の星」などのスポーツヒーローやTV特撮物「ウルトラマン」「仮面ライダー」などの変身するヒーローも生まれた．「ゴジラ」は破壊をもたらすものの象徴だったが，キャラクターとして人気を博す．TV特撮シリーズ「ウルトラマン」に登場する個性的な怪獣は，日本初の怪獣デザイナーともいえる成田亨の造型で，怪獣キャラクターの幅を広げた．

によるマーケットリサーチなどを取り入れていった．ただし，デザインに直結するクリエイティブ・ディレクター・システム成立には10年を要する．1952年に渡米した電通宣伝技術部長の新井静一郎は印刷部門にアートディレクター制を導入．1962年渡米した中井幸一は印刷媒体と電波媒体を統合したクリエイティブ部門をつくり，そこにマーケティング部門を統合してプロジェクト・チーム制度

■ 3-36｜「鉄腕アトム」スチール　©手塚プロダクション・虫プロダクション
■ 3-37｜映画「ゴジラ」よりスチール　©東宝　写真協力＝東宝

心をとらえた．

　テレビアニメや特撮物は，日本独特の映像表現を確立するとともに，登場するキャラクターはおまけや玩具などに商品化され，後の「キャラクタービジネス」の素地となったのである．

ニュークラフト

　日本デザイナークラフトマン協会（現・日本クラフトデザイン協会）は芳武茂介《3-38》，佐藤潤四郎ほかによって1956年に設立された．地場工芸のデザイン開発に力を注ぐなかで，生活様式の変化に伴う日用品の生産にクラフトデザインを適用させようとしたのは産工試の芳武だった．協会設立以後，全国でクラフト運動が起こり，日本橋丸善内のクラフトセンタージャパン，松屋銀座のニュークラフトコーナーといった店舗が次々と生まれ，暮らしと結びついた日用品としてのクラフトが徐々に定着し始めた．そんななか，松屋銀座でニュークラフト展（1958年）が開催された．手に加えて機械生産も認めるのが〈ニュー〉に込められた意味だった．この展覧会がクラフトデザイン運動の起点となった．

　一方，輸出工芸品としてのクラフトを対象に，1958年から中小企業庁および各地方自治体共催の「日本優秀手工芸品対米輸出推進計画（丸手計画）」が始まった．当初アメリカの工業デザイナー，ラッセル・ライトの助言を受けていたためラッセル・ライト計画とも呼ばれることがあるが，ライトは施行時には関与していない．この計画は地方の伝統技術と材料を基盤とした特産工芸品の中から輸出適格商品を選び，海外に紹介して販路を開くことを目的とした事業だった．地方独自のデザインが出ることは少なく期待されたほどの効果が出ないまま幕を閉じたが，各地で「全国優良家具展」などが開催されるなどの波及効果はあった．たとえば，旭川では1961年に日本初の木工団地が誕生．新潟県の燕・三条では金属の量産設備が導入された．また，九州の大川（家具）や佐賀（陶器）などにもクラフト運動は飛び火した．

　芳武は，生活ではなく企業に密着していく工業デザインへの疑問もあってJIDAを脱会．1957年の北欧視察で見聞した同地のクラフト製品に理想を見出し，産工試の意匠部長を辞して1961年に東京クラフトを設立する．まず佐々木硝子や山正鋳造と契約を結び，全

■3-38

■3-39

■3-38｜芳武茂介　灰皿「溝」　1962年　製造＝山正鋳造　鋳鉄　φ11.2×3.5cm　写真提供＝武蔵野美術大学美術資料図書館
■3-39｜保谷硝子（現・HOYAクリスタルカンパニー）　オイルボトルとビネガーボトル　1960年　D＝船越三郎（保谷硝子）　吹きガラス，木（オイル）H22cm，（ビネガー）H18.5cm　写真提供＝HOYAクリスタルカンパニー　1964年　グッドデザイン商品選定，1980年グッドデザインロングライフデザイン賞

国の産地を舞台にデザイン運動を実践に移していった．池田三四郎が民芸運動に触発されて興した松本民芸家具も定着．保谷硝子（現・HOYA）の船越三郎はガラス製品のなかにクラフトのもつ日本の生活感覚とモダンデザインを融合させている《3-39》．

＜ニュークラフト＞という名のモダンデザインは，工業的な大量生産品に対し，日本の自然観に根差し，機械を認めながらも少量生産であるという価値をもって，その存在を主張しようとしたのである．

世界デザイン会議

インダストリアル，グラフィック，クラフトと徐々に職能が確立すると同時にデザインが細分化されつつあった50年代，デザインの理想を追い求めるイベントが企画された．日米安全保障条約締結に対する反対デモ，全学連結成などで揺れる政治の季節の1960年に開催された世界デザイン会議（WoDeCo）《3-40,41,42》がそれだ．

開催を促したのは国際デザインコミッティー．日本のデザイン発展のために国際ネットワークを構築すべきだとの信念を抱いていた勝見勝は時期尚早だとする通産省を押し切って事務局をつくり，内外との折衝にあたった．

分野を超えたデザイン界の総力を結集するのが目標だった．JIDAが不参加を表明し，ファッションが排除されたことを当時学生だった三宅一生が指摘するなど，デザイン界挙げてではなかったものの日宣美，日本建築家協会が参加，「デザイン学生の会」が事務局を手伝うなど，初の国際会議として歴史に残る．勝見のディレクションのもと，亀倉雄策，原弘らのほか，田中一光，永井一正ら若手デザイナー「21の会」（1959年結成）が印刷物の制作を担当した．

会期は5月11日から6日間．ソール・バス，マックス・フーバー，ブルーノ・ムナーリら第一線の建築家・デザイナーを含む世界24か国227人（海外から84人）が参加し，併せて「日本のデザイン展望」，「日本ニュークラフト」，「オリベッティ展」などが同時開催された．会議のテーマは「われわれの世紀：その全体像：デザイナーは未来社会に何を寄与しうるか」で，事務局長・浅田孝の開会の辞，藤山愛一郎外務大臣および池田勇人通産大臣

■3-40｜世界デザイン会議のポスター　1960年　ロゴ＝河野鷹思，D＝田中一光　シルクスクリーン　103×72.8cm　写真提供＝武蔵野美術大学美術資料図書館
■3-41｜「地域性」パネルディスカッション（5月12日，roomA）風景　撮影＝北井三郎　写真提供＝東北芸術工科大学

■3-42

■3-43

インフラ整備と東京オリンピック

　池田内閣が1960年に打ち出し、7年間で達成したのが「所得倍増計画」である．その間の1964年に開催された東京オリンピックは、復興を果たした東京を世界にアピールする晴舞台だ．そのためにはインフラ整備、公共デザイン整備が不可欠だった．

　首都高速道路が建設され、名神高速道路の表示システムや町名戸板などのデザインプロジェクトには粟津潔と杉浦康平が関わった．開通した東海道新幹線に投入された特急「ひかり」と「こだま」は、人間工学の見地からは小原二郎、デザイン面からは豊口克平らからなる研究委員会の助言を受け、ユニークな外形と室内空間を達成した．日本の＜鉄道デザイン事始＞と言える列車はこだま151系（1958年）だが、英国国鉄のデザインポリシーに刺激を受けた国鉄が「新幹線意匠標準化委員会」（1962年）を組織してのデザインだった．

　岸田日出刀率いるオリンピック施設委員会が発足し、高山英華らが会場構成を決定し、丹下健三設計の総合体育館《3-43》や山田守設計の日本武道館が建設された．

　の祝辞、実行委員長・坂倉準三の基調演説に次いで、グラフィックのハーバート・バイヤーが記念講演「デザインの展望」を行なった．バイヤーは、デザインの社会的責任、批評性、民族的アイデンティティの重要性を説き、未来は読み書き以外の感覚的コミュニケーションの時代となると展望した．ウォルター・ランドーはマーケットリサーチや心理学に基づく実務的なデザイン手法を公開し、ムナーリは自らの造形表現を開示した．

　この会議は海外の生のデザイン思潮に触れる絶好の機会となって参加者に大きな刺激を与えると同時に、東京オリンピックなどその後の国際イベントに活かされた．また、川添登、浅田孝、菊竹清訓、黒川紀章らは『metabolism／1960』（美術出版社）を発刊して「メタボリズム宣言」を行なった．西欧の＜永遠＞に対して＜新陳代謝＞を据え、都市化、大量消費社会、メディアの絶えざる変化に対応するプロセスとして都市をとらえるこの独自の思想は、海外でも高く評価された．

■3-42｜世界デザイン会議「会議報」より　写真提供＝コスモピーアール
■3-43｜丹下健三 オリンピック総合体育館 1964年　写真提供＝秩父宮記念スポーツ博物館

■3-44

■3-45

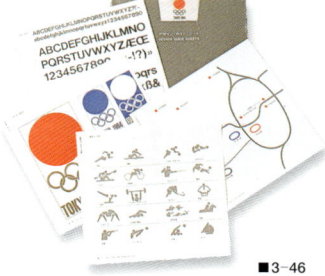

■3-46

　亀倉雄策デザインのシンボルマークは1960年，ポスター《3-44》は1962年と早かった．日の丸を大胆にアレンジした開催地マーク，村越襄と早崎治による写真を使用しての躍動感のあるポスター「スタート」は見事だ．グラビア多色刷印刷のポスターは，凸版印刷と大日本印刷が各2万5000枚ずつ競って刷ったものだ．

　それに対し，デザイン室が迎賓館のなかに設置されたのは開催半年前の1964年4月と遅かった．責任者の勝見勝はデザイナーの総力を結集してデザインポリシーを確立させねばならなかった．勝見はモニュメンタルな要素の強いものは第一線のデザイナーに担当させた．招待状や賞状は原弘，バッジ・ワッペンは河野鷹思，トーチホルダーは柳宗理，メダルは岡本太郎，式典設備は渡辺力といった布陣である．片や大量に消費されるプログラム，ステッカー類は迎賓館の一室で若手が急ピッチでつくりあげた．競技シンボルは山下芳郎《3-45》，施設ピクトグラムは田中一光ほか複数，標識は栄久庵憲司らが手がけた．ユニフォームには杉野芳子，桑沢洋子，石津謙介，森英恵らが参加した．

　こうして後の大会に継承された五輪史上初のデザインがいくつも生まれていった．開催

■3-44｜第18回オリンピック競技大会（東京）のポスター　左から1963, 1961, 1962年　D＝亀倉雄策, PD＝村越襄, P＝早崎治　グラビア印刷　103×54.8cm　写真提供＝武蔵野美術大学美術資料図書館
■3-45｜第18回オリンピック競技大会（東京）のピクトグラム　1962年　D＝山下芳郎　写真提供＝日本デザインセンター
■3-46｜デザインガイドシート　写真提供＝秩父宮記念スポーツ博物館

地マーク，公式ポスターへの写真使用，施設ピクトグラム，エリアカラー策定である．これらは大会後やっと完成した「デザイン・ガイド・シート」《3-46》に見ることができる．

ニューヨーク近代美術館に永久保存されたのは，地図，電話帳，記念マッチほか14アイテムを数える．特筆すべきこのピクトグラムの著作権はIOCに委ねられた．

既製服のサイズが統一されたのはいつか？

戦後しばらくの間，「デザイン」といえば一般にはファッションデザインを指していたが，いかんせんファッションはまだ洋裁の域にあった．戦後の洋裁ブームが『装苑』や『ドレスメーキング』などのスタイルブックを必要とし，杉野芳子，中村乃武夫をはじめとするファッションデザインのパイオニアたちのデザインを見たり，オーダーできたとはいえ，既製服(プレタポルテ)として買うことはまだなかった．

1950年代初頭，婦人服の分野で先頭を走っていた伊勢丹では，1956年に服飾研究所を発足し，伊藤すま子の指導のもとで，若者にも気楽に買えて，しかも美しく機能的な新しい既製服の開発を進めていた．昭和30年代の百貨店の店頭では，既製服30％，イージーオーダー60％，オーダー10％という状況だったのだ．既製服で必要なことはサイズ体系の確立と統一である．サイズの統一に尽力したのは，量産システムに則ったアメリカの既製服づくりを学び，1961年に服飾研究所に加わった松方真だった．松方の提案と奔走によって，それまで各メーカーごとに基準がバラバラであった「S，M，L」という大雑把なサイズに，「婦人服サイズを5，7，9，11，13号とし，各サイズごとにすぐ見分けられるように異なる色のタグをつけて店頭で売る」というアメリカ式システムが導入されたのは1963年．伊勢丹，髙島屋，西武のほか，レナウン，樫山，三陽商会，東京スタイルなどのメーカーが即座に採用した．このとき決まったサイズはほとんどそのままJIS（日本工業規格）にも踏襲されたのだった．紳士服サイズが統一されたのは2年後のことである．

プレタポルテ時代の到来を教育の場で主張した一人に小池千枝がいる．小池はフランスから帰国後，男子学生にも門戸を開いた文化服装学院デザイン科でプレタポルテ時代のデザイナーを育てることを主眼とし，60年代後半から活躍する高田賢三，コシノヒロコらを送りだした．

一方，女性の自立や性の解放についての論議は50年代後半から活発化しており，ファッション面ではユニ・セックスなファッションイラストレーションやショーを展開した長澤節，男性に押し付けられた見かけを装うためではなく，女性自身の意思でつける履き心地のよい下着を提唱して下着メーカー「チュニック」を設立し，おしゃれなパンティ「スキャンティ」でセンセーションを巻き起こした鴨居羊子らの活動にもそうした側面が見られる．

1956年に流行した「太陽族」から，石津謙介のブランド「VAN」が牽引した「アイビー・ルック」，ミニスカートブーム，サイケデリックブームなど，50〜60年代のファッションの流行は目まぐるしく変化した．既製服サイズの統一は流行サイクルの早回しを後押ししたのである．［紫牟田］

■3-47｜サイズ規格化の広告（「朝日新聞」1964年3月）　写真提供＝伊勢丹

商業主義とアンチ・モダン

広告の隆盛とプロダクション

　亀倉雄策，山城隆一，原弘らとトヨタ自動車，朝日麦酒，東芝など6社の共同出資による日本デザインセンター（NDC）が設立されたのは1959年12月である．50人という当時最大の人員を誇るこのデザイン・プロダクションは，「日本の産業の発展に寄与するため」（設立趣意書より），質の高い広告をつくろうという理想を掲げて出発した《3-48》．同じく企業出資によるデザイン会社である河野鷹思の「デスカ」はスタッフ30人規模．ディスプレイ中心に見本市などを手がけた．

　亀倉はまもなく独立するが，NDCは，向秀男，村越襄らが率いる写真表現に強いライトパブリシティ《3-49》と並び，永井一正，梶祐輔，片山利弘，木村恒久ら個性の強いクリエイターの集団であることとチームワークを必要とする広告技術者の集団という両側面を持ち，60年代の広告表現を牽引する．この頃，広告代理店博報堂も制作部門を強化し始めた．

　企業内に強力な宣伝部を持つ資生堂は，「ビッグサマーキャンペーン」などフォトディレクションを活かした広告を展開．初の海外ロケを行なった「ビューティケイク」《3-50》は盗まれるポスターの第1号でもあった．「アンクル・トリス」シリーズでウイスキーの売り上げを倍増させた寿屋（社長・佐治敬三）宣伝部は，1963年サントリーに社名変更した翌年，広告会社「サン・アド」を設立する．サン・アドは坂根進，開高健，柳原良平，山口瞳を擁し，小冊子『洋酒天国』やCM《3-51》，

■3-48

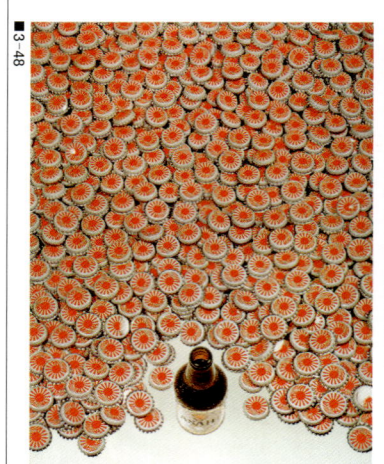

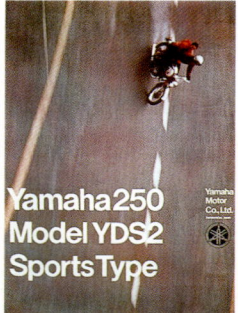

■3-49 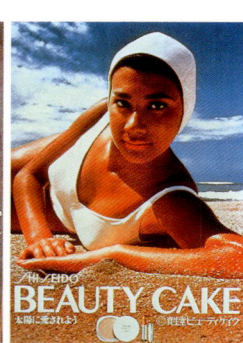　　　　　　■3-50

■ コマーシャル・フォトの隆盛
広告ポスターの主流がイラストから写真に移行したのは1960年前後のことだ．1958年には広告写真家の職能団体「日本広告写真家協会（APA）」が設立されている．広告写真の隆盛は印刷技術の発展に負うところが大きい．1955年頃からスクリーン印刷に写真製版が行なわれ，精密な版ができるようになると，製品にシズル感を与えたり，幻想的な表現を添えたりと高次の表現を可能となった．写真はストレートに時代を反映するものであり，広告は写真によって時代性を強めたのである．

■3-48｜アサヒビール「アサヒスタイニー」ポスター　1965年　AD・D＝永井一正，C＝出口哲夫，P＝前田宗夫　オフセット　103×72.8cm　写真提供＝日本デザインセンター
■3-49｜ヤマハ発動機「Yamaha 250 Model YDS2 Sports Type」ポスター　1961年　AD・D＝細谷巖，P＝北井三郎　写真提供＝ライトパブリシティ
■3-50｜資生堂「ビューティケイク」ポスター　AD＝中村誠，P＝横須賀功光　1966年　写真提供＝資生堂企業資料館

新聞広告などを多角的に展開し，洒脱なデザインで名を馳せた．

　テレビのカラー放送は1966年に本格化した．川村みづえのカラフルなイラストと小林亜星の軽快なCMソングによるレナウンのCM「イエイエ」(1967年)《3-52》は，カラーCM時代を感じさせた．朝日新聞が東京地区のテレビCMに登場する企業を約750社，商品約1800種として「TVCM時代が到来」と書いたのは1968年で，CMは新聞広告に迫る媒体となっていった．

　商品サイクルの短期化や商品競争の激化が広告の隆盛を促し，宣伝美術は広告技術に変貌を遂げた．

　商品の多様化はパッケージへの関心も高めている．特に1967年に発売されて爆発的な人気を得た資生堂の男性用化粧品「MG5」《3-53》は，単純な形態のプラスチックの筒状の箱に直にモノトーンでシンプルなパターンを付加したデザインで注目された．素材もインスタント食品やスナック菓子のポリエチレン包装が一般的になり，スチール缶やプラスチックボトルやチューブが増えていった．

「消費は美徳」に対応

　経済企画庁は1967年度の「国民生活白書」で，「9割以上の人々が中流意識をもつ」という報告結果を発表した．同年に始まるいざなぎ景気も後押しして，人々の意識は＜消費＞に傾き，「消費は美徳」とも言われ始めた．新たにカー，クーラー，カラーテレビの「3C」が新三種の神器として今度は売り手側から喧伝されたのもこの頃である．

　冷蔵庫，洗濯機，電気掃除機，白黒テレビは家庭に行き渡りつつあり，企業は消費者の嗜好や生活様式に合わせた商品を開発し始め

■3-51｜サントリーTVCM「アンクルトリス：トリスを飲んでハワイにいこう！」編　1961年　写真提供＝サン・アド
■3-52｜レナウン　TVCM「イエイエ」(60秒カラーCM)より　1967年　企画制作＝電通，電通映画社，日本アニメーション映画社　写真提供＝レナウン　ポップアート調のアニメーションと実写を組み合わせた新鮮な感覚が，その後のCMのつくり方を変えたといわれる．カラフルなニットの組み合わせのファッション提案も新しかった．
■3-53｜資生堂「MG5」のパッケージ　1967年　AD＝青木茂吉，D＝藤代栄三郎，杉浦俊作　写真提供＝資生堂企業資料館

る．日本初の総プラスチックボディの滑らかなデザインをもつ「ハイクリーンDナショナル1000C」（松下電器産業，1965年）《3-54》は，集塵の様子が分かる窓や狭い場所での方向転換を可能にする大型の車輪など日本の狭い住居への工夫が見られる．デザインのマイナーチェンジが行なわれるようになったのもこの頃からである．拮抗する技術力を持つ企業同士が類似商品の差別化をスタイリングや商品の多品目化に求めるようになったが，もう一方で消費者の嗜好や生活様式のマーケティング調査のもとに商品が開発されるようにもなった．松下電器のステレオ「飛鳥」（1965年）《3-55》や木目を活かした家具調カラーテレビ「嵯峨」（1966年）に見られるような当時のインテリアに合わせたデザインや，ナショナル魔法瓶が花柄つきの電気ポットを発表し，主流になった冷凍冷蔵庫のドアにも花柄や木目調が採用されたのも，消費者の嗜好から発想されたデザインながら，デザイナーの日本的なるものへの挑戦でもあった．

また，各社ともにしのぎを削る技術開発は，多様な新製品となって店頭を飾っていった．それまで100個ものボタンが並んでいた電卓も，初めて「キヤノーラ130」（キヤノン，1964年）でテンキーがデザインされた．操作が容易で軽量な一般向け8ミリシネカメラ「フジカシングル8」（富士写真フイルム，1965年）《3-56》，マイクロカセットテープを使った手のひらサイズテープレコーダー「ズイコー・パールコーダー」（オリンパス光学工業，1969年），日立製作所の日本初の全自動洗濯機（1965年），トリニトロン方式

■3-54 | 松下電器産業　電気掃除機「ハイクリーンD ナショナルMC-1000C」 1965年　D＝インターナショナル工業デザイン　ABS樹脂，ゴム，ビニール　24.8×54.1×19.8cm　オー・デザインコレクション蔵　撮影＝内田芳孝　爆発的ヒットとなり生産開始から2年間で63万台が国内で販売された1966年グッドデザイン商品選定
■3-55 | 松下電器産業　ステレオ「飛鳥」 1965年　AD＝竹岡リョウ（松下電器産業宣伝部）
■3-56 | 富士写真フイルム「フジカシングル8」 1965年　写真提供＝富士写真フイルム

を採用したソニーのカラーテレビ(1968年)，服部セイコーによる日本初のクオーツ時計(1969年)などである．

松下電器産業がVHS方式，ソニーがベータ方式と家庭用ビデオの発売に踏み切ったのも1969年．早川電機(現・シャープ)から1966年に発売された初の家庭用電子レンジは低価格化してから普及し始めた．消費者のニーズと技術開発の両輪によって消費は加速していったのである．

マイホームとマイカー

「マイカー元年」と言われるようになったのは1966年．この年，自動車生産台数が220万台を超え，アメリカ，西ドイツに次ぐ世界第3位に躍り出た．前年には自動車の輸入自由化が実施されていたが，自動車会社各社は量産体制も販売網もすでに外国車に十分対抗しうる状態だった．レジャーブームを背景にマイカーの需要が大きく伸びたのだ．

同年，日産自動車から「サニー」が，トヨタ自動車から「カローラ」《3-57》が相次いで発売された．フロントの長い直線的な構成でまとめたサニーと，1100ccエンジンを積んだ曲線の多いセミ・ファストバックスタイルのカローラ．双方とも低価格の乗用車として売り出され，激しい販売合戦が繰り広げられた．消費者に支持されたのは，低価格でも高級感のあるカローラだった．「80％＋α」主義を掲げ，すべてが80％以上の出来であることを目指すというトヨタの哲学がこの車から始まった．トヨタは1968年に初めてCADシステムをデザインに導入している．

広告でも，トヨタの広告を手がける日本デザインセンターと日産を手がけるライトパブリシティが競った．1967年の3代目のクラウンでは法人向けカラーであった黒とは正反

■3-57｜トヨタ「カローラKE型」1966年　開発指導＝長谷川龍雄，デザイン担当＝八重樫守・杉山隆・鈴木彰・辺見邦三郎　写真提供＝トヨタ博物館
■3-58｜日産プリンス自動車販売　新聞広告「ケンとメリーのスカイライン。登場」1971年　AD＝向秀男・細谷巌，C＝向秀男，D＝細谷巌，P＝萩原正美　写真提供＝ライトパブリシティ
■3-59｜本田技研工業「S500」1963年　写真提供＝本田技研工業　本田宗一郎がデザインにこだわったモデル．モナコ王妃グレス・ケリーや俳優スティーブ・マックイーンもオーナーだった

対の色である白をプロモーションカラーとして設定し、個人需要開拓に成功した。広告コピーは「白いクラウン」である。片や日産はスカイラインで「愛のスカイライン」というコピーを打ち出した。なかでも最も人気の高かった4代目の広告「ケンとメリーのスカイライン」《3-58》が話題となった。

ホンダが念願だった初の四輪として発表したのは、スポーツカー「S500」（1963年）《3-59》。海外でも人気の高かったこの車は、国内ではレジャーブームを牽引する。その後初のロータリーエンジンを搭載したマツダ「コスモスポーツ」、トヨタ「2000GT」が続く。

一方、便利さ、豊かさを望む消費者の「マイホーム熱」の高まりは、住宅も変えていった。1965年に分譲マンション「コープ・オリンピア」が竣工し、続く「中野ブロードウェイ」など第一次マンション・ブームを引き起こす。「ミゼットハウス」（大和ハウス工業, 1959年）《3-60》を嚆矢として、小規模のプレハブ住宅を販売していた住宅メーカーは、60年代後半になると2階建ても部分2階建ても可能なイージーオーダーシステムのプレハブ住宅を販売し始める。戸建て新築住宅メーカーからプレハブ住宅が相次いで登場したのは60年代前半だったが、建築戸数は1962年の5000戸から1967年の4万5000戸へと大きく躍進した。

工場生産の比率を高めたプレハブ住宅らしいコストパフォーマンスを追求したシステム開発は、1971年の「セキスイハイムM1」（積水化学工業）以降となる。プレハブ住宅は、メーカーが企画してブランド名を決め、顧客にモデル住宅を見せて売り込むという住宅の商品化の第一歩であった。消費者は家を「建てる」から「買う」へとシフトしていったのである。

変わるインテリアデザイン

倉俣史朗はアクリル製の「ピラミッドの家具」（1968年）、蛍光灯を内蔵した「光のテーブル」（1969年）、「変形の家具Side2」（1970年）《3-61》などを次々と発表し、＜抽象化した空間＞という新しい方向性を示した。グラフィックデザイナー浅葉克己や写真家加納典明ら20〜30代の若手のクリエイターが結成した実験的デザイン集団「サイレンサー」のメンバーでもあった。

インテリアテキスタイルに新風を吹き込んだデザイナーには粟辻博《3-62》がいる。粟辻はフジエテキスタイルと共同で、それまで未開拓といってよかったインテリアテキスタイルに＜空間を彩るパターン＞としてのグラフィック的要素を付加した。

生活雑貨までオリジナルブランドの商品を開発するID研究室を1967年に発足させた伊勢丹、東横インテルナを1965年に設けた東横百貨店（現・東急百貨店）、インテリア・家具販売に力を入れる小田急ハルクや丸井などの百貨店が急成長していく。その背景には個別の家具から＜インテリア＞を志向する消費の姿があった。海外の家具メーカーと百貨店の提携も相次いだ。

オフィス空間が変化したのもこの頃であ

■3-60｜大和ハウス工業　ミゼットハウス　1959年　写真提供＝大和ハウス工業　軽量鉄骨を使い、「3時間で建てられる家」をキャッチフレーズに販売され、プレハブ住宅の先駆となった。勉強部屋やアトリエなどに利用された

■3-61

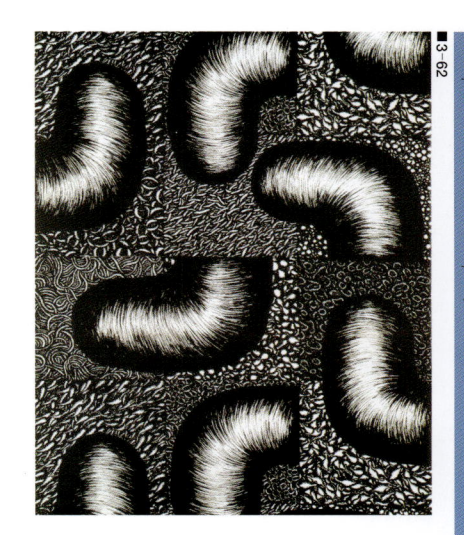

■3-62

ら1968年まで新さくら丸による巡航見本市船のディスプレイを豊口克平と佐々木達三が手がけている．住空間から商業空間，移動空間まで，インテリアデザインの領域は拡大していたのである．

ビジュアルコミュニケーション

　市場経済と併走するグラフィックデザインに疑問をもつ若いデザイナーたちの展覧会が1965年の「ペルソナ」展《3-63》だった．粟津潔，宇野亜喜良，片山利弘，勝井三雄，木村恒久，田中一光《3-64》，永井一正，福田繁雄，細谷巌，横尾忠則，和田誠と，いずれも日宣美出身の若手が参加し，翌年の毎日産業デザイン賞を受賞．この展覧会について勝見勝は『グラフィックデザイン』誌で，「世代交代の徴候」と記している．亀倉らの戦後第1世代がグラフィックデザインの確立を目指したのだとすれば，新しい世代はその可能性をさらに広げようとしたと言えるだろう．

　る．ハーマン・ミラー社のオフィス向けシステム家具「アクション・オフィス」が1966年に紹介されると，それまでなおざりにされていた可動性や事務空間のプライバシーなどの機能面に着目したオフィス家具への関心が高まった．初の超高層ビルである霞ヶ関ビルの竣工（1968年）が，オフィス需要を喚起したこともあるだろう．高層ビル建設が進み，京王デパート，ソニービルなどの大規模店舗ビルも登場する．建物の巨大化はインテリアデザインの需要を促進していった．

　新宿副都心計画の第1号超高層ホテル「京王プラザホテル」(1971年)のロビーのインテリアを手がけた剣持勇は，並行してボーイング747の内装も手がけていた．遡ればDC-8(1957年)を産工試が，YS-11(1961年)を渡辺力(Qデザイナーズ)が，1962年か

■3-61 | 倉俣史朗　変型の家具「Side2」 1970年　合板，ラッカー吹付塗装　170×63×50cm　撮影＝藤塚光政　協力＝クラマタデザイン事務所　左右に揺れているように見える「Side2」と前後に揺れているようにみえる「Side1」は60年代後半の実験家具制作グループの作品である

■3-62 | 粟辻博　「無限」 1969年　テキスタイル　写真提供＝粟辻デザイン

日宣美の権威化と陳腐化がメディアで叩かれ始めていた．デザインの転換期を迎え，「新しい創造のための批評精神を求めようとする理論雑誌」を標榜する季刊『デザイン批評』（1966年）も粟津潔，泉眞也，川添登，原広司，針生一郎らの責任編集で創刊された．

和田誠がデザインするカウンターカルチャー誌の先駆け『話の特集』（1965年創刊）や宇野亜喜良のイラストレーション絵本など，「ペルソナ」展のメンバーの多くが向かったのはエディトリアルデザインだった．広告と異なる表現を目指すのに，デザインが製品そのものとなる出版物は最適の媒体だったのである．

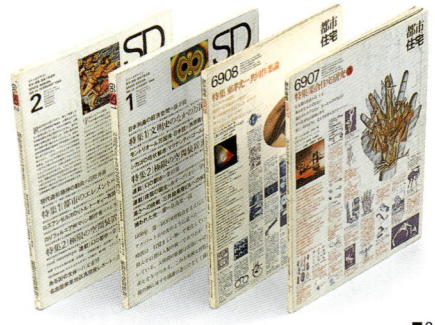

装幀デザインから＜エディトリアルデザイン＞への転換を促したのは，「ペルソナ」の思いに共鳴しながらも参加しなかった杉浦康平である．建築雑誌の『SD』（1965年創刊）《3-65》や『都市住宅』（1968年創刊）をはじめ，杉浦は文字や誌面構成に複線的なアプローチを試みている．旧世代に属する原弘もまた広告とは距離を置き，2000冊に及ぶというブックデザインを仕事の中心に置き，1958年からは竹尾の紙の開発を進めた．横組を採用した雑誌『太陽』（1963年創刊）では『FRONT』で培った誌面構成力を活かし，その後のビジュアル雑誌のあり方を方向づけている．

写植は1960年代後半になって本格的に普及し始めた．日本語文字研究で名高い佐藤敬之輔の薫陶を受けた，桑山弥三郎，伊藤勝一と林隆男，長田克己による「グループ・タイポ」は，8年間かけて開発した8シリーズのひらがな書体「タイポス」を1969年に発表．「タイポス」は1970年の『アンアン』創刊号に使用されて，注目を集めた．このことはデザイナーが書体開発する機運を高め，翌年から写研は「石井賞タイプフェイス・コンテスト」を開催した．初回の第1位は中村征宏の「ナール」である．

■3-63｜細谷巖 「ペルソナ」展告知ポスター 1965年 AD・D＝細谷巖 写真提供＝ライトパブリシティ
■3-64｜田中一光 産経新聞「第8回産経観世能」ポスター 1961年 シルクスクリーン 103×72.8cm 写真提供＝武蔵野美術大学美術資料図書館
■3-65｜杉浦康平 左から『SD（スペースデザイン）』No.14（1966年2月号），No.13（1966年1月号），『都市住宅』6908（1969年8月号），6907（1969年7月号） いずれも鹿島研究所出版会

サイケとアンチ・モダン

「ペルソナ」のメンバーのような個性発揮の動きは，サイケデリック，ポップアートなどの欧米の潮流が即時に影響していた時代背景と無縁ではない．1960年代を通じて前衛芸術の震源地であった1958年創立の草月アートセンターや，1959年の「禁色」によって〈暗黒舞踏〉を創始した土方巽の主宰するアスベスト館など，文学者やアーティスト，批評家，建築家，音楽家が集まるメルティング・ポットがあり，既存概念を壊そうとする反芸術のムーブメントが起こっていた．

1966年ビートルズが来日．翌年にはツイッギーとマリー・クワントが来日してミニスカートブームを巻き起こす．大学生だった大橋歩を表紙イラストに起用した『平凡パンチ』(1964年)《3-66》が創刊され，ヒッピーやモッズ風スタイルやサイケデリック・パターンが流行する．グループサウンズが大人気となり，その衣裳を手がけていたコシノジュンコが「ブティックコレット」を1966年にオープンするなど，若い世代を中心としたポップ時代が到来していた．『ガロ』『COM』などのサブカルチャー漫画雑誌も登場した．

ポップ時代に適合したのがイラストレーションだった．特に横尾忠則《3-67》が創出した強烈なビジュアルメッセージは，端正なモダンデザインと相反する日本人の原感情の表出と言える．宇野亜喜良や伊坂芳太良らのイラストも，モダンデザインが包含しえない感覚を含んでいた．

漫画家久里洋二，イラストレーター真鍋博，柳原良平が1960年に結成した「アニメーション三人の会」から派生して，1964年から草月アートセンターで毎年開催された「アニメーション・フェスティバル」にも多くのイラストレーターが参加している．ちなみに当時はテレビアニメなどは〈漫画映画〉と呼ばれ，このフェスティバルがアニメーションと

■3-66

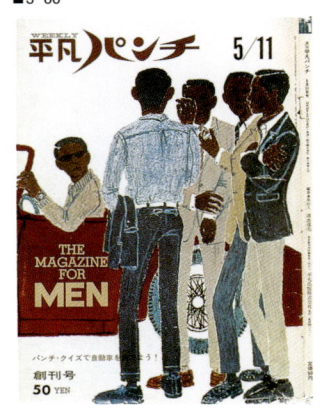

■3-67

■3-66 | 『平凡パンチ』創刊号（平凡出版）1964年　表紙イラスト＝大橋歩　写真提供＝マガジンハウス
■3-67 | 横尾忠則　劇団状況劇場「ジョン・シルバー」ポスター　1967年　シルクスクリーン　103×72.8cm　写真提供＝ヨコオズサーカス

■3-68

いう語を定着させた.

　プロデューサー浜野安宏と照明デザイナー藤本晴美が感覚の解放をうたったゴーゴークラブ「MUGEN」《3-68》や黒川紀章，粟津潔，石井幹子，寺山修司らが協力した「スペース・カプセル」など，音や光，映像などのインテリア＜装置＞と演出に凝った店が登場したのは1968年のことである．これらはアンチ・モダンとハイパー・モダンの交流点だった．

　エレクトロニクス技術による感覚の身体の拡張というハイパーモダンの重要な展覧会は，磯崎新のプロデュースによる「エンバイラメントの会」が開催した「空間から環境へ」展（松屋銀座，1966年）である．秋山邦晴，山口勝弘ら，建築家，音楽家，写真家，彫刻家，批評家，グラフィックデザイナーなど総勢38人が参加したこの展覧会では，光や音や映像によって構成される環境デザインが提案され，倉俣史朗をはじめ多くのクリエイターに刺激を与えた．この意味での「環境」は，大阪万博の巨大空間として結実することになる．

大阪万博の光と影

　1970年，「日宣美粉砕共闘」が審査会に乗り込んできたことをきっかけに，日宣美が自主的に解散した．経済本位の社会が押し進められ，公害，交通戦争，教育の体制化といった多くの矛盾に対する疑問や不安が表面化し，世界的にベトナム反戦運動が高まり，学生運動，大学紛争が激化したのが1960年代末である．

　日本万国博覧会「EXPO'70」（通称・大阪万博）もまた闘争の対象となった．1912（大正元）年，1940（昭和15）年と戦前2度の中止を経た万博開催は政府の悲願だったが，「70年安保のカモフラージュである」として大阪城公園で「反博」を開こうという「反戦のための万国博覧会」や，美術家グループ「ゼロ次元」のハプニング行動など，反万博の活動は盛り上がった．『朝日ジャーナル』で「アンチ万博」特集が組まれるほど，万博を巡る論争は活発だったのだ．

■3-68 | 赤坂「MUGEN」エントランス　1968年　Pr＝浜野安宏, 照明デザイン＝藤本晴美　写真提供＝浜野総合研究所　音楽と映像を駆使し, 聴覚と視覚に訴えた新感覚のクラブ

■3-69

EXPO'70

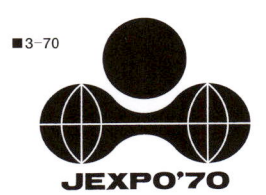

■3-70

JEXPO'70

　万博のデザイン顧問には勝見勝がついていたが，1966年にマークが決定するまでの紆余曲折はデザインディレクション不在とも言えるものだった．当初コンペで1位を獲得したのは，西島伊三雄《3-70》の案である．ところが日本万博協会の会長だった石坂泰三からのクレームで一転やり直しとなり，大高猛案《3-69》に再決定された．この経緯はデザイナーたちの不評を買った．

　しかし，万博は「人類の進歩と調和」を掲げて，科学技術とともに成長する未来を高らかにうたい，華々しく幕を開けた．会場330万平方メートル，80以上の海外の国，機関，州が参加し，国内パビリオンも30を超え，会期中6422万人が来訪した．目玉は前年にアポロ11号が持ち帰った「月の石」で，岡本太郎の「太陽の塔」《3-71》が力強いシンボルとなった．「映像万博」といわれた1967年のモントリオール博を凌駕する巨大なマルチスクリーンを使ったパビリオンがいくつも出現し，展示物はレーザー光線，映像，音，光に彩られた《3-72,73》．

■3-71

■3-72

■3-73

■3-69｜万博公式マーク　1966年　D＝大高猛　再検討の末，決定された
■3-70｜万博公式マーク案　1966年　D＝西島伊三雄　指名コンペで第一席となったものの，クレームがでて不採用になった
■3-71｜岡本太郎　太陽の塔　1970年　写真提供＝朝日新聞社　大屋根を突き抜ける，縄文的な生命感を表すモニュメンタルな造形は，大阪万博のシンボルとなった
■3-72｜鉄鋼館　1970年　写真提供＝朝日新聞社　巨大な音響施設で，音楽とレーザー光線による「環境芸術」が展開された．音楽は，武満徹，イニアス・クセナキス，高橋悠治によるもの
■3-73｜せんい館　1970年　写真提供＝朝日新聞社　マネキンレリーフに映像が投影された．横尾忠則が参加

デザインの謎　リカちゃんの身長はどう決まったのか?

玩具メーカーのタカラが1967年に発売した着せ替え人形「リカちゃん」の身長は21センチ。1962年、日本に上陸した米国マテル社のバービーが約30センチだったのに比べるとかなり小柄だ。8頭身でグラマーなティーンエイジャーのバービーと、5頭身できゃしゃな小学校5年生のリカちゃん。日本の少女の心をとらえたのはリカちゃんのほうだった。小さな手になじむ「かわいいリカちゃん」をにぎりしめた少女たちは、お母さんごっこやお店屋さんごっこに夢中になった。

ところで、リカちゃんの体はなぜこんなに小さく頭が大きいのか。サイズの秘密は、「リカちゃんハウス」《3-74》である。当時ビニール素材の玩具を中心に製造販売していたタカラは、空気を入れて膨らませる一風変わった抱き人形「だっこちゃん」を発売して一世を風靡したが、そのブームも峠を越え、社運をかけた次の企画を模索していた。その矢先、米国でバービーやタミーちゃんなどのファッションドールを入れて持ち運ぶビニール製のキャリングケースがヒットしているという情報が入る。タカラはこれをヒントに、日本でも普及し始めた米国製ファッションドール用のキャリングケースを製造することにした。しかし、いざつくろうとすると身長30センチの人形を入れるケースはかなり大きくなってしまう。これでは当時の日本の住宅事情には合わない。もっと小さくできないものかと工夫を重ねるうちに、いっそのこと小さいハウスに合う人形もつくって同時に販売したらどうかというアイデアが出た。

子供が習い事に持っていくようなコンパクトなバッグ型の「リカちゃんハウス」は、開けると洋風の応接間になる。少女たちは、自慢気にこれを持ってお友達の家を"ご訪問"するのだ。持ち運びに便利な人形ケースであると同時に、ごっこ遊びの舞台にもなる魔法のハウス。このハウスの中に収まり、さらに応接間のソファーに座らせられるのがサイズの必須条件だった。また大きな頭は、小さい人形を実際より大きく見せる視覚効果をもたらした。[池田]

■3-74

企画者は池口小太郎（堺屋太一）、会場計画顧問は丹下健三、テーマ館顧問は岡本太郎、ストリートファニチャーは栄久庵憲司らで、日本政府館をはじめ各企業館に黒川紀章、磯崎新、粟津潔、田中一光、杉浦康平、横尾忠則、泉眞也、福田繁雄、武満徹、一柳慧、山口勝弘ら多くの建築家、デザイナー、音楽家、美術家が関わった。基幹施設にたずさわったのはメタボリズムグループの建築家やデザイナーだった。万博は1960年に宣言されたメタボリズムの実践の場だったのである。横尾や粟津らも含め若い世代が結集したことは、万博が世代交代の分水嶺だったことを示している。また、ディスプレイ産業や広告業にとっては、イベントビジネスを拡張させる契機となった。

1969年、丸善石油のCM「おーモーレツ」が流行語となった。その翌年から展開された富士ゼロックスのキャンペーン「モーレツからビューティフルへ」や国鉄のキャンペーン「ディスカバー・ジャパン」は、働き過ぎと言われた日本の「モーレツ時代」への反省を込めて人々の心に響いた。社会は成長期から成熟期へと移行し始めた。

■3-74｜タカラ「リカちゃんハウス」と初代リカちゃんトリオ　1968年　コンセプト＝小島高宏（タカラ）　写真提供＝日本玩具文化財団

4章 1971-1990
成熟型工業社会とデザイン
The Maturity of Industrial Society

池田美奈子

高度経済成長の終焉

1970（昭和45）年にバラ色の未来を描いて見せた日本万国博覧会「EXPO'70」は、高度成長期の終焉を飾る大イベントとなった。翌年からの変動相場制移行によって日本は国際競争の渦中に投げ込まれ、2度の石油ショックによって、産業は重厚長大型から軽薄短小型へと急激な構造変化を余儀なくされる。

1974年に記録した戦後初のマイナス成長、深刻化する公害問題、企業に対する不信感に伴って高まる消費者運動、そしてローマクラブが発表した「成長の限界」。生産拡大に支えられた高度成長のひずみが明るみに出るなか、企業には難題が次々と突きつけられたのである。

しかし、困難な課題の数々がデザインの成長を促したことも見逃せない。厳しい排ガス規制を短期間にクリアするとともに、省資源を目指した小型軽量化と魅力的なスタイリングの両立を追求した自動車デザイン、多様化する消費者の嗜好の変化を察知し、きめ細かなデザインを施したプロダクトなど、試練を逆手にとることで品質を高め、市場に受け入れられた例は枚挙にいとまがない。

付加価値の高い商品開発を目指すなかでデザイン手法も変化してくる。製品が置かれる環境、消費者の価値観、製造技術や流通に関わる問題といった要件を考慮することがデザイナーの仕事の範疇に入るようになった。

1970年代を通して切磋琢磨された「メイド・イン・ジャパン」の製品は、世界的に一目置かれる品質を達成した。そして1976年、行政管理庁が設定している日本標準産業分類の項目に初めて「デザイン業」の項目が加わる。デザインが産業に不可欠な専門分野として認知されたのである。国勢調査によれば、デザイナー人口は1970年の7万630人から、1990年の15万6855人へと膨れ上がる。

1980年代は多様化の時代だ。「団塊の世代」が家庭を持つ年代に入り「ニューファミリー」を形成し、新しい価値観を生み出した。1982年に「軽薄短小」という言葉が初めてマスコミに登場、1986年に博報堂生活総研は「分衆の時代」と形容する。また、産業構造審議会が答申した『80年代の通産政策ビジョン』は、創造的知識集約型産業の必要性を強調し、具体的な方策としてソフトウエア化、システム化、ファッション化、フィードバック化などを挙げてデザインの新しい役割を示唆した。

Gマーク制度は1980年に大賞を設け、1984年の大幅改正により工業製品であればすべてが対象になると同時に、消費者アドバイザーによる推薦制度を新設し、消費者利益を重視した選定を目指した。

日本経済は、その後一進一退を繰り返しながら成熟への道を歩んでいく。安定成長期の経済においても牽引役となるのは消費と輸出である。この時期、カップヌードル、ウォークマン、ファミコンといった付加価値を志向した新商品が＜世界商品＞に育っている。

半導体の対米貿易が輸出超に転じ、自動車生産台数が世界一となるのが1980年。5年後、世界一の工業製品輸出国となる。こうした輸出の増加は対外貿易不均衡と国際摩擦をもたらし、1985年のプラザ合意をきっかけとした円高不況は上り調子の産業界に打撃を与えた。しかし、この不況も比較的短期間で乗り切り、日本はそのままバブル経済へと突入していった。

デザイン運動の国際化も進む。日本インダストリアルデザイナー協会は1973年京都、1989年名古屋と2度の世界会議を催し、デザインイヤーが展開された。また、1978年パリ開催で巡回展に発展した「日本の時空間─間」展を皮切りに、日本のデザイン文化を押し出す企画が相次いだのもこの時期だ。1980年代は狂乱を含みつつも、1960年前後に次ぐ、デザイン第2の黄金期だったのである。

重厚長大から軽薄短小へ

小型化・多機能化するプロダクト

　製品開発の現場において「重厚長大」型から「軽薄短小」型への転換を加速したのは，半導体産業の躍進である．半導体を使った集積回路(IC)を組み込むことで，多くの機能を持つ小型の機器が次々と開発された．なかでも電子式卓上計算機(電卓)は，半導体技術のさらなる進歩を促し，また新しい電子機器開発の牽引役となった．

　シャープが，米国のノースアメリカンロックウェル社との技術提携によって世界初のLSI(超集積回路)電卓「マイクロコンペット」を，9万9800円で発売したのが1970(昭和45)年．幅13.5，奥行き11.8，高さ7.2cmで，重さは1.4kgあった．LSI化することで，低価格化，小型化を押し進め，事務専用機器から「電子ソロバン」へと大きく前進するきっかけとなった製品である．

　そして1972年，「答え一発，カシオミニ」のテレビCMとともに「カシオミニ」(カシオ計算機)《4-1》が登場する．幅14.6，奥行き7.7，高さ4.2cmの手のひらサイズで，価格は1万2800円．手頃なサイズや価格もさることながら，ストラップ付きの横長のフォルム，丸ボタンといった携帯性を強調したカジュアルなスタイリングが特徴だった．当時，事務機器では珍しかったテレビCMを打つことで，文具のような身近な商品として，電卓のパーソナル化に成功したのである．

　電卓に代表される小型・多機能製品が一般化していくと，限られたスペースのなかに，操作部や表示部を分かりやすく配置するとい

■4-1

う，デザイン面でのアプローチが求められるようになった．「カシオミニ」では，数字を表示する画面を切り替える方式を採った．低価格での販売を優先させるために採用した6桁表示の桁数の不足を補う方策として，切り替えボタンを付けて上6桁と下6桁を別々に表示する，いわゆる「画面スクロール」を考案したのである．

　「カシオミニ」以降，電卓市場は製品の小型化と多機能化を競い合う時代へと突入し，各種の計算機能に加え，バイオリズム計算機能やデジタル時計，各種メモリー機能，ゲーム，ラジオさらにはライター，シャープペンシルなどまで付いた多機能電卓のほか，厚さ0.8mmのフィルムカード電卓まで開発された．このような製品の小型化，機能の複合化は，電卓に限らずマイコンが組み込まれたほかの多くの製品にも見られる顕著な傾向となったのである．

■4-1｜カシオ計算機「カシオミニ」1972年　写真提供＝カシオ計算機　文具ルートでも販売され，それまで事務機としてオフィスにあった電卓のパーソナル化を促した

ライフスタイル提案型の商品開発

半導体技術の進歩を背景とした小型化，機能の複合化は，多様なライフスタイルを消費者に提案する商品群を生み出した．1970（昭和45）年の民放FMスタートを機に，若者の間でエアチェックが流行．ラジオ付きカセットレコーダー「ラジカセ」のブームが始まる．

携帯性やファッション性，音響などの面で特徴を打ち出した機種を各社が発売すると，1970年代から80年代前半にかけてラジカセブームが加熱した．なかでも1979年に三洋電機が，「おしゃれなテレコU4」というキャッチフレーズで発売したステレオラジカセ「MR-U4」《4-3》は横長のスリムなデザインで，女性がアクセサリー感覚で手に下げて歩くスタイルを提案し，700万台を販売するヒット商品となった．ネーミングからパッケージデザインまでデビュー作戦を担当したのは，当時専務取締役だった亀山太一だ．

高密度実装化技術，高集積IC技術の発達によって，持ち運びができる多機能商品が開発されると，屋外での使用を促すアウトドア志向のデザインが出てくる．特に，カラーテレビの普及に伴って需要が減少していた白黒テレビは，5インチのポータブルタイプを押し出すことで，アウトドアにおける新たなニーズの創出を目指していた．ラジカセのイメージを取り入れた細長いボディにショルダーベルトをつけた日立製作所の「Mark-5」や，堅牢なハンドルを付け，都会的なイメージを強調した松下電器産業の「Trans Am 509」《4-4》などが，屋外でテレビを楽しむという新しいライフスタイルを提案した．

1970年代の半ばにシステムコンポーネントステレオが登場すると，個人的に音楽を楽

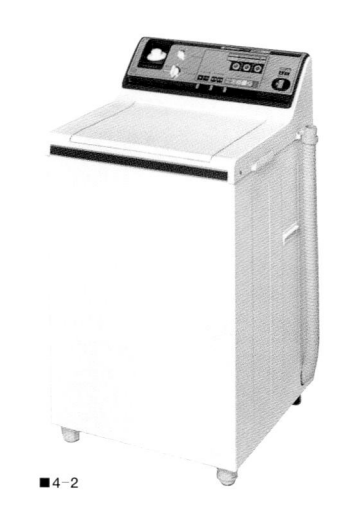

■4-2

1977年に発表された日立製作所の全自動洗濯機「コンピューター青空」《4-2》は，2000個のトランジスタとダイオードを使ったマイコンが組み込まれ，高度な自動制御と記憶機能を持った家電の先駆けとなった製品である．開発にあたり，まず従来の全自動洗濯機の使い方の実態調査を行ない，11通りの洗濯コースを用意した．機能の種類が増えれば表示も増える．それを表現するには記号化が不可欠になる．こうしたグラフィカルな要素をいかに分かりやすく操作パネル上にまとめるかもデザイン上の課題となった．

マイコンを組み込んだ製品は，機械的に作動する従来の機器とは異なり，機能の仕組みが見えにくいという意味で「ブラックボックス」である．そこで製品にインダストリアルグラフィックが不可欠になるとともに，デザインの役割は，外観の色や形に加え，ユーザーの行動や思考に基づくインターフェイスに重点が置かれるようになったのである．

■4-2｜日立製作所「コンピューター青空」1977年 写真提供＝日立製作所 高度な自動制御と記憶機能を持った洗濯機．マイコンが組み込まれると，操作パネルのデザインが重要になった
■4-3｜三洋電機「おしゃれなテレコU4 (MR-U4)」D＝亀山太一（三洋電機） 1979年 写真提供＝三洋電機 女性向けのファッションテレコというコンセプトを掲げ，新しい市場として女性に注目した商品戦略を展開した
■4-4｜松下電器産業 ポータブルテレビ「Trans Am 509E」1976年 写真提供＝松下電器産業 画面の反射を防ぐフードやハンドルをつけるなど，アウトドアでの使用に配慮したデザイン

■4-3

■4-4

■4-5

■4-6

しむライフスタイルの普及に拍車がかかる．高級家具調のセパレート型ステレオなど，従来は居間に置かれることを想定したデザインが多かったが，コンポーネントステレオは，むしろメカとしての機能性を全面に出したデザインが施された．個室向けに小型化が進み，松下電器産業の「Technicsコンサイスコンポ」《4-5,6》，パイオニアの「Mini 3」などが発売され，小型のコンポーネントステレオであるマイクロコンポが定着した．

また，パイオニアは1975年に「コンポーネント・カーステレオシリーズ」《4-7》を発表し，カーライフに初めてオーディオを持ち込んだ．若者にとって音楽や映像は，屋内外を問わずどこにいても欠かせないものになったのである．

「パーソナル」「アウトドア」「音楽」が，若者のライフスタイルを表すキーワードとして定着した1979年，ソニーがヘッドホンステレオ「ウォークマン」《4-8》を発売する．音楽を身に付けるというスタイルを提案した初代「ウォークマン」の企画からデザインまで携わったのは，後にソニーの常務となる黒木靖夫．

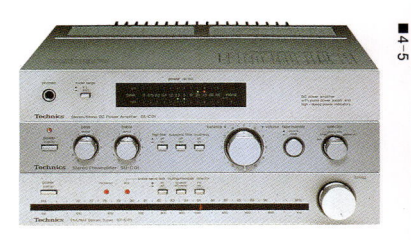

■4-5｜松下電器産業 「コンサイスコンポ」 1978年 写真提供＝松下電器産業 パーソナル化が進むとともに，コンポーネントステレオは個室の机や棚の上に置くために小型になっていった
■4-6｜中塚中森広告事務所 コンサイスコンポ広告「新聞1頁に入った！」 CL＝松下電器産業 1978年 写真提供＝中塚大輔広告事務所 実物大の製品を新聞1頁の中に収めるというユニークなグラフィック表現で，小ささを強調した

■4-7

■4-9

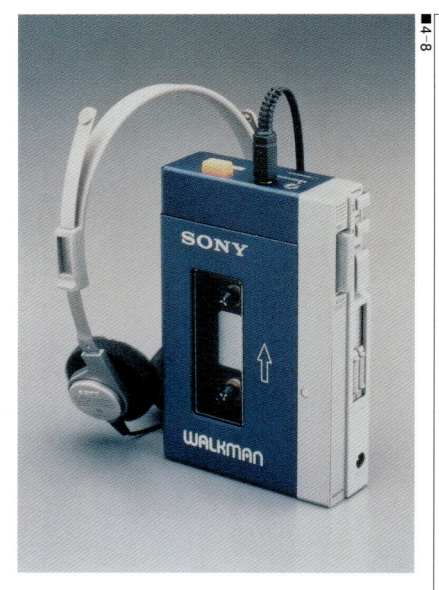

■4-8

デザインは同社ゼネラルオーディオ事業部が担当した．

「ウォークマン」には特に技術上の新しさはなかった．本体は「プレスマン」としてすでに販売されていた小型カセットレコーダーの改良品，小型のヘッドホンは別の開発プロジェクトの成果を流用したものだった．しかし，ボディにメタリックブルーとシルバー，ボタンにオレンジ色を使ったカラーリングが遊び心をアピールした．7月の発売直後は口コミで広まり，次にマスメディアが新しいライフスタイルとして紹介．ほどなくヘッドホンを付けてライブの音を聴きながら歩く若者の姿が世界中でブームになった．本体280g，ヘッドホン28gの軽量化を達成した2代目「ウォークマン」(WM-2)が1981年に発売され，250万台という異例の販売実績を記録した．

画期的だったのは，技術主導の製品開発が常識の家電業界にあって，ライフスタイルを出発点としたことである．持ち歩くために理想的なデザインを決めてから，エンジニアが実装するという，通常とは逆の方式で製品化したことが成功につながった．

また，超小型全自動カメラ「オリンパスカメラXA2」(オリンパス光学工業，1981年)《4-9》は，持ち歩くスタイルを機能的かつ美的にデザインした．レンズ周りのメカを強調しながら，プラスチック成型の卵型のダストバリア(レンズキャップがスイッチとなる)を閉じると，滑らかな形に収まるのが特徴だった．

■4-7｜パイオニア 「コンポーネント・カーステレオ」 1975年 写真提供＝パイオニア カーライフにコンポーネントステレオを結び付けるという発想から生まれた製品．マイカー時代に乗って急速に普及した
■4-8｜ソニー 「ウォークマン」1号機 1979年 「ウォークマン」は和製英語だったため，米国では「サウンドアバウツ」，英国では「ストウアウェイ」として発売したが，翌年「ウォークマン」に統一．固有名詞として定着した
■4-9｜オリンパス光学工業 カメラ「XA2」 1981年 D＝米谷美久(同社カメラ事業部開発グループ) 1981年のGマーク大賞を受賞

■生活の編集——東急ハンズと無印良品

　技術開発が一段落した1970,80年代,メーカーの商品開発者は,消費者の多様化するライフスタイルを捕らえることにやっきになっていた.必ずしも必要とは言えない数々の機能を付けた家電製品や,名の通ったデザイナーに色や模様の表面意匠を依頼した家庭用品などを世に送り出すなど,さまざまな試みで新規性をアピールしていた.しかし,実際は使い方や置く場所が限定され,ユーザーが自分なりの方法で使おうとするとかえって不便が生じる場合が多かった.こうした商品開発の盲点を突く形で登場したのが,東急ハンズと無印良品である.

　東急ハンズは,完成した商品ではなく,商品になる前の素材を集めた大型店である.1976(昭和51)年に神奈川・藤沢に1号店《4-10》を開き,翌年に二子玉川,1978年に旗艦店として渋谷に出店.既存の商品に飽き足らなさを感じていた消費者が,東急ハンズで素材や半完成品を買って帰り,自分でいくらか手を加えて使うというスタイルが見られるようになる.また,完成品であっても,消費者が生活の文脈のなかで好きなように配置し,組み合わせて,ライフスタイルに合うようにカスタマイズすることを前提とした,ノーブランド,ノーデザインの汎用性の高い商品をそろえた.最後の調整の部分を消費者自身の手に任せることで,多様化するライフスタイルにマッチする製品を提供しようというコンセプトである.

　一方,ノーブランドをそのまま日本語にして名称にしたのが,1980年に東京・青山に出店した「無印良品」《4-11》である.できるだけ加工を施さずに素材に近い形の商品を扱う店で,瞬く間に感度の高い顧客層に受け入れられた.もともとは西友のプライベートブランドとして企画された商品群だったが,当時はプライベートブランドがナショナルブランドを超えるのは困難とされていた.「ナショナルブランドより廉価ではあるが,それなりの品質の商品」というのが一般消費者の認識だったからだ.無印良品はこうした既存のイメージを逆手にとってひとひねり加えることで,ほかのプライベートブランドとの違いを際立たせる戦略をとった.

　田中一光のディレクションのもと,パッケージを麹谷宏,商品企画とコピーを小池一子,インテリアデザインを杉本貴志,アパレルを天野勝が担当.機能性を全面に押し出し,包装も簡素化した商品は,デザインしていないような印象を与えながら,実際は細心のデザインを施していたのである《4-12》.[池田]

■4-10｜東急ハンズ ロゴマーク 1976年 写真提供＝東急ハンズ 東急不動産の新規事業としてスタート.不動産業が流通分野へ進出するというユニークな展開が注目された

■4-11｜良品計画「無印良品」1号店(東京・青山) 1980年 写真提供＝良品計画 流行の発信地である東京・青山に出店.一般的にノーブランド商品につきものだった安っぽいイメージを都会的なライフスタイルの表現へと変えた

■4-12｜田中一光 無印良品のロゴ入りショッピングバッグ 1980年 資料提供＝良品計画 過剰包装・装飾が一般的だった時代に,一切の装飾性を排した素朴なデザインは新鮮さを印象づけた

ニューファミリーの生活観

「団塊世代」が30歳前後になり、家庭を持つようになる1970年代後半から「ニューファミリー」という、新しい価値観を持った家族のあり方が注目される。1972(昭和47)年に放映された丸井のテレビCM「愛情はつらつ」《4-13》は「ニューファミリー」の典型的な姿を描き出した。臨月の妻と、線の細いやや頼りなげな夫、ふざけながら仲良く公園を散歩する情景は、それまでの「良妻賢母」とは対極にある「友達夫婦」「家族団らん」といった家族観をアピールしている。戦後生まれのこの世代は、人口が多い上に「消費は美徳」の意識が強く、家電製品、自動車、マンションを購入し、レジャーを楽しむ世代であり、その時々で「ハイティーン」「ヤング」などと呼ばれ、常に大量消費のメインターゲットとされてきた。

シャープが1979年に発売した「LIBRE(リブル)」は、新しいライフスタイルリーダーとしてのニューファミリーに向けた商品企画である。同社の基本戦略である「ニューライフ商品戦略」とデザイン部門の戦略が合致したところに生まれた商品シリーズで、ジューサーミキサーやコーヒーメーカー、オーブントースターなどをワゴンと組み合わせ、ライフスタイルを演出する「商品群」として展開した。新しい住まい方を象徴するマンションのLDKワンルームでの利用、収納性を高めるためのモジュラー設計、なごやかな食生活をイメージさせる丸みを帯びた形などがデザインのポイントとなった。

また、松下電器産業が1974年に発売した「愛のカラーシリーズ」《4-14》は、オレンジ、グリーン、イエローの3種類のカラーバリエーションがあるラインナップで、異なる家電機器をカラーコーディネーションすることで付加価値を高めた商品群の先駆けとなった。色は、東京、大阪の消費者を対象にした約2500サンプルの色彩嗜好調査の結果を踏まえて決定。第1段階は調理用小物機器5種類、その後アイテムを順次増やして、色彩的に統一された日常の生活空間を演出した。

こうした「インテリア志向」は、調理器具からテーブルウェア、インテリア小物、衣類に至るまでトータルにコーディネートして販売する、「オレンジハウス」(1973年)《4-15》や「私の部屋」、「オーマイダイニング」などのショップ人気にも反映されている。

■4-13

■4-13 | 丸井クレジットCM 「愛情はつらつ われら夫婦, クレジットエイジ」 1972年 制作=デルタモンド C=石丸淳一 「クレジット」が持っていた借金のイメージを払拭し, 合理的なニューファミリーの新しい価値観を表現した

「インテリア志向」と並んで、この時代の商品開発のキーワードとなったのは「消費者ニーズへの対応」である。1976年にシャープが発売した掃除機「ノンノン」《4-16》は、ユニークな開発過程を経て市場に出た商品だ。主なユーザーである女性のための商品開発を女性の手でという掛け声のもとに、4人の女性社員によるプロジェクトチームが発足した。グループインタビューを実施し、部屋にマッチするかわいいデザイン、家族で掃除が楽しめる雰囲気、暖色系の楽しいカラーリングが望まれているという結果を得た。それに基づいてデザインを行ない、その後で技術担当者が機構を検討した。同年の掃除機の普及率は92%に達しており、さらなる購買意欲を喚起するには、個性的な商品企画が不可欠だったのである。

「インテリア志向」と「消費者ニーズへの対応」という2つのキーワードは、量から質へ、産業中心から人間中心へと消費者の価値基準が移っていったことの現われでもあった。

「食」の外注化

1971(昭和46)年は「外食産業元年」と言われる。ミニスカート、ジーパン、長髪の若者が闊歩する東京・銀座の三越デパート1階にハンバーガーの「マクドナルド」1号店《4-17》が開店した年だ。デパートの営業が終わった日曜日午後6時から工事を始め、月曜日の定休日をはさんだ火曜日の朝9時までのわずか39時間で店舗が完成。銀座通りに突然現われた赤地に黄色い「M」のロゴが入った大きな看板は、道行く人々の目を引いた。ユニフォームを着た若い店員が奥に立つカウンターには長蛇の列ができ、1個80円のハンバーガーが飛ぶように売れた。同年8月に、日

■4-14｜松下電器産業 「愛のカラーシリーズ」1974年 写真提供＝松下電器産業 トースターやホットプレートなど卓上で使用することの多い家電アイテムにカラーシリーズを展開した
■4-15｜オレンジハウス 「オレンジハウス」1号店 1973年 写真提供＝オレンジハウス 東京・渋谷区に開店。家庭生活で使うさまざまな雑貨をトータルにコーディネートして販売する新しいタイプのショップ
■4-16｜シャープ 掃除機「ノンノン」開発風景 1976年 写真＝『デザインニュース』70号(財団法人日本産業デザイン振興会刊／1976)より 消費者調査の結果、知的なホワイト、行動的なオレンジ、自然なグリーンの3種類のカラーリング、ハンドバッグ型のケースに収納できるデザインを採用

■4-17

本で初めての歩行者天国となった銀座通りで，ハンバーガー片手にマックシェイクのストローをくわえて歩く若者の姿がマスコミで報道され，新しい食文化を印象づけた．

米国マクドナルドとの合弁で日本マクドナルドを設立した藤田田は，米国流のブランディング戦略と徹底したマニュアル管理を取り入れてチェーン展開し，店舗デザインからキッチンのレイアウト，厨房器具，サービスまで統一することで，全国どこの店に行っても，同じものが同じように手軽に食べられるという〈サービスのシステム化〉を定着させた．

1980年にはいち早くPOS（販売時点情報管理システム）を導入し，メニューを押すだけで価格が表示できるようにし，接客のスピードアップや来店者数・売上集計の効率化に効果を上げた．追随して米国マクドナルドも，日本が開発したこのシステムを取り入れた．マクドナルドが先鞭をつけたファーストフード市場には，米国発の「ケンタッキーフライドチキン」のほか，ロッテの「ロッテリア」など，国内の食品メーカーも参入．外食産業で，マクドナルド流のブランディングやマネジメントシステムが注目された．

マクドナルド1号店の開店と同じ年，やはり銀座で，「お湯さえあればいつでもどこでも」のキャッチフレーズとともに新しい食文化が紹介された．日清食品が発売した「カップヌードル」である．発泡スチロールのコップに乾麺を入れ，アルミ箔と紙を貼り合せたふたで密封する．ふたを開けて熱湯を注ぎ3分待てばそのまま食べられるという類をみない簡便性．これは，安藤百福社長がインスタントラーメンを欧米で売るために考えたアイデアだった．

世界商品として売り出すのにふさわしい斬新さとスタンダードなイメージを兼ね備えたロゴタイプとパッケージは大高猛がデザインした《4-18》．翌年2月には，連合赤軍浅間山荘事件で機動隊員がカップヌードルを食べる姿がテレビ報道され，思わぬPRとなった．

発売2年後の米国市場進出を皮切りにブラジル，シンガポール，香港，オランダに拠点を設け，カップヌードルはアジア系の人々だけでなく世界中で受け入れられる商品に成長したのである．

■4-18

■4-17｜日本マクドナルド「マクドナルド」1号店（東京・銀座）1971年 写真提供＝日本マクドナルド マクドナルドは東京の一等地，銀座四丁目から新しい食文化をアピールした
■4-18｜大高猛 日清食品「カップヌードル」のパッケージ 1971年 インスタントラーメンを食べるのに欠かせなかったどんぶりと箸を，発泡スチロール製のコップとフォークに変えたことが世界商品になる道を開いた

「いつでもどこでも」の価値

「カップヌードル」が「いつでもどこでも」食べられることを訴求したように、1970年代から80年代にかけて、時間と場所を選ばずに商品やサービスを得られることが大きな価値を持つようになった.

「コンビニ元年」は1974（昭和49）年. イトーヨーカ堂の出資により設立されたヨークセブン（現・セブン−イレブン・ジャパン）が、米国のサウスランド社とライセンス契約を締結し、日本初のコンビニエンスストア「セブン−イレブン」1号店《4-19》を東京・江東区に出店した年である. 翌年には24時間営業の店舗をオープンし、「いつでもどこでも」欲しいものが手に入る生活環境を整えた. フランチャイズ方式で加盟店を募り、1976年に100店、1980年には1000店を数える勢いで急成長した.

ブランディングには細心の注意が払われた. 全国どこの「セブン−イレブン」の店舗にも、数字の「7」と「eleven」を組み合わせたオレンジ色、グリーン、赤のロゴマークのついた看板が設置され、売り場のレイアウトや什器も統一感のある合理的なデザインでまとめられた. 消費者にとっては一目で「セブン−イレブン」であることが分かり、またどこの店でも迷わず目当ての商品がすぐに見つかる利便性があった.

1982年にはコンビニにPOSが導入され、どれだけ広く長く棚を確保できるかが、商品の販売を大きく左右するようになる. 売れ行きの思わしくない商品はすぐに棚から下ろされるため、商品寿命が短くなり、頻繁なリニューアルが必要になる. 商品の開発やパッケージデザインにおいて、コンビニの店舗や販売形態は無視できなくなった. ＜個食＞に対

■4-19

■4-19｜ヨークセブン 「セブン−イレブン」1号店　1974年　写真提供＝セブン−イレブン・ジャパン　東京・江東区清洲に出店. コンビニはカップ麺やレトルト食品、ペットボトル飲料など、手軽で便利な商品の普及を促した

■4-20

応してパッケージは小型になり、素材にプラスチックシートやシュリンク材が用いられ、またアルミ印刷の開発などにより表現の幅が広がった。メーカーがコンビニの要望や提案を受け入れ、あるいは共同で新商品の開発やデザインを行なうケースも増えていった。

また、「いつでもどこでも」の価値を追求したことで生まれた新しいタイプの製品は、フジフイルムの「写ルンです」(1986年)《4-20》である。アイデア自体は1970年代からあったが、技術的な理由で見送られていたプロジェクトだった。1980年代に入って、フィルムが改良され、プラスチックの成型技術が進歩したことにより、それまで目指していた「簡易カメラ」ではなく「フィルムにレンズを付ける」という逆転の発想で商品化が実現した。

カメラは従来から精密機械のイメージがあったが、「写ルンです」は、あらかじめフィルムを装填したプラスチックの本体を紙でくるんだ簡素な外観である。デザインを担当した同社の荒井拓哉は、ロールフィルムのパッケージを意識したグラフィックデザインを施した。カメラでもフィルムでもない「レンズ付きフィルム」という新しい分野の商品として、世界市場でも認められるに至った。

情報機器が変えたオフィス

オフィスの自動化(OA化)が、注目を集めたのは1980年代の初めである。オフィスコンピュータや複写機は1970年代に導入されていたが、大型で高価だったために、オフィスの隅々にまで浸透するには至らなかった。

1980年代に入って、エレクトロニクス技術の飛躍的な進歩によりファクシミリ、ワープロ、パソコンなどの電子機器の性能が向上し、小型化、低価格化が進む。それによってオフィスの風景や仕事の流れが様変わりしたのである。事務作業の効率化で知的労働の比重が高まるに伴い、新しい事務空間が提案されるようになっていった《4-22》。

ファクシミリの普及は、デジタル式の国際規格が定められ、異なる機種同士で通信できるようになったことで弾みがついた。各社が競って製品開発に取り組んだが、松下電送機器とインターナショナル工業デザインがデザインを担当し、1979(昭和54)年に発売されたファクシミリ「My fax (Panafax 4500)」《4-23》は、オペレーターが操作する特殊機器だったファクシミリを一般向けにした初期のケースであり、開発の初期からデザイナー

■4-20｜富士写真フイルム 「写ルンです」 1986年 D＝荒井拓哉(富士写真フイルム) 写真提供＝富士写真フイルム 最初は一般に「使い捨てカメラ」と呼ばれていたが、フィルムと一緒に本体も回収できることに着目してシステムを整備し、ほぼ完全なリサイクルが可能になった

が立ち会った点でも注目される．従来のファクシミリが横型だったのを縦型のバーチカル方式にし，紙の流れが見えるようにして，機器の仕組みを理解しながら操作できるようなデザインを採用したのが特徴だった．

複写機が大企業のオフィスにほぼ行き渡った後，さらなるニーズを掘り起こすために開発されたのが，パーソナルユースをターゲットにしたキヤノンの「ミニコピアPC10」《4-24》（1982年）だ．デザイン部長をチーフとして，事業企画，開発，販売，サービスなどの部門からそれぞれ集まった専門家をメンバーとするソフトタスクを設け，ハードの機能開発をフォロー．低価格で，持ち運びができ，

公共空間にフィクションが持ち込まれたのはなぜか？

電話ボックスや公衆トイレ，交番，駅舎など，地道にその機能を果たしてきた公共施設に，1980年代の半ば頃突然，派手な装飾が施されるようになった．電話ボックス一つをとっても，生き物や建築物をかたどったオブジェを屋根に載せたものから，伝説上の人物や動物などの"着ぐるみ"で全体を覆ったものまで，およそ電話ボックスの役割とは無縁の外観が与えられたのである．

こうした傾向は1980年代から90年代半ばにかけてエスカレートし，日常の生活空間に非現実的な物体が次々と姿を現わした．

中川理は，著書『偽装するニッポン――公共施設のディズニーランダゼイション』（彰国社，1995年）の中で，1983（昭和58）年に開園した東京ディズニーランドの影響を指摘した．ただ，ディズニーランドは閉じた空間のなかをフィクションに仕立て上げたのに対し，日常空間に侵入してきた異様な公共施設は必ずしも意図的ではなく，偶発的な要因が重なって出現したと言えそうだ．上記の著書によれば特にこの時期の行政の影響が大きいという．まず，建築費の1％を公共建築に上乗せし，文化性を付与するために使うことを奨励した「1％事業」．「文化」という名目で，過剰な装飾がさまざまな公共施設に貼り付けられた．次は中曽根康弘元首相が推進した「民活」．電電公社や国鉄などの民営化は，消費者に親しみを持ってもらう努力を促した．その「親しみ」の表現がかわいい動物でありメルヘンの世界だったのである．3番目は竹下登元首相の「ふるさと創生」だ．地方自治体に地域の特質を生かしたオリジナリティのある企画を求め，互いにアイデアを競わせるムードをつくり出した．かくして日本列島の隅々にまで"独創性あふれる"公共施設が出現したのである．

不思議なのは，こうした異様な公共施設に生活空間をのっとられた住民が，なぜ恐れることもなく淡々と日常生活を続けていられたのかという点だ．古来，万物に生命が宿ると考えられてきた日本ならではの現象だったのだろうか．

［池田］

■4-21｜鬼の顔の電話ボックス（鳥取県溝口町）　1995年　町が地元のNTT米子支店と相談し，国の補助金などを利用して設置
撮影・写真提供＝中川理

メンテナンスがいらない製品開発を目指した．特に，ユーザーが自分で簡単にトナー交換できる一体型カートリッジは好評だった．

　OA化の初期の主役となる日本語ワープロでは，1979年に東芝が発売した最初の機種「日本語ワードプロセッサJW10」《4-25》に続いて，通信機器メーカーや事務機メーカー，家電メーカーが相次いで新機種を発表する．初めは本体とディスプレイ，キーボード，プリンタが別々になったデスクトップタイプだけだったが，各社ともすぐにこれらを一体化し，持ち運びやすいデザインを施したために，家庭にも浸透した．

　1980年代半ばからパソコンがオフィスに増え始め，ワープロに取って代わった．そのきっかけとなったのが，1984年に日本に上陸した米国アップル社のパソコン

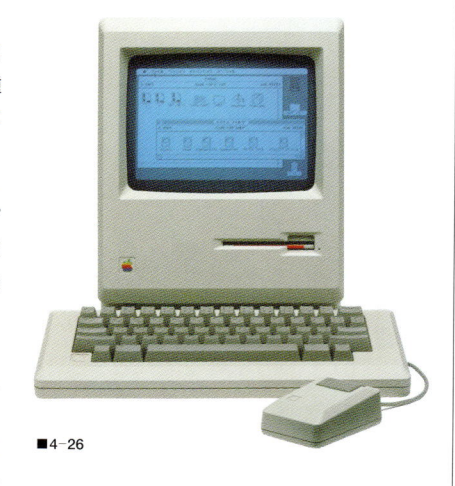

■4-26

■4-22｜イトーキ オフィス 1984年 写真提供＝イトーキ コンピュータの導入によって変化するオフィス空間．頭脳労働の比重の高まりにより，机にパーティションが付き，いすのデザインに人間工学の視点がとり入れられた
■4-23｜キヤノン コピー機「ミニコピアPC10」1982年 写真提供＝キヤノン 開発コンセプトは「エンピツ（ENPITSU）」，E＝エコノミー，N＝ノンメンテナンス，P＝ポータブル，I＝インスタント，T＝トナー・バリエーション，S＝シンプルユース，U＝ユニバーサルペーパーを表す
■4-24｜松下電送機器 ファクシミリ「My fax (Panafax 4500)」D＝インターナショナル工業デザイン 1979年 写真提供＝松下電送機器 ファクシミリを，設備から一般機器へと変えるためには，使いやすさに配慮したデザインが不可欠だった

「Macintosh K128」《4-26》である．GUI（グラフィカル・ユーザー・インターフェイス）という，アイコンをマウスでポイントすることで操作できるシステムによって，それまで一般のビジネスマンが使うには複雑だったパソコン操作が，誰にでも直感的に分かるものになったことが普及を後押ししたのである．

テレビゲームの誕生

コインを入れてゲームを楽しむ業務用ゲーム機が全国の喫茶店を中心に普及したのは1977（昭和52）年頃である．デパートの遊具コーナーなどに設置されるようになり，次いでゲームセンターができた．最初に出て爆発的な人気を博したのが，タイトーのシューティングゲーム「スペースインベーダー」だった．以後，キャラクターのデザインが人気を呼んだ追いかけっこゲームの「パックマン」，シューティングゲーム「ゼビウス」などが出て，コンピュータゲームがレジャーの一つとして定着する．

任天堂は1983年に，8ビットの家庭用ゲ

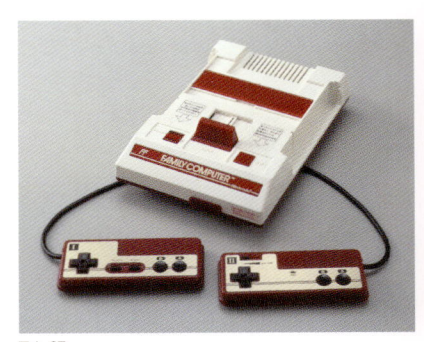

■4-27

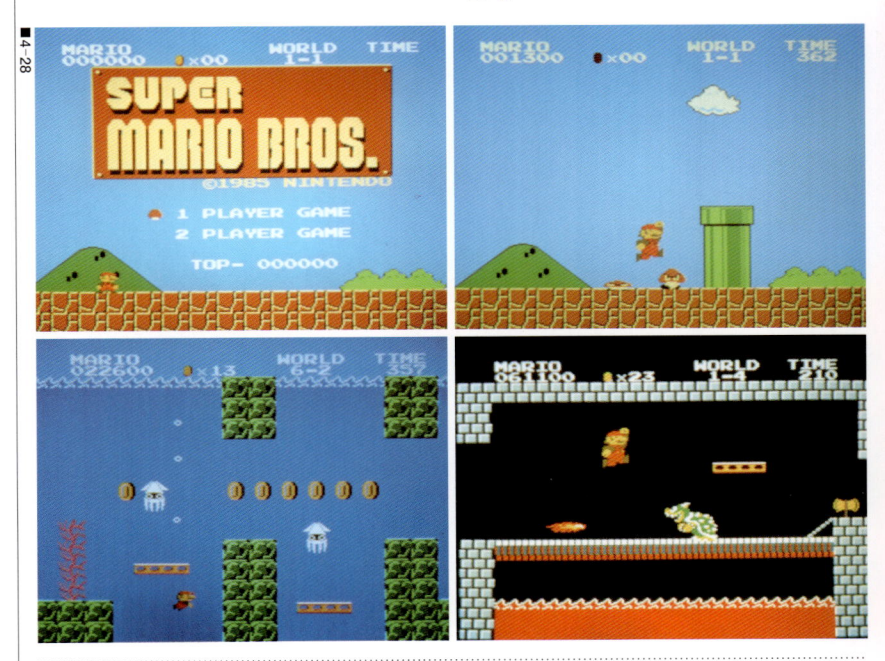

■4-28

■4-25｜東芝 日本語ワードプロセッサ「JW10」 1979年 D＝東芝デザイン部（当時） 写真提供＝東芝
■4-26｜アップルコンピュータ「Macintosh K128」 1984年 写真提供＝アップル・ジャパン マウスでアイコンをクリックする直感的なインターフェイスにより，操作性が飛躍的に向上し，コンピュータに詳しくない一般ユーザーにも使いやすくなった
■4-27｜任天堂「ファミコン」 1983年 写真提供＝任天堂 カスタムCPU（中央演算処理装置）とPPU（映像処理装置）を使った8ビット家庭用ゲーム機（＊ファミリーコンピュータ・ファミコンは任天堂の登録商標です）
■4-28｜任天堂「スーパーマリオブラザーズ」 1985年 D＝宮本茂（任天堂） 写真提供＝任天堂 キャラクターや背景のデザインには粗いドットでもきれいに見えるような配慮が見られる ©1985 Nintendo

■4-29

ーム機「ファミリーコンピュータ（ファミコン）」《4-27》とソフトウエア「ドンキーコング」を同時に発売した．当初からソフトを制することの重要性を認識していた任天堂は，ソフト会社が発売するソフトの質を管理する体制を整え，家庭用ゲーム機市場を確立した．

同社の宮本茂が制作にあたった「ドンキーコング」は，テレビゲームに物語を持ち込んだ最初のソフトと評され，以後デザイナーがゲーム制作の現場で中心的な位置を占めるようになる．1983年にやはり宮本の手によって「ドンキーコング」の登場人物の1人であるマリオを主人公にした「マリオブラザーズ」，そして1985年には，全世界で4024万本を販売する大ヒットとなった「スーパーマリオブラザーズ」《4-28》が出る．

ハドソンやナムコなどのソフトウエアメーカーが「ファミコン」向けのゲームソフトを制作し出すと，各社とも独自性を出すためにアイデアやシナリオを重視し，ゲームならではのインタラクティブ性を追求するようになっていった．

ナムコの遠藤雅伸が制作した「ゼビウス」（1983年）は基本的にシューティングゲームでありながら，ドラマを持ち，ストーリーを完成させてからプログラミングに入るという制作手法を採用．また，『少年ジャンプ』の漫画家，鳥山明がキャラクターを，堀井雄二がシナリオ，すぎやまこういちが音楽を担当して話題となったエニックスの「ドラゴンクエスト」（1986年）をはじめとして，ゲームに作家性が強く反映されるようになる．

ROMカートリッジでゲームソフトの交換ができるハンディタイプの「ゲームボーイ」《4-29》が1989年に任天堂から発売されると，ゲームにも「いつでもどこでも」楽しむ気軽なスタイルが普及する．

戦略化するキャラクタービジネス

キャラクターを使ったデザインの文具や雑貨などの「ファンシー商品」がキャラクタービジネスの柱になったのは1970年代だ．モノを介して友達とのコミュニケーションを図るという，消費者と商品の間に新しい関係が生まれた．キャラクターの外見だけでなく，その背後に魅力的な〈ストーリー〉を付けられるかどうかが成否の鍵を握った．

サンリオが，1975（昭和50）年に発売したビニール製の小銭入れ「プチパース」《4-30》用に，社内デザイナーの清水侑子を起用して前年に開発した「ハローキティ」は，国内外で長く親しまれる定番キャラクターとなった．ノートや手帳，筆記具などに展開して国内外で人気を集め，1976年には米国に直営店を

■4-29｜任天堂「ゲームボーイ」1989年　写真提供＝任天堂　ソフトを変えて遊べる「ゲーム＆ウォッチ」が開発コンセプトだった（＊ゲームボーイは任天堂の登録商標です）

■4-30

■4-31

出し，さらにアジア各国にも販路を広げた．まず双子の妹ミミィとパパとママ，続いておじいちゃん，おばあちゃんというようにキティに次々と家族が登場する．ストーリー性を強め，＜世界観＞を形成する手法だ．

　発売から10年経った1985年からは従来の子供向けのデザインとは別に高校生向けの商品を開発し，子供の頃にキティを愛用していた高校生が再びキティを買うようになる．こうして顧客の成長とともにキティも大人向けに成長していったのである．

　キャラクターは子供だけを対象にしたものではない．たとえば米国の人気漫画「スヌーピー」は1980年代，全日空のスキーツアーのキャンペーン，三和銀行の通帳，広告，プレミアムなどにマスコットキャラクターとして活用された．また，1980年代後半からブームとなった地方博覧会やテーマパークにもマスコットキャラクターは欠かせなかった．そして1983年には，千葉県幕張に東京ディズニーランドが出現する．

　一方，「ウルトラマン」や「ドラえもん」，「ガンダム」，「仮面ライダー」など，1970年代，80年代も引き続きテレビアニメや漫画雑誌が多くのキャラクターを世に送り出し，ポピーやバンダイが中心となって大きな玩具市場を形成した．テレビアニメ「機動戦士ガンダム」は視聴率が低迷したため打ち切られたが，その後1980年にバンダイからプラモデル《4-31》が出ると，雑誌などの媒体がこぞって取り上げたことから幅広い年齢層に浸透し，「ガンダム現象」という言葉さえ生まれた．マスメディアと広告とを巧みに活用しながら展開を図ったのがこの時代のキャラクタービジネスの特徴だった．

　アニメでは，自然や共生をテーマとした宮崎駿「風の谷のナウシカ」(1984年)や，ネオ東京を舞台とした大友克洋「AKIRA」(1982年)に代表される大人にも魅力的な作品が生まれた．日本のアニメは，90年代になって「ジャパニメーション」として広く世界に認められることになる．

The Maturity of Industrial Society: 1971-1990

■4-30｜サンリオ「ハローキティ プチパース」1974年　D＝清水侑子(サンリオ)　写真提供＝サンリオ　キティは人気商品だったプチパースのためにデザインされたキャラクターで，当初は名前もなかった
■4-31｜バンダイ「ガンダム」1/144 スケール　1980年　写真提供＝バンダイ「ガンダムプラモデル」第1号．1979年に放映を開始したTVアニメ番組「機動戦士ガンダム」に登場したロボットをプラモデルとして商品化した　©バンダイ

ブランディングとデザイン

広告表現の多様化

　テレビCM費が新聞広告費を上回ったのは1975（昭和50）年だ．「あなた作る人，僕食べる人」とうたったレトルト食品のテレビCMを「女性に対する偏見だ」と中ピ連が非難したのは1970年代を象徴する出来事だった．コンシューマリズムの高まりとともに，広告を見る消費者の目が一段と厳しくなった時代である．

　1971年に日本広告業協会が「広告倫理綱領」と「クリエーティブコード」を，全日本CM協議会（ACC）が「ACC・CM倫理綱領」をそれぞれ定め，全日本広告連盟は1974年に広告主企業，マスコミ媒体，広告会社の3者による広告自主規制機関として社団法人日本広告審査機構（JARO）を設立し，広告の社会的責任をアピールした．また広告主の側も企業姿勢や考え方を優れた広告表現で印象づけ，消費者の共感を得ることへの関心を強めていった．こうした企業イメージを担う広告表現には，芸術的な質が求められたのである．

　1970年代には，商品の機能やメリットを訴求する直接的な広告が減り，むしろ包括的なイメージをつくり出す表現が多くなった．資生堂のCMに流れた「君の瞳は10000ボルト」（作詞作曲・歌＝堀内孝雄），「時間よ止まれ」（作詞作曲・歌＝矢沢永吉）のように商品名も企業名も入らないコマーシャルソングが

▪4-32 | サン・アド　サントリー角瓶「雁風呂」篇　1973年　PL,C,FD＝東條忠義，カメラ＝尾花正章，音楽＝小林亜星，出演＝山口瞳　写真提供＝サン・アド　津軽外ヶ浜に伝わる，北国から渡ってくる雁の話を題材に，情感あふれるドラマをつくり上げた．元サントリーの社員で，直木賞作家の山口瞳が出演した

▪4-33 | パルコ　ポスター「モデルだって顔だけじゃダメなんだ．」　1975年　AD,D＝石岡瑛子，C＝長沢岳夫，P＝横須賀功光　写真提供＝パルコ　パルコの広告は，難解なコピーと強烈なビジュアルイメージでインパクトを与えると同時に賛否両論を巻き起こした

▪4-34 | パルコ　東京・渋谷公園通りウォールペイント　1983年　写真提供＝パルコ　パルコ渋谷店の脇の壁をキャンバスにしたウォールペイントは，ファッショナブルな公園通りを演出した

流行ったのもこれを裏付ける現象だった．また，商品とは直接関わりのないストーリーを語ることでイメージを膨らませたサントリーのCM「雁風呂」《4-32》は1974年にACCグランプリ賞を受賞した．このように企業が優れたイメージ広告を重視し始めた背景には，自分の価値観やライフスタイルに合ったモノを選ぶようになった消費者の存在があった．

芸術性を追求した表現の先駆となったのは石岡瑛子のアートディレクションによる「パルコ」の広告だった．婦人服の専門店をテナントに集めたファッションビル「パルコ」渋谷店がオープンした1974年の広告は，挑戦的な風貌の女性が髪をなびかせ，こちらを見据えているビジュアルに「アンチ・センチメンタリズム・パルコ」と一言コピーを添えたポスターである．商品はおろか「パルコ」そのものについての説明すらない．続く「モデルだって顔だけじゃダメなんだ」《4-33》，「裸を見るな，裸になれ」など，簡潔かつ抽象的な表現で，感傷を否定し自立する新しい女性のイメージをつくり上げた．こうした挑発的なビジュアルとコピーを組み合わせる表現は，多くの追随者を生んだ．

「パルコ」渋谷店は，街全体を広告メディアとした点でも斬新な手法を見せた．屋外の壁にグラフィティを描かせ，街を彩る広告として活用し《4-34》，「パルコ」で買い物をした人が持って歩く紙袋のデザインを移動するメッセージととらえた．1975年にはタウン誌として『ビックリハウス』（編集長：榎本了壱）を発刊したほか，西武劇場などの各種文化事業にも取り組み，サブカルチャー的な〈パルコ文化〉を発信することで多角的なイメージ戦略を展開したのである．

1980年代に入ると，堤清二率いる西武百貨店のコピー「不思議，大好き。」《4-35》などで脚光を浴びた糸井重里，TOTO「ウォシュレット」の「おしりだって洗ってほしい」《4-36》の仲畑貴志ら，コピーライターがクローズアップされる．ビジュアル中心の芸術性を追求した1970年代の広告表現から，企業戦

■4-35

■4-36

■4-35｜西武百貨店ポスター「不思議，大好き。」1981年 AD＝浅葉克己，C＝糸井重里 写真提供＝西武百貨店 西武百貨店は，文化と消費を結び付けた，新しいライフスタイルのイメージをアピールした
■4-36｜TOTO ウォシュレット新聞広告 1982年 AD,D＝葛西薫，C＝仲畑貴志，I＝若山和央 写真提供＝仲畑広告制作所 もともと医療用の機器として使用されていた製品だったが，ユニークなテレビCMの効果もあって，一般家庭に急速に普及した．トイレ習慣を変えた点で画期的だった

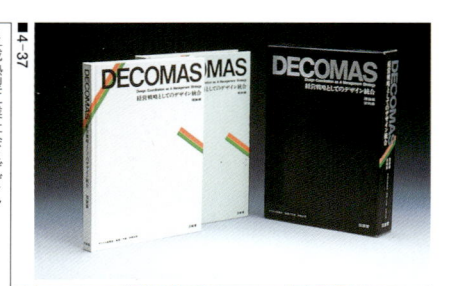

略とマッチするカジュアル路線への変化が見られた．

松下電器産業が展開した「サムシング・ニュー」キャンペーン（1987年）は，脱広告的なアプローチで話題を呼んだ．渋谷を舞台にウォークラリーのイベントを開催し，ジョージ・ルーカスを起用した広告との相乗効果を狙った．新聞，雑誌，テレビ，ラジオといった媒体のほかに，イベントといった非媒体の広告効果にも目が向けられるようになったのである．

日本流のCI戦略

コーポレートアイデンティティ（CI）が1970年代に注目されるようになったのには2つの理由がある．まず，石油ショック後の業容転換に伴って，企業が情報価値の効用という面で新しいイメージを必要としたこと．もう1つは，公害問題などに対して企業の責任を追及する消費者の姿勢が強まったのに対処するため，自らの変化とアイデンティティをアピールして前向きなイメージを打ち出そうとしたことである．

CIという言葉は1960年頃，米国のデザインコンサルタント，ウォルター・マーギュリースが経営手法の1つとして使い始めたと言われる．イメージマーケティングを含むマーケティング手法が行き渡り，さらに組織の存在をアピールする必要に迫られていた1960年代の米国と，70年代の日本の状況には共通点があった．

1971（昭和46）年にデコマス委員会（中西元男代表）が『DECOMAS—経営戦略としてのデザイン統合』《4-37》を出版し，日本に米国のCIを紹介して注目を集める．まず企業デザインの統合システムと標準化の側面が強調され，部署がそれぞれ行なっていたデザイン活動を企業レベルで統一し，マニュアルで管理する手法が共感を呼んだ．

1970年代には，西武百貨店（AD＝草刈順），ダイエー（PAOS，デザイン＝レイ吉村），松屋（PAOS，デザイン＝仲條正義）などの百貨店やスーパーが，消費者とのより良いコミュニケーションを図るべくCIを導入してマークやロゴタイプを一新した．松屋の事例では，売り場の表示から包装紙，従業員の名刺に至るまで，視覚的なイメージ統一が進められた．ロゴマークとタイプフェイスのデザインは，国内外の4人のデザイナーによる指名コンペの結果，仲條が担当した．

CIブームと言われた1980年代になると，先のCI概念に日本流のアレンジが加えられていく．まず，CIには，対外的な側面と社内的な側面があるとされた．対外的には，社名やシンボルマークの変更によって新しい企業イメージを打ち出し，企業活動を活性化さ

■4-37｜デコマス委員会（代表：中西元男）『DECOMAS—経営戦略としてのデザイン統合』 1971年 米国のCIを日本に紹介した書籍で，日本におけるCIの実践に大きな影響力を持った

■4-38｜アサヒビール「スーパードライ」のパッケージ 1986年 CD＝永井一正・清野嘉平，AD・D＝佐々木豊，D＝菊竹雪・久保亨，CIコンサルティング＝電通 写真提供＝日本デザインセンター 「企業イメージの向上計画」としてCIを導入し，消費者ニーズに合った商品開発を目指すマーケットインの発想を重視すると同時に社内の意識改革を図った

■4-39

■4-40

せることを重視し，社内的には，企業理念を見直し，時代に合った企業文化を創出するとともに従業員の連帯感を高めることに重きを置くというものである．CIとは単なるビジュアルデザインではなく，理念の構築こそが核であるとされ，より精神的，企業哲学的な方向に傾斜していったのだ．

1980年代はCIを導入する企業の数が急増した．1981年のケンウッド（PAOS）や1986年のアサヒビール（電通，クリエイティブディレクション＝永井一正）《4-38》など，イメージを統一することで，ビジネス上の成果を上げたところも少なくない．また，1985年の民営化に伴ってCIを導入したNTT（旧電電公社）の場合は，電通，PAOS，ランド＆博報堂のチーム，国連社＆レイ吉村のチーム，ODS＆ソール・バスのチームらによる指名コンペを行ない，PAOSと電通の連合体制に決まった．民営化までわずか1年という短いスケジュールで遂行するために，デザインコンペは行なわず，亀倉雄策にマークとロゴ《4-39》を依頼した．この時期，民営化に伴いCIを導入した企業には，1985年の日本たばこ産業（レイ吉村），1987年のJR（電通，日本デザインセンター，AD＝山本洋司）《4-40》があるが，公共性が高い分野だけにCIの役割は大きかった．

二分化するファッション業界

1974（昭和49）年から79年にかけての繊維不況は深刻だった．ナイロン不況，変動相場制への移行に伴う急激な円高，そしてとりわけ第一次石油危機は合成繊維に大きな打撃を与え，繊維業界の構造変化は必至となった．原糸メーカーは，素材からテキスタイル，アパレルへと次第に川下へと事業を拡大し，付加価値の高い加工部門を強化していった．また，イヴ・サンローランなど舶来ブランドブームも起こる．こうした変化のなかでデザインの力が認識され，「ファッションビジネス」論が注目を集めた．大小のアパレルメーカーが，それぞれのアイデンティティを前面に出し，強いブランド構築を目指したのである．

1970年には婦人服大手のレナウンと紳士服の中堅メーカーであるニシキが新会社「レナウンニシキ」を設立し，翌年「ダーバン」ブランドを立ち上げて紳士服市場に参入した．百貨店を中心にスーツスタイルに必要なアイテムをコーディネートしやすいようにそろえたショップを展開し，プレタポルテのビジネススーツ・ブランドの先駆けとなる．フランスのスター俳優，アラン・ドロンを広告に起用して《4-43》，ブランドのイメージづくり

■4-39｜NTTのシンボルマーク「ダイナミック・ループ」 1985年 コンサルティング＝PAOS＋電通，D＝亀倉雄策 写真提供＝PAOS 日本電信電話公社の民営化にともない，官営からサービス業への転換を印象づけるため，先端技術，親しみ，生活文化を基本にデザインされた

■4-40｜JRグループのシンボルマーク 1987年 コンサルティング＝電通＋日本デザインセンター，AD＝山本洋司（日本デザインセンター） 写真提供＝日本デザインセンター 日本国有鉄道の民営化を機に導入されたCI．誰が見ても分かりやすく，国際性があり，また，動く列車につけても視認性を失わないデザインがポイントだった

日本の非常口サインはどのようにISOで支持されたのか?

明るい開口部からまさに走り出ようとする人体——世界で最も知られたピクトグラムのひとつが、この非常口サインだろう。非常口サインを文字からピクトグラムに統一しようという動きは、1972(昭和47)年の大阪・千日デパートと、1973年の熊本・大洋デパート火災の大惨事をきっかけに始まった。それまで漢字で表示していた「非常口」のサインは煙の中で判読できなくなる可能性が高く、そうかといって巨大にすれば建築物の美観を損ねるという問題が浮上したからだ。

1979年、一般公募により集まった計3,337点のピクトグラムのデザイン案から1点を選び出し、専門家がデザインに手を入れた。60点を超える修正案のなかからさらに3点に絞り込み、各長所を合成して完成版とした。自治省消防庁が、デザインの有効性を証明する各種の科学テストや比較実験結果とともに、このピクトグラムをISO(国際標準化機構)に提出したのは1980年6月。ちょうどISOがソ連の案に絞り込んだところだった。数年の審議を経てようやくソ連案に決まりかかっていた矢先に持ち込まれたのが日本案だったわけだ。ところが、1982年1月に西ベルリンで開催された第7回ISOサイン・シンボル部会で、日本案が評価されると状況は一変する。ソ連は日本案について「ドアがついていない」、「走っている人の姿が複雑に見えて不自然」、「影が足の延長に見える」などと批判したのに対し、日本は「開口部と人体の関係が貧弱」「ドアの縦線が煩雑で人体の認知を妨げる」「図形のアウトラインが二重になっているためメッセージが弱い」「左右のバランスが悪い」「説明的でシンボリックな表現になっていない」などと、ソ連案の短所を指摘した。

非常口サインを巡る"日ソ対決"は、1982年4月に開催されたISOロンドン会議でソ連が案を降ろしたことでほぼ決着。翌年3月のノルウェー会議において、英仏から部分的な修正案が出されたものの、満場一致で日本案を堅持する方針が固まった。[池田]

■4-41
■4-42

に成功し、1年後には社名を「ダーバン」に変更した。

また、オンワード樫山は若手発掘に力を入れて、ジャンポール・ゴルチエと契約を結ぶ。イトキン・グループはブランドごとに別会社を設立し、ワールドはフランチャイズ展開によって専門店を増やすとともに、店舗設計を指導するなどしてブランドを訴求した。

その一方で、高田賢三、三宅一生、森英恵といった個性を武器にブランドを確立し、世界に単独進出するファッションデザイナーが登場し、ファッション業界のもう一つの方向性を形成した。先陣を切ったのは高田賢三である。

文化服装学院初の男子卒業生である高田は、1970年、日本人の蔑称を用いた「ジャングル・ジャップ」という名のブティックをパリに開く。プレタポルテ・メーカーとして野心的なデザインを次々と発表し、たちまちトレンドセッターとしての地位を固めた。高田の強烈な色使い、独特のエスニック感覚やフォークロア調、着物に通じる直線裁ちの平面的なフォルムは、伝統の重さに身動きがとれなくなっていたパリのファッション界に驚きを与えた《4-44》。

三宅一生は多摩美術大学卒業後、パリ・ク

■4-41 | 非常口サイン(日本案) 1981年 ピクトグラム=坂野長美, D=太田幸夫・鎌田経世・小谷松敏文
■4-42 | 非常口サイン(ソ連案) 上記2点とも, 太田幸夫著『ピクトグラム[絵文字]デザイン』(柏書房, 1987年)より転載

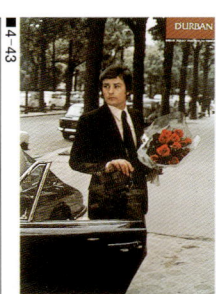

チュール組合の学校(エコール・ドゥ・クチュール・パリジェンヌ)で学び，ギイ・ラロッシュ，ジヴァンシーのアトリエを経て，ニューヨークに渡り，ヒッピームーブメントのただなか，ジーンズに象徴される大衆ファッションの現実を見た．独自の服に対する考え方を「一枚の布」というコンセプトに収斂させていった三宅は，ニューヨークで初めてのコレクションを発表した後，1973年パリに進出．身体の形にそって立体に仕上げる伝統的な西洋の服づくりとは異なる，1枚の布を身体の動きに合わせてまとうという斬新な方法が高く評価された．1977年，毎日デザイン賞を受賞した際に東京・池袋の西武美術館で開催したファッションショー「ISSEY MIYAKE IN MUSEUM 三宅一生と一枚の布」《4-45》では，制作に小池一子，装置に倉俣史朗，音楽に三枝成彰，照明に藤本晴美，宣伝に田中一光と横須賀功光を起用した．

高田や三宅らの国際的な活躍に励まされ，1970年代後半頃からマンションの一室のような小さな場所で服づくりを営む「マンション・メーカー」と呼ばれた若いファッションデザイナーが次々と現われ，そのなかから1980年代にブームとなるDCブランドが巣立っていったのである．

DCブランドとファッション雑誌

1982(昭和57)年春夏シーズン．パリのプレタポルテに参加して「黒い衝撃」と評され，賛否両論を巻き起こした2人の日本人デザイナーがいた．川久保玲と山本耀司である．1970年代に個性を熟成させ，1980年代になってアヴァンギャルドなファッションを次々と発表していたDCブランドから世界を舞台に活躍する人材が輩出した瞬間だった．
DCブランドは，百貨店を主な販路とした

■4-43｜ダーバン アラン・ドロンを起用したポスター 1971年 写真提供=ダーバン 経済活動の国際化が進んだ時代を反映し，外国で活躍するビジネスマンのスタイリッシュなイメージをアピールした
■4-44｜KENZO 1971-72 春夏コレクション 1971年 写真提供=KENZO JAPAN パリにブティックを開いた翌年に発表した高田賢三のコレクション．鮮やかな色づかいが注目を集めた
■4-45｜三宅一生「ISSEY MIYAKE IN MUSEUM——三宅一生と一枚の布」ショー 1977年 制作=小池一子，装置=倉俣史朗，音楽=三枝成彰 写真提供=三宅デザイン事務所 東京・池袋の西武美術館で開催したファッションショー．装置，音楽などに気鋭のクリエイターを起用した 写真=斎藤一男

大手・中堅アパレルメーカーとは異なり，専門店やブティックで販売するほか，自前の店を構えるところもあった．百貨店の受け入れ体制では品質はもちろん，素材からデザインまで厳しく基準が定められていたため，自由な発想のデザイナーにとって敷居が高いという事情もあった．その中で頭角を現わしてきたのが，稲葉賀恵，菊池武夫，カメラマンの大楠祐二が設立した「BIGI」や松田光弘の「ニコル」，川久保の「コム デ ギャルソン」，山本の「ワイズ」などだった．

DCブランドは，ファッション空間のデザ

■ 4–46 | イッセイミヤケのフロム・ファーストのショップ（東京・青山）1976年 インテリアデザイン＝倉俣史朗 写真提供＝クラマタデザイン事務所 山下和正の設計によるフロムファーストビル（1975年竣工）は，建物が一つの街のように構成された空間だった 写真＝藤塚光政
■ 4–47 | 『アンアン』創刊号の表紙 1970年 AD＝堀内誠一，P＝立木義浩，I＝大橋歩 発行＝平凡出版 『アンアン』はファッションばかりでなく，雑誌のエディトリアルデザインの流れにも影響を与えた
■ 4–48 | 『アンアン』創刊号より見開き AD＝堀内誠一，P＝立木三朗 発行＝平凡出版 1970年 ビジュアルを重視した誌面のデザインは斬新だった

インに深い関心を示した．倉俣史朗がインテリアデザインを手がけ，1976年に東京青山にオープンした「イッセイミヤケ」のフロム・ファーストのショップ《4-46》は，ファッションデザイナーとインテリアデザイナーによるコラボレーションの可能性を示す初期の例である．1980年代に入ると，倉俣は「イッセイミヤケ」の主要なショップのほか，「ミルク＆ミルクボーイ」，「ヨシキヒシヌマ」の旗艦店などのデザインを担当する．個性を旨とするDCブランドは，ファッションばかりでなく空間の個性化にも力を入れたのである．ほかにも「ニコル」と横田良一，「コム デ ギャルソン」と河崎隆雄などの組み合わせが生まれた．

こうした新しいムーブメントを後押ししたのが1970年創刊の『アンアン』(平凡出版，現・マガジンハウス)《4-47,48》や1971年の『ノンノ』(小学館)など，それまでになかった編集方針のファッション誌である．創刊号で60万部を売り切るという好調なスタートを切った『アンアン』は，フランスの『ELLE』誌と提携して外国のファッション界の動向や日本人デザイナーの海外での活躍を伝えた．

堀内誠一がアートディレクターを務め，イラストレーターの大橋歩，カメラマンの立木三朗らを起用したビジュアル中心の誌面は，先進性を保ちながらも，若い女性が「かわいい」と思える独特の感性，親しみやすさを備えていた．

『アンアン』やカタログ的な編集の雑誌『ポパイ』(1976年創刊)が切り開いた誌面づくりはその後，一種の定型となって後続誌の方向を決定づけた．さらにその影響はエディトリアルデザイン全般にも及んだ．

グローバルとローカルの試行錯誤

日本車神話と貿易摩擦

西ドイツを抜いて日本が世界最大の自動車輸出国になったのは1974(昭和49)年だ．そして1980年，日本車(乗用車とトラック)の生産台数1104万台が米国を上回り，ついに生産台数世界一の座に着く．日本の自動車産業を国際舞台へと大きく飛躍させる引き金となったのは，排ガス規制と2度の石油ショックだった．

口火を切ったのは，1972年発売の本田技研工業の「シビック」《4-49》である．開発コンセプトは「ユーティリティー・ミニマム」と「マン・マキシマム」．本格的な大衆車としての経済性を実現するための徹底した小型・軽量化と十分な居住空間の確保を両立することが目標に掲げられた．この条件を満たすために生まれたのが，居住空間とトランクが一体となった2ボックス，FF(前輪駆動方式)横置きエンジンという，当時の日本車にはなかった仕様だった．

導き出されたサイズは5立方メートル．デザインを担当した同社の岩倉信弥は，全長を短く抑えるためにトランクのスペースを削り，「どこから見ても台形」と言われた，独特

の3ドアハッチバックのスタイルをデザインした．流れるようなラインが美しいとされた当時のスタイリングの常識に反するデザインだったが，発売1年後には8万台を販売する大ヒットとなった．また，1972年から3年連続で日本カー・オブ・ザ・イヤーを受賞するという記録も打ち立てた．

　「シビック」の米国市場での成功は，小型・軽量化による燃費の良さに加えて，米国議会が1970年に可決した非常に厳しい排気ガス規制を定めた「マスキー法」の存在が追い風となった．本田が「シビック」の開発と並行して取り組んでいた低公害エンジン「CVCC」は，世界で初めて「マスキー法」をクリアする．1973年，燃費の良い「シビック」に「CVCC」エンジンを搭載した「シビックCVCCモデル」を発売．大型車の生産を得意としていた米国のビッグスリー（GM，フォード，クライスラー）はダウンサイジングに苦慮しており，いち早く市場に出た小型で経済的，排ガス規制にも対応した日本車への評価は急速に高まっていった．

　世界中の自動車メーカーを巻き込んでの小型車競争が米国市場を舞台に繰り広げられた1980年代．日本の自動車メーカーは，米国市場，さらに世界市場に向けて，次々と小型モデルを発表し，その経済性と性能，多様なデザイン性で圧倒的な強さを見せる．

　こうした背景には，合理的な生産方式と品質管理システムの支えがあった．特にトヨタが1950年頃から約20年かけて開発した「かんばん方式」には多くの自動車メーカーが関心を持った．これは，必要な部品を必要な量だけタイミングよく供給する仕組みで，多種類の部品を在庫なしに効率よく調達できるために，多様な車種を同じラインで組み立てられるメリットもあった．また各社とも，欧米に開発（R&D）およびデザイン拠点を設けて国際化を図っていた．

　小型車戦争によって，業績不振に陥った米国の自動車産業界は，日本車の進出に対して危機感をあらわにする．貿易摩擦は激しさを増し，外交問題にまで発展した．1981年，ついに日本は自動車輸出の自主規制に踏み切り，それは1994年まで続いた．

■4-49｜本田技研工業　初代「シビック」　1972年　D＝岩倉信弥（本田技研工業）写真提供＝本田技研工業　正面から見ても，側面から見ても台形のハッチバックスタイルは，小型・軽量化の追求から生まれた

イタリア発のデザイン潮流

　海外デザイナーの起用が活発化したのもこの時期だ．1973(昭和48)年，日本楽器製造(現・ヤマハ)は，新しいカテゴリーの製品である「カセットテープデッキTC-800シリーズ」《4-50》のデザインをイタリア人のマリオ・ベリーニに依頼する．国際的に評価の高いデザイナーを起用することでデザイン先進企業のイメージをアピールする意図があった．ベリーニの提案は機能性に徹しながら独創性にあふれ，同時に企業のイメージにもマッチしたデザインであり，社内の誰もが納得できるものだった．高い評価を受けたこのプロジェクトは，海外デザイナー起用の模範的な試みとなった．

　また，日本光学工業(現・ニコン)は，同社のシンボル的存在である高級カメラ「ニコンF3」(1980年)《4-51》のデザインに，やはりイタリア人のジョルジェット・ジウジアーロを起用．すでに世界商品としての地位を固めていた「ニコン」は，デザイン面でも国際的なニーズにこたえる必要性を感じ，新しい旋風を巻き起こそうとしたのである．

　当時の常務取締役である中野良知は『デザインニュース』誌のインタビューで，「技術のニコン」のイメージに新しい顔を持たせるには，革新が不可欠だったと強調している．ジウジアーロの手になる「ニコンF3」のデザインは，先行機種にはなかった丸みのあるボディ，せり出したグリップ，そしてアクセントとなる赤いラインなど，革新性と機能美が評価され，市場から好意的に迎えられた．

　現代アートの国際展「ベネチアビエンナーレ」に初めて建築部門が設けられた1980年，ディレクターを務めた建築史家のパオロ・ポルトゲージは「ポスト・モダン」を宣言した．以後10年間，世界のデザインに大きな影響を及ぼすムーブメントの始まりだった．ポルトゲージは，1920年代から世界中の建築を席捲している国際様式が，それぞれの地域やコミュニティの特徴や文化の違いを消し，均質化を強引に推し進めてきたとして批判し，モダニズムを超えるポストモダンの必要性を呼びかけたのである．

　こうしたイタリア発のデザイン潮流は，日本でも熱心に紹介された．京都国立近代美術館と東京国立近代美術館で1985年に開催された展覧会「現代デザインの展望―ポストモダンの地平から」《4-52》にアルキミアとアレッサンドロ・メンディーニのプロジェクト「未完成なる家具」が展示されたのをはじめ，翌年には東京の有楽町西武デパートで「ジ

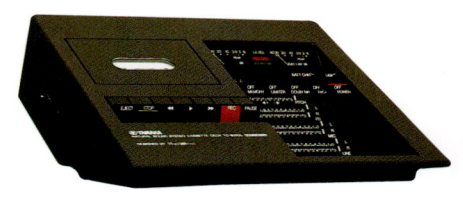

■4-50

■4-51

■4-50｜日本楽器製造(現・ヤマハ)カセットテープデッキ「TC-800」　D＝マリオ・ベリーニ　1973年　写真提供＝ヤマハ　肩にかけて持ち運ぶ際に体にフィットするように，本体の後部が斜めになっており，またボタンも前面から操作しやすい向きに配置されている
■4-51｜日本光学工業(現・ニコン)「ニコンF3」　D＝ジョルジェット・ジウジアーロ　1980年　写真提供＝ニコン　曲線を用いたグリップと赤いラインが特徴のデザイン．2002年まで20年以上にわたって製造・販売されたロングラン製品

オ・ポンティ展―人間感覚からポスト・モダンへ」などが開催された．一般誌までこれらを盛んに採り上げ，「ポストモダン」は最新の建築やデザインを語るキーワードとなった．イタリアのポストモダン運動は1980年代を通じて勢いづいた．その急先鋒だったエットーレ・ソットサス率いる「メンフィス」が1981年にミラノで開催した家具展には，磯崎新，倉俣史朗，梅田正徳《4-53》の名前も見られた．

1990年代に入る頃には早くも下火になり，「デコン（デコンストラクション）」に席を譲ったポストモダンであるが，短期間に発したエネルギーは世界のデザインシーンに大きな影響を与えた．ただ，真の意味でのモダニズムと対峙したことのない日本では，その対立概念として成立したポストモダンは，一過性の流行で終わってしまった感がある．

ローカル発の国際イベント

1973（昭和48）年，通産省の呼びかけにより，1960年以来のデザインイヤーが実施される．各地の自治体や企業やデザイン団体な ど，それぞれの地域で展覧会やシンポジウムなどを開催して，幅広い層の関心を集め，地域のデザインに目を向けさせるきっかけとなった．

そのクライマックスを飾るイベントは，国際インダストリアルデザイン団体協議会（ICSID）の最初の日本大会「世界インダストリアルデザイン会議ICSID '73京都」《4-54》．「人の心と物の世界」をテーマに，海外からの参加者400人を含む総勢2000人が集まり，ジャン・ボードリヤールと梅棹忠夫が基調講演を行なった．会期中には自転車を提供するなど，環境配慮のプログラムもあり，伝統ある京都から世界に向けてデザインの諸問題を提起した．また1978年の世界クラフト会議（WCC）の開催地も同じ京都だった．

1989年に再び実施されたデザインイヤーの主役は名古屋だった．「かたちの新風景―情報化時代のデザイン」をテーマに掲げた「世界デザイン会議ICSID '89名古屋」には，46か国から約3800人が出席した．「世界デザイン博覧会」は名古屋市内の3つの会場で開催された．横浜に次いで「デザイン都市宣言」をした名古屋市はこれ以降，市長主導の広範

■4-52 「現代デザインの展望―ポストモダンの地平から」展　企画＝京都国立近代美術館，東京国立近代美術館　1985年　写真提供＝京都国立近代美術館　欧米および日本の48作家，199点の作品を展示し，ポストモダンに対する多様なデザインのアプローチを紹介した

■4-53 梅田正徳「TAWARAYA」1981年　W280×D280×H120cm　第1回メンフィスコレクションに出品　写真提供＝ウメダデザインスタジオ

なデザイン施策を展開する.

　地域から世界に向けて発信するという姿勢を後押ししたのは,大規模な国際博覧会だ. 1975年,沖縄復帰を機に開催された「沖縄国際海洋博覧会EXPO '75」では,「海—その望ましい未来」をテーマに,世界で初めて海を取り上げ,環境問題に対してメッセージを発した.世界初の海上都市モデルとして注目された,博覧会のシンボル「アクアポリス」《4-55》は全体コンセプトおよび上部構造を菊竹清訓,下部構造を三菱重工が設計し,照明デザインは石井幹子が担当した.

　1985年に,茨城県で開催された「科学博覧会つくば '85」は,筑波研究学園都市のお披露目だった.テーマは「人間・居住・環境と科学技術」で,将来の科学技術のビジョンを示した.「大型映像展」と言われるように,ソニーが出展した25×40メートルの巨大映像装置「ジャンボトロン」(コンセプト／黒木靖夫)《4-56》や三次元コンピュータグラフィックスを使って宇宙の神秘を解き明かした富士通パビリオンなど,ダイナミックな映像が次世代の表現を予感させた.

■4-54｜「世界デザイン会議ICSID '73京都」会場風景　1973年　写真提供＝日本インダストリアルデザイナー協会　10月11日から3日間にわたって開催された会議では,日本インダストリアルデザイナー協会(JIDA)が中心的な役割を果たした
■4-55｜沖縄国際海洋博覧会のシンボル「アクアポリス」 1975年　コンセプト・上部構造＝菊竹清訓,下部構造＝三菱重工,照明＝石井幹子　写真提供＝沖縄国際海洋博覧会協会　地球人口の爆発的な増加に備えて,海上都市を建設するという未来に向けた構想だった
■4-56｜ソニー　ジャンボトロン　コンセプト＝黒木靖夫(ソニー)　1985年　写真提供＝黒木靖夫事務所　リアルタイムの映像を映し出すため,巨大な画面の裏には最先端の放送局用の機材が設置され,信号を光ファイバーで送った

■4-57

■4-58

デザイン文化を世界へ

　国際会議や博覧会で外国人を呼び寄せるばかりでなく，国際コンペも創設された．1981(昭和56)年大阪に設立された財団法人国際デザイン交流協会による国際デザインコンペティション，富山県立近代美術館が開催したポスタートリエンナーレがそれだ．また，各国のデザイン賞を制覇したグラフィックに続き，そのほかの分野でも海外での受賞が相次いだ．フランス芸術アカデミーの終身会員に推挙された丹下健三，米国コーリン・キング賞受賞の栄久庵憲司，北米照明学会最優秀賞に輝いた石井幹子，12年連続してドイツIF賞を受賞したヤマギワなどである．

　日本のデザイン文化を海外に積極的にアピールしたのもこの時代だ．1978年パリ装飾美術館で開催された「日本の時空間—間」展《4-57》を皮切りに，「日本と日本人—矛盾の統合」をテーマとする第2回アスペン国際デザイン会議(1979年)，「ジャパン・スタイル」展(1980年，ロンドン)《4-58》，「ジャパン・デイ」(1981年，アムステルダム)，「日本のデザイン—伝統と現代」(1984年，モスクワ)と続いた．これらの展覧会は，室町以来の伝統とハイテクが共存する日本のデザイン文化の読解を海外に促した．「間」展は，みちゆき，すき，やみ，うつろいなど9つのキーコンセプトに，カタログ編集を松岡正剛，デザインを杉浦康平が担当した．ジャパン・スタイル展は素材，簡素，複合，装飾など8アイテムで構成され，カタログ編集・デザインとも田中一光が手がけた．

　異色なのは，1975年のニューヨーク展をはじめとして海外展100回を数えた日本の伝統パッケージ「包む」展である．グラフィックデザイナーの岡秀行が監修し，伝統の卵苞と各国語に翻訳された書籍『HOW　TO

■4-57「日本の時空間——間」展ポスター　1978年　AD,D＝杉浦康平　写真提供＝杉浦康平プラスアイズ
■4-58「ジャパン・スタイル」展カタログ　1980年　AD,D＝田中一光，D＝佐村憲一　講談社インターナショナル刊　写真提供＝田中デザイン室

WRAP 5EGGS』をシンボルとするこの展覧会《4-59》は,国際交流基金主催の企画のなかでは有数のヒットとなった.

日本のデザインが国際的に注目を集め始めたのを背景に,米国の有力デザイン誌『ID』は,1984年1/2月号で「メイド・イン・ジャパン」特集を組む.そのなかで「ミクロおよび細部に優れ,マクロまたは環境レベルに弱い」と日本のデザインを評した.

一方,日本宣伝美術会が1970年に解散してから空白となっていたグラフィックデザイン界では,1978年にやっと日本グラフィックデザイナー協会(JAGDA)が設立され,日米で「ヒロシマ・アピールズ」展を開催するなど国際交流の拠点となった.

地方の時代とデザイン

日本産業デザイン振興会は1975(昭和50)年,豊口克平を委員長に「地方産業デザイン開発推進専門委員会」を組織する.初年度の対象となったのは山梨,静岡,富山,石川,福井,兵庫,大分の各県である.石川県のプロジェクトは,漆加筆技術の伝統を持つ山中地区で新しいプラスチック器を開発するもので,パイロットデザインを京都デザインセンターが担当し,その後「山中Uライン」シリーズとして商品化を進めていった.地元の特産品である器を,いかに現代の生活にマッチした形で展開するかを追求した結果,「多目的性」を核としたデザインに行き着いた.各地とも,地場産業の伝統をいかに現代の生活様式に結びつけていくかが焦点となった.

中央官庁が主導した事業とは別に,地元発のユニークなプロジェクトも目を引いた.なかでも大分県の「一村一品」運動は成功例として全国の自治体が関心を持った.平松守彦大分県知事が1979年に提唱したこの運動は,県内のすべての地域に自分たちの誇りとなる<産品>をつくり上げていくのが趣旨だった.対象は農産品でも祭りでもサービスでも何でもよかったが,特に日本中で爆発的なヒット商品となった麦焼酎「いいちこ」のケースは象徴的である.

宇佐市の三和酒類が「いいちこ」の販売を始めたのは1979年.「いいちこ」とは大分の方言で「いいですよ」という意味だ.ネーミングは一般公募し,地域性を出すために敢えて方言を使ったアイデアを選んだ.販売戦略,そして三和酒類のトータルデザインを手がけたのは河北秀也である.徹底的なマーケティン

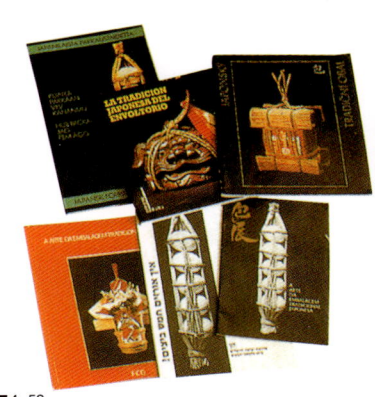

■4-59

■4-60

■4-59│岡秀行プロデュースによる世界各国で開催された「TSUTSUMU」展の各国カタログ.スペイン,オーストラリア,チェコ,カナダ,ポルトガル,イタリア,ドイツ,イスラエル,ブラジルなどで開催された　日経デザイン編『デザイン"遣唐使"のころ　昭和のデザイン<パイオニア編>』(日経BP社／1995年)より

■4-60│河北秀也　三和酒類「いいちこ」ポスター　1979年　写真提供＝三和酒類　B倍判ポスターの交通広告というユニークな方法でキャンペーン活動を展開.あえてポスターを媒体に選んだのには,急がずじっくりと浸透させるようという意図があった

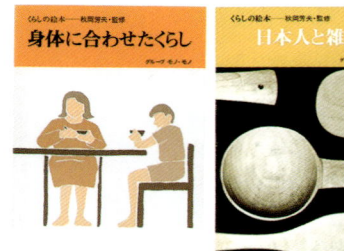

■4-62

■4-61

グを行なった上で，B倍判ポスター（145×103cm）《4-60》を毎月1枚1週間，地下鉄の駅構内に掲示するというポスター戦略を展開し評判となる．1986年創刊の文化広報誌『季刊iichiko』や「iichikoポスター展」開催といった総合的なPR戦略が奏功し，「いいちこ」は全国にその名を知られるようになった．

また，地場産業に新鮮な取り組みを提案したのは，秋岡芳夫がリーダーとなって展開した「モノモノ運動」である《4-61》．「地場産業を組み入れ，作り手と，売り手と，使い手がデザインを媒介として，生き方を探る」という人間性回復の志を掲げた．この「くらしの提案」運動を実践するために，メンバーはデザインから販売までを指導して，伝統工芸の近代化と技術の伝承に力を尽くした．工業デザイナーでKAKを創立した秋岡は，大量生産されるモノから少量生産される地方のクラフトに活動の方向を転換．とりわけ木材に注目したのは環境への配慮のためでもあった．

こうした考え方に基づいた実践の一例が，羽生道雄，西村聖，荻野克彦が中心となって1972年に設立したモノプロ工芸である．テーブルウェア「モノプロ」を発表して注目を集め，1975年に毎日デザイン賞を受賞．新潟・燕市の吉川メタルウェアと1979年に共同開発したキッチンウェア「クックパル」《4-62》や，新潟・三条市の高儀と開発した女性のための工具「ネオテリック」なども高い評価を得た．

1982年に東北新幹線と上越新幹線が開通し，また高速道路の整備によってモータリゼーションが急速に発達したことで，物と情報の両面で地方と首都圏の距離が縮まった．都市と地方の間の格差がなくなると同時に均質化が目立ってきたのがこの頃だ．「地方の時代」という掛け声の裏には，押し寄せる均質化の波に対抗して，地方独自の産業を活性化させ文化を育てようという意気込みがあったのである．

■4-61｜秋岡芳夫＋グループモノ・モノ　1977年より発行した『くらしの絵本』より
■4-62｜モノプロデザイナーズ　クックパル　AD＝羽生道雄（モノプロデザイナーズ）　1979年　写真提供＝モノプロ工芸　新潟・燕市の吉川メタルウェアと共同開発した調理道具シリーズ．蓋につまみでなく取っ手をつけたデザインは，形の美しさと，収納面での機能性を両立させている

5章 情報化社会のデザイン
1990-2000

Shift to Information-oriented Age

竹原あき子＋橋本優子

曲がり角を迎えたデザイン産業

1989(平成1)年のベルリンの壁の崩壊に始まる東西ドイツの統合，ソ連邦の消滅，EC統合など，世界の枠組は大きく変わった．アメリカは，情報技術(IT)と知的財産権を武器にグローバリズムを推進する一方，韓国，台湾，中国が「世界の工場」として台頭し，アメリカとヨーロッパに続き日本でも製造業の空洞化が顕著になった．しかも1990年の金融バブル崩壊でジャパン・マネーは衰退し，経済は停滞する．

この経済の停滞はデザイナー人口を減少させた．1990年に15万6855人だったデザイナー総数は，1995年には15万1924人に減じ，デザイン事業所数は1996(平成8)年には1万210事業所と1991年より1.3％増加しているのにもかかわらず従業員数は7.7％減少．特に東京都区内では従業員数がマイナス16.5％と，大都市部のデザイナー数の減少が著しかった．

だがこれまでとは異なる分野，たとえばゲームやウェブのデザインそしてインタラクティブアートへとデザイナーの活躍する領域は広がり，「新しいアートフォーラムとしてのweb」の出現があった．1993年の商用ネットワークプロバイダー認可に続いてインターネットが普及したからだった．ホームページのデザインは，デザイナーがインタラクティブなデザインの可能性を真摯に探る機会になった．

大都市の夜を飾ったネオンは，太陽光の下でさえ輝いてみえるLEDを使った大型ビジョンに場を譲り，建物の壁面を賑わす．インクジェットは大型印刷物を短時間に数量を問わず制作できるようにさせ，車輛を含む建造物の外装を飾り，都市空間の劇場化が進行しつつある．「たまごっち」，愛玩メールソフト「PostPet」《5-1》などもデジタル時代に生まれた新たな癒しのグラフィカルな道具だ．

CG作品発表のイベント「SIGGRAPH」は1974年にアメリカで始まった．日本ではIBMと国産企業の熾烈な競争のあげく開発したばかりの汎用コンピュータ「FACOM230/38」を製品科学研究所が1972年に導入したばかりだった．大企業や研究所のような特殊な場だけにしかなかったコンピュータで試みられていた作品とはレベルが違うデモンストレーションを，アメリカとほぼ同時期に日本の「SIGGRAPH」展で発見した当時のデザイナーは，デザイン業務へのCAD，CAMそしてCG導入に取り組むきっかけを掴んだ．1990年代の機器のデザインのグラフカルな表現が生まれたのも，ゲームソフトの隆盛もこの展覧会に出発点がある．バーチャルリアリティという言葉がアートから産業の現場まで鳴り響いた時代でもあった．

各企業でデジタルデザインを推進する人材が育成され，河口洋一郎らCG作家が巣立ち，河原敏文が「コンピュータ・グラフィックスによる新しい映像表現」(1993年)《5-2》，勝井三雄が「ハイテクを生かしたグラフィック表現」(1994年)で，毎日デザイン賞を受賞した．だがデジタルな媒体のためのフォントの開発は機器の急成長に追つかずこれからの課題として残った．

音が響いて初めて楽器でありうるのに，「サイレントバイオリン」(1997年)《5-3》という逆説的な楽器をバイオリン人口10万の日本でヤマハは1万個を売り上げた．プロの演奏会の華やぎにも耐える形になったのは，デジタルな楽器でありながらクラシックな曲線を生かし得たからだ．

デジタルカメラであるのにアナログ時代の名器を偲ばせるデザイン，メカニズムがみえる透明な皮膚を持った機器デザイン，携帯電話の着メロにアナログ時代の呼び出し音登場，書籍の形をした読書端末の実験などなど，情報化時代のデザインは，デジタルとアナログの間，いや技術の進化と人間の皮膚感覚との間で格闘を始めている．

デザイナーの新たな挑戦

システムの変化が生んだデザイン

　1990年代に実用化され始めた技術革新に伴うさまざまなシステムの変化はプロダクトデザインにとっても新たな挑戦のきっかけとなる．ことに映像と音の情報記録媒体の革新は多くの新製品を生んだ．35ミリ銀塩フィルムにAPSが投入され小型で薄く軽いことに特徴があるキヤノン「IXY」（1996年）《5-4》が生まれる．首から下げてアクセサリーのように持ち歩く，ウェアラブルなカメラデザインの誕生をみた．ポータブルからモバイルに，そしてウェアラブルであることはコンピュータ関連器機デザインの一つの到達点とみなされてきた．ノート型パソコンと電子手帳に次いでアナログカメラのシステム変換でみせた「IXY」のデザインは，その後のカメラデザインに影響を与えた．

　それと同時にデジタル録画方式の革新によりスチールカメラとしての機能だけでなく，動画も記録できるカメラが誕生した．ビデオとスチールカメラの境界が消えつつある．1980年代前半にソニーが開発した最初のデジタルカメラ「マビカ」がアナログ（銀塩フィルム）のデザインから脱却できなかった点を，液晶フィルムと組み合わせたシャープの「液晶ビューカム」（1992年）《5-5》は古典的な形態から大きく一歩を踏み出し，デジタルならではのカメラのデザインの突破口とな

■5-1｜メールソフト「ポストペット」　1997年に最初のバージョン，1998年に次バージョンが発表された．コンセプトはアーティストの八谷和彦　© 1996-2003 Sony Communication Network Corporation. All rights reserved.
■5-2｜河原敏文「Michael the Dinosaur」1993年　Animation 1'00''　「河原敏文とポリゴン・ピクチュアズのコンピュータグラフィックス」（パイオニアLDC）より　© Toshifumi Kawahara+POLYGON PICTURES
■5-3｜ヤマハ　サイレントバイオリン「SV-100」1997年　D＝ヤマハデザイン研究所　写真提供＝ヤマハ　バイオリンのラインを残しながら，電子楽器独特のデザインを実現

■ 5-4

■ 5-5

った．現像プリントというプロセスなしで，撮ったその場で楽しめ，自分も写せるという機能とデザインもまた，デジタルカメラ人気の原点となった．

　CDに続いてMDとMDVが発売され録画の主要な媒体であったビデオテープの地位を揺るがせ，MDとMDVプレイヤーが誕生する．カセットテープ時代の四角な「ウォークマン」から円盤に，そして薄い角形にとデザインの変化は技術を追った．テレビもハイビジョンやデジタル放送など大掛かりで国家的な規模のシステム変更の掛け声とともにワイド化が始まり，液晶とプラズマ方式のモニターの実用化が画面の大型化と薄型化へのきっかけをつくったのも1990年代だった．

　1996年にソニーが発売したステレオウォークマン「ビーンズ」に始まるプラスチック素材のカラーでマットな半透明の外装は，それまでの金属に勝るプラスチックという素材の表現からプラスチックならではのデザインにと，高額な商品に玩具のように見えないプラスチック使用への道を開拓した．そしてアルミ，ステンレス，チタン，マグネシウムなどメタルが外装に復活したのもこの時代の特色と言えよう．薄く，軽く，小型への追求があったのはもちろん，リサイクルへの対応がメタルを蘇らせた理由でもある．

　日本発の車種を切り開きながら世界に向けて新しいコンンセプトのデザインを展開したのは自動車工業界だった．トヨタは「セルシオ」(1989年)で新しい高級車概念を確立．日本的もてなし，音，デザインクオリティ等で新たなスタンダードをつくり，「RAV-4」(1994年)では重いクロカン（パジェロのようなジープ型）というカテゴリーに都市ユースを主体としたライトクロカンという新たな分野を創造した．

　ホンダの「オデッセイ」(1994年)は商用車からの転用であったワンボックスワゴンカテゴリーの車をデザインクオリティで新たなミニバンであるファミリーカーカテゴリーを創造し，「ステップワゴン」(1996年)では徹底した空間効率と機能性表現で従来と異なる四角い箱をベースとした車のデザイン言語を構築．「フィット」(2001年)ではガソリンタンク位置などこれまでの常識を打ち破ったパッケージングで徹底的に効率を高めシートアレンジなどで新たな使い勝手をつくった．

　日産「キューブ」(1998年)では2代目のFMCとしてターゲットである現在の若者の気分を代表する「ゆるい」という感覚を精緻なデザインで表現し，マツダ「ユーノスロードスター」(1989年)は過去のものと思われていたライトウェイトオープンスポーツを現代の車として再構築し，世界的にこの分野の新たな可能性を示している．

■ 5-4 | キヤノン「IXY」 1996年 D＝塩谷康（キヤノン総合デザインセンター） 9×2.7×6cm 写真提供＝キヤノン APSによる小型化を目指したカードサイズのズームコンパクトカメラ
■ 5-5 | シャープ 液晶ビューカム「VL-HL1」 1992年 D＝シャープAVシステムデザインセンター 19.8×7.8×14.8cm 写真提供＝シャープ 世界初の液晶ビデオカメラ．「ファインダーを覗く」から「モニターを見る」へ，撮影スタイルを一変させた

エコデザインと「3R」

ローマ・クラブが「成長の眼界」を発表し、ストックホルムで最初の「国連人間環境会議」が開催されたのは1972（昭和47）年．その20周年を記念して1992（平成4）年，リオ・デ・ジャネイロで「環境と開発に関する国連会議（地球サミット）」が開かれ，「持続可能な開発」の可能性を討議し，環境行動計画として150以上の国と地域が「アジェンダ21」に署名した．持続可能な発展のために先進国には，原料と化石燃料の使用量，廃棄物や有害な物質の排出量の大幅な減量が求められた．

フロンによる地球温暖化が懸念され「オゾン層を破壊する物質に関するモントリオール議定書」が採択されたのはこの2回の環境会議のあいだ，1987年のことだった．1980年代初頭，先進工業諸国の産業界は環境保全に取り組んだ．産業廃棄物による公害対策に始まりゴミ減量，そして大量に生産され大量に廃棄される工業製品を科学的に分析してデザインする研究が始まった．環境監査制度の採用と同時に「揺りかごから墓場まで」というトータルな環境負荷をLCA（ライフサイクルアセスメント）という手法で考慮することが提唱され，削減すること（リデュース／reduce），同じ目的で同じものを再び使うこと（リユース／reuse），素材として再利用すること（リサイクル／recycle），つまり「3R」が製品開発のキーワードとなった．

1970年代に公害大国であった日本は敏感に反応し，産業界はこぞって1992年の「地球サミット」を目指して企業内に環境対策部署を設置し，積極的な取り組みが始まる．オイルショックを契機に自動車工業界をリーダーとして日本での生産エネルギーの削減は見事な成果を上げていたからだった．その後，個々の製品の消費エネルギーを減少する，有害物を減らす，環境負荷が少ない素材を使う，使用済み製品の部品で可能なものは再度利用する，など量産品のエコデザインへの手法は広がっていった．

エコパッケージとエコプロダクツ

1990〜92（平成2〜4）年にかけての「環境広告」はあらゆるメディアを総動員した．自己否定型で企業のモラルに疑問を投げかけるボルボの新聞広告《5-6》は人々を驚かせたが，企業の広告に留まらず，地方自治体の関心をエコロジーに向けることにも貢献した．これがきっかけになって1990年代に企業と地方自治体は国際環境監査制度（ISO14000）の認証に邁進することになる．

エコデザインの成果はパッケージでも具体的な姿となって市場に現われた．パッケージをゴミとして廃棄するのではなく，資源として回収リサイクルすべきとするドイツ環境省

■5-6 ボルボ・カーズ・ジャパン 新聞広告「私たちの製品は、公害と、騒音と、廃棄物を生みだしています」 1990年5月日経新聞に掲載 写真提供＝ボルボ・カーズ・ジャパン 自動車メーカーのタブーを並べて世の中を驚かせた

日本にデザインミュージアムはなぜないのか？

わが国には「デザインミュージアム」を正式名称とする公立機関がない．日本のデザインが世界市場を席巻している状況からすると，パブリックなデザインミュージアムの不在，自国のデザインに関する網羅的で系統的なパーマネントコレクションの欠如，アートマネージメントや展示デザインを含めた企画展というメソッドで研究成果を示す機会が少ないことは，日本デザイン史の「謎」だ．

海外の場合，ロンドン万博を受けて設置された王立サウス・ケンジントン博物館（1857年，現・ヴィクトリア＆アルバート美術館）からドイツのヴィトラ・デザイン・ミュージアム（1989年）まで，収蔵・展示・普及に傑出した官民の伝統が長い．これに対してわが国では，国立近代美術館（東京）の「バウハウス展」（1954年）「20世紀デザイン展」（1957年），鎌倉近代美術館（現・神奈川県立近代美術館）の「近代工芸の100年展」（1957年），国近美京都分館（現・京都国立近代美術館）の「工芸における手と機械展」（1963年）などが，戦後に始まる公立美術館でのデザイン「展示」の嚆矢である．

その後，各地でデザイン展が行なわれるようになるが，1980年代以降の建設ラッシュで新デビューのパブリックな施設は，新聞社や企画会社の貸会場となる傾向が強い．館外の資金と頭脳を動員して，世界デザイン史上の名作を海外から借用し，都市部の「大きなハコ」で見せる企画が中心だ．明治以来，デザインの管轄が文部省＝文部科学省ではなく農商務省＝経済産業省にあり，殖産興業から高度成長の時代を通じて，デザインがもっぱら商業的営為とのみ捉えられてきた偏見から，企業やデザイナーの歴史と現況に焦点を当てる研究展示やコレクションを「公立美術館」で実現するのは難しい．

90年代になると，建築・デザイン展でも注目されたセゾン美術館閉館（1999年）の一方で，リビングデザインセンターOZONE（東京ガス），国際デザインセンターIdCN（名古屋市ほか），印刷博物館（凸版印刷），フィラデルフィア美術館主催「JAPANESE DESIGN―1950年以降の概観」展《5-7》の日本巡回を果たしたサントリーミュージアム［天保山］など，新しい「ハコ」が話題を呼ぶ．日本インダストリアルデザイナー協会（JIDA）も「JIDAデザインミュージアム」を設置し（1997年），独自の見地によるデザインの選定展示，出版事業を始めた．美術館の本質たる収蔵・研究活動にデザインを取り入れた宇都宮美術館《5-8》，豊田市美術館，川崎市市民ミュージアムほか，官の努力と成果も実り，郡山市立美術館の「クリストファー・ドレッサー展」（2002年）は，母国イギリスに先駆けた大回顧展だった．

2001年，東京都美術館で開催の「イームズ展」は従来とは異なる層の観客を多数集めたが，こうした多様な試みを介して学ぶ世代が羽ばたく頃に，真の意味での「デザインミュージアム」が誕生することに期待を寄せたい．［森山］

■5-7 ｜「JAPANESE DESIGN―1950年以降の概観」展カタログ（1994年，フィラデルフィア美術館ほか）　D＝勝井三雄　写真提供＝勝井デザイン事務所　本展は「世界に花開いた日本のデザイン」として，1996年にサントリーミュージアム［天保山］へ里帰りした
■5-8 ｜「近代デザインに見る生活革命―大正デモクラシーから大阪万博まで」展（2000年，宇都宮美術館）展示風景　写真撮影＝セキフォトス

の「包装廃棄物政令」(1991年発効，1998年改訂)とそれを実行するデュアルシステム・ドイチュランド社(Duales System Deutschland AG.＝DSD)の発足があり，日本からドイツに輸出する製品のパッケージはDSDの回収システムに参画(グリーンドット購入)する必要があったからだった．

日本パッケージデザイン協会は「地球に，人にやさしいパッケージ展」(1991年)を開催し，その6年後の「容器包装リサイクル法」の施行に合わせて『エコパッケージデザインへの取り組み』を刊行して154例の具体的なエコパッケージ《5-9》を紹介した．

この展覧会と『エコパッケージデザインへの取り組み』は，卵のパッケージ程度の成型品からもっと緻密なパルプモールドによる成型技術の進化《5-10》を促し，プラスチックから紙にパッケージ素材を転換する可能性を探らせ，緩衝材もまた発泡スチロールから古紙100％のパルプモールド導入に取り組むきっかけとなった．古紙の利用とデザイン，ケナフなど非木材による紙の開発，カート缶，そして脱有機溶剤，大豆インクへの関心を高めるなど，パッケージデザイナー自身による先進的で具体的なこれらの取り組みは評価に値する．

エコプロダクト初期の代表は1973年，アメリカでの厳しい排気ガス規制マスキー法を世界で初めてクリアした低公害エンジン「CVCC」を搭載したホンダ「シビック」に間違いない．そして90年代を代表するのはトヨタ「プリウス」(1997年)《5-11》．電気モーターとガソリン・エンジンを組み合せた5人乗り量産のハイブリッド乗用車だった．それまでの車と比べてCO_2の排出量は約半分，燃費は31.0km/ℓ．国内の超低排出ガスレベルに対応する値を示す．特別な操作や充電の必要がなく，全長を短くしながら背を高くしてパッケージ効率を高め，それまでの「低く長く」というセダンと異なる骨格を提示し，「誰もが普通に運転できる」デザインだ．エコデザインとは新技術が技術の負の部分に挑戦する作業であり，エコデザインであることをことさら表現する必要がないことも確かだ．

エコデザインの手法のうち「リユース」の代

■5-9｜東芝電池　ペーパーブリスター　1997年　D＝東芝電池営業推進部デザインセンター　154例のなかの一つ．中央のミシン目部分を取ってパッケージを二つ折りにすると電池が簡単に取り出せる．素材をプラスチックから紙に転換
■5-10｜鹿目尚志「モールドパコ」1992年
■5-11｜トヨタ自動車「プリウス」1997年　写真提供＝トヨタ自動車　世界初のハイブリッドカー．「高級」「速度」といったステータスとは別に「エコロジー」という尺度を取り入れた

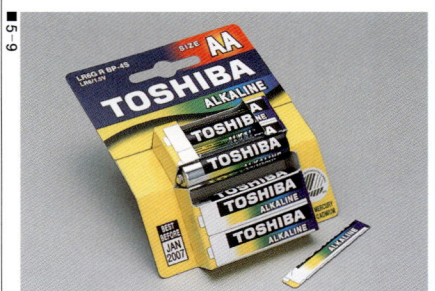

■5-12

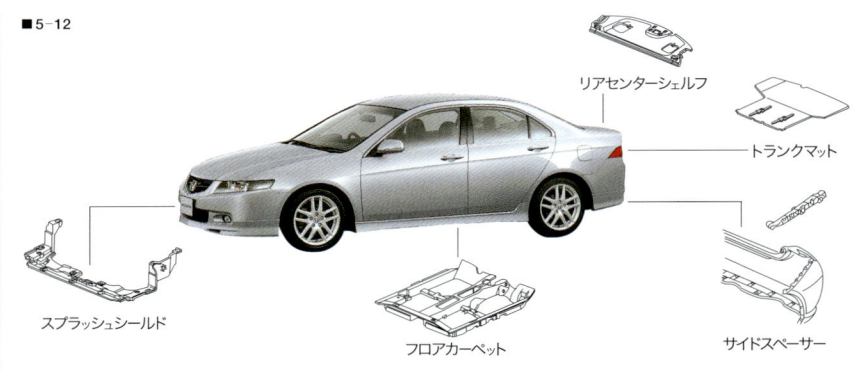

リアセンターシェルフ
トランクマット
スプラッシュシールド
フロアカーペット
サイドスペーサー

■5-13

■5-14

　表は自動車のバンパー《5-12》，コピー機器のトナーカートリッジ，レンズ付きカメラの部品などだった．だが東芝は複写機「TF-6100」で回収した使用済みのプロセスユニットを新品同様に再生して製品に組み込み，さらに複写機「プリマージュ651RM」(2001年)では本体総質量250 kgのうち約150 kg（60%，約800点）以上を再使用し資源循環型社会のための製品を目指し「リユース」から「リマニファクチャリング」に，とデザインと設計手法を進化させている．

　一人が1km移動するのに排出する温室効果ガスは，自転車で約0.01kg，自動車はこの18倍．自転車はエコに最適な移動道具として多くの新機種が開発された．1997年に地球温暖化対策の1つとして運輸省が予定していた自転車電車内持ち込み許可を目指して

1992年以来コンパクトサイクルの開発ラッシュが続き，JRとナショナル自転車工業は「新しい旅を提案する」というコンセプトを立て駅のコインロッカーに入る折り畳み式世界最軽量のコンパクト車「トレンクル」《5-13》を発売(1998年)した．チタンを中心にアルミ，ハイテンが主たる使用素材だった．ブリヂストンサイクルのトランジットシリーズでも「T20SCX」は片持ちシャフトドライブ，カーボンモノコックフレームという思い切った設計で美しいシルエットを実現させ，新しい旅への提案をした．

　1994年にヤマハの電動自転車「パス」《5-14》は，ペダルを踏み込む力をトルクセンサーで検出し，内蔵されたマイコンにより負荷に応じた補助を電動モーターにより後輪へ送るシステム．従来の半分の力で走行でき，急

■5-12｜ホンダ「アコード」(2003年モデル)のリサイクルパーツ　「リユース」の代表はバンパー．自動車で開発段階から製品のリサイクル性に配慮したシステムを導入しはじめたのは1994年から
■5-13｜ナショナル自転車工業「トレンクル6500」1998年　117.5×47cm　写真提供＝ナショナル自転車工業　JRとナショナル自転車が「新しい旅を提案する」というコンセプトのもとに開発した，駅のコインロッカーに入る折り畳み式世界最軽量のコンパクト車
■5-14｜ヤマハ発動機「パス」1993年　D＝エルム・デザイン　184×58×80cm　写真提供＝ヤマハ発動機　人力とモーターの融合を目指し，電動アシスト自動車の先駆けとなった

坂などでの負担を軽くし，新しい自転車人口をつくった．日本の自転車にガソリンエンジンを搭載して日本製のバイクが誕生してからほぼ半世紀後に，自転車に電気モーターを搭載した車種が生まれたのだ．

素材革新とエコデザイン

脱フロン，省エネルギー，鉛フリー，リサイクル設計のための素材革新と，エコデザインは進化しつつある．ソニーの「ウォークマンWM-FX202」は無鉛はんだ使用，ハロゲン系難燃剤の不使用，外装には水と二酸化炭素に分解される植物由来の生分解性プラスチックを使用し，機器の説明書にも100％再生紙と植物油型インキを使うなど，柔らかな形をしたこのデザインは全面エコに包まれて2002年秋に登場した．

初めから分別，分解容易などリサイクルを前提とする設計デザインもパナソニックの36型ワイドテレビで試みられ，リサイクル可能率は85％．マグネシウム合金への挑戦もリサイクル容易のためだった．リサイクルが難しいプラスチックの代わりに，他の金属と比べ軽く加工性に優れ地球上に豊富に存在するマグネシウムをプラスチックと同様な成形法で加工する生産技術を確立し，1998年に世界で初めて21型テレビ「TH-21MA1」のキャビネットとバックカバーに採用した．以来ノートパソコン「CF-E1」，ポータブルMDプレーヤー「SJ-MJ75」，デジタルビデオカメラ「NV-C3」や携帯電話などに続々と採用は続く．

欧州議会が打ち出した2006年鉛はんだ全面使用禁止をにらんで世界初の鉛フリーMDプレイヤー「SJ-MJ30」を発売し，日本のメーカーの鉛フリー化を進めるきっかけをつくったのもパナソニックだった．

ソニーの「VAIO」《5-15》とアップルコンピュータの「i-Book」が新製品を同時期に発売し，マグネシウムとチタンの外装デザインを競ったのも1990年代末．デザインがメタル時代に回帰したかに見えたのはエコロジー，リサイクルへの配慮がその背景にあったからだった．シャープは1992年，自動洗濯機「ECOAWASH（エコアワッシュ）」で一槽式の穴なし「むだ水セーブ槽」を採用し，水と洗剤の使用量を約30％節約できる全自動洗濯機を発売．2001年には従来の全自動洗濯機の約100倍の洗浄力を持つ「真空超音波洗浄装置」を搭載した世界初の全自動洗濯機「ES0U80C/U70C」を発売．その外槽には再生プラスチックを採用している．

2000年，「循環型社会基本法」が施行された．すでに個別にあった「容器包装リサイクル法」「廃棄物処理法」「資源有効利用促進法」「家電リサイクル法」「建設リサイクル法」「食品リサイクル法」「グリーン購入法」など，廃棄物とリサイクル関係の法律を整備して循環型社会の形成を推進するためだった．エコデザインは当然この循環型社会に向かう手法の一つであり，個々の企業あるいは業界がつくった製品リサイクルのための工場などから解体容易なデザインがこれまで以上に要求されるだろう．

■5-15｜ソニー VAIO「PCG-505」 1997年 25.9×20.8×2.2cm 写真提供＝ソニー 全面にマグネシウムを使用し，薄型・軽量化を図るとともに，新しいカラーテイストをノートPCの世界に持ち込んだ

公共のデザイン

「交通バリアフリー法」の施行(2000年11月)は駅舎のリニューアルを推進した．国土交通省の補助は国・地方公共団体・鉄道会社がそれぞれ1/3ずつ資金を出し合って，駅のバリアフリー事業を推めようというもの．エレベーターやエスカレーターなどにガラスを多用した透明なデザインが採用され，車椅子のためのスロープ，手すりなど，誰にも快適な交通環境が急速に整いつつある．海上にできた関西空港の開港(1994年)，エンターテインメント駅といってもいい京都の新駅舎(1997年)《5-17》の開業など，交通の要あるいは駅舎が列車に乗るためだけの機能に終わらず，商店，役所の出張所などを組み込み，公共サービスの空間へと変化し，駅舎は華やぎを取り戻しつつある．

1999年9月に日本の鉄道技術を世界に知らせた新幹線車輌「0系」がラストランを終えて引退したのは21世紀を迎える象徴的な儀式だった．0系に続いて100系，そして300系が投入されたのは1992年．丸かった先頭車輌の鼻がシャープな造形になりアルミをボディに採用した軽快なデザインは世代交代を印象づけた．新たに登場した500系(1997年)，700系(1999年)《5-17》の特徴ある流線形は，手法こそ異なるが双方とも超音速の航空機を思わせるデザインだ．

新幹線だけではない．サービスが形になった「つばめ」と「ラピート」のように，日本中で快適なインテリアと新しい車輌のデザインに花が咲いた時代でもあった．それと同時に引退した100系の先頭車輌と客用車輌を半分ずつ合体させ，モータ付き先頭車輌にリサイクルする，というユニークな事業が始まったことも特筆に値するだろう．

「共用品・共用サービス」のデザイン

共用品推進機構(旧Enjoyment & Creation＝E&C)の努力で間違いやすいさまざまなプリペイド・カードの識別マークが新JISに採用され，これは1999年，製品の使い勝手に関する国際規格「ISO13407」で採択された．E&Cが身体的な特性や障害に関わりなく，より多くの人々がともに利用しやすい製品・施設・サービスを推進するデザインを目標に活動を始めたのは1991年だった．1990年代を通して「バリアフリー」，「ユニバーサル・デザイン」，「ノーマライゼーション」，「デザイン・フォー・オール」などさまざまな名前の目的を同じくするデザイン運動が展開されたのは，不況とはいえ成熟した社会で高

■5-16｜京都駅ビル 1997年 設計＝原広司，アトリエ・ファイ建築研究所 撮影＝大橋富夫
■5-17｜東海旅客鉄道，西日本旅客鉄道「700系新幹線電車」1999年 D＝東海旅客鉄道車両部，西日本旅客鉄道車両部 写真提供＝東海旅客鉄道 走行中の空力障害を減少させるエアロストリームフォルムを採用．東海道・山陽新幹線でのぞみ号に運用されている
■5-18｜イトーキ，INAX，大林組「バリアフリーキッチン」異業種協業プロジェクト「東京クリエイティブ」(1990-2000年)において，3企業およびKID Studio (代表＝川原啓嗣)が協同で開発し，1994年に発表したキッチン．円形のカウンターは調理と団らんを結び付け，車椅子利用者のみならず広く家庭を視野に入れている 写真提供＝INAX

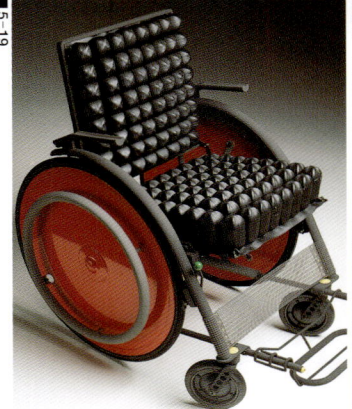

齢化に直面したデザイナーが新たな任務に目覚めたからだった．

凸マーク付きのシャンプーボトル，音声付き腕時計，音声ガイド付き電子調理器，点字付き絵本などはもちろん，駅のサインシステム，車椅子での電車乗降補助システム，車内での文字による案内など，「共用品・共用サービス」のデザインは物にとどまらずシステム提案も含んでいる．

川原啓嗣の「バリアフリーキッチン」《5-18》は円形の回転カウンターの中央に水栓を配し，車椅子に座ったままでシンクや調理器を使うことができる．川崎和男は車椅子「CARNA」《5-19》や凹凸印で設定できるタイマーを開発し，座式シャワー・バス・ユニット（松下「座シャワー」）《5-20》，高域補正高明瞭度スピーカー・システム，上下に動く洗面化粧台（三洋「ムービングシャンプー洗面化粧台」）《5-21》などが開発され，障害を超えて自律した生活を保証する機器が生まれた．病院という空間のサインに優しい表情を生んだのは原研哉．「梅田病院」《5-22》のサインは木綿の袋に文字と記号が印刷されている．汚れたら洗濯，という清潔感と同時に病人の不安が詰まった空間に安堵をみなぎらせる．

モノにとどまらず，情報，公共空間に関わるアクセシビリティを高めるデザインは，高齢化が進む日本社会でこそ「ブーム」に終息させてはならない．

■5-19｜川崎和男　車椅子「CARNA」1989年　86×56×89.6cm　製作＝シグ・ワークショップ　写真提供＝オーザックデザイン　ファッショナブルな車椅子を目指した製品
■5-20｜松下電器産業「座シャワーYZ-1001」1996年　D＝同社電化・住設社デザインセンター（現・パナソニックデザイン社）　写真提供＝パナソニックデザイン社　浴槽に入ることなく全身入浴ができ，介護労力も軽減される
■5-21｜三洋電機「ムービングシャンプー洗面化粧台MDU-FH751」1998年　写真提供＝三洋電機
■5-22｜原研哉　「梅田病院」サイン計画　1998年　汚れやすい白い布サインをあえて用い，それを清潔に保つことで，病院側の清潔な空間への配慮を伝達

CMのデジタルな表現

　コンピュータで描いた画像が，そのまま作品や商品として社会的評価を受けた．「ターミネータⅡ」(1991年)や「ジュラシック・パーク」(1993年)といったハイテク映画はもちろんだが，身近なCG作品はテレビ・コマーシャルだろう．カップヌードル(日清食品)の「hungry?」シリーズの「モア篇」《5-23》は，1993(平成5)年の第40回カンヌ国際広告映画祭でグランプリを獲得した．このナンセンスな原始時代は，デジタル・パレットから生まれた「シュールレアリスム」であり一般消費者の心をつかむインパクト，分かりやすさ，そして商魂に溢れていた．

　CGを駆使しアート性と好感度がともに高かった作品には名画の一部を動画にして新鮮な驚きを誘ったCMがあったり，ペプシコーラ(日本ペプシコーラ)の「瓶詰少年」(1995年)もその一つだった．夏の浜辺でコーラを飲みながら，瓶のなかへ吸い込まれてしまう男の子．「ママー，またやっちゃったよー」と瓶を逆さまにする妹の姿はポップな感覚に優れていた．CMを物語の一部として演出するテクニックが完成した時代でもある．

　印刷物のデジタル化は，DTP(デスクトップ・パブリッシング)のかたちで進行した．これは，80年代後半に，周辺機器と画像制作ソフトの技術的な飛躍や充実によって実現され，グラフィックデザイナーは，出力(印刷)されないデジタル画像を仕事場で自在に操り，表現それ自体を問題とするクリエイターに近づいた．異分野やアマチュアの業界参入が容易となり，プロフェッショナル，アマチュアを問わず制作と発表のチャンスは広がった．

　デジタル時代の「オルタナティブ系」グラフィックデザインも登場した．ミュージシャンだった立花ハジメ《5-24》は音によってタイポグラフィをリミックスした新世代であり，ビジュアル世界を音に結び付けた．そして戸田ツトムは，言語や文字の問題に取り組み，

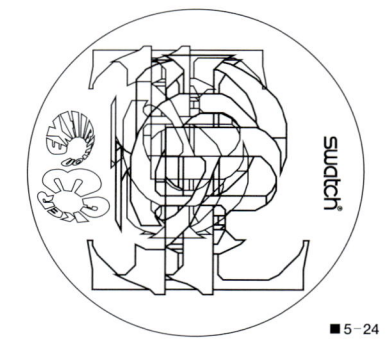

■5-24

■5-23

■5-25

■5-23｜日清食品　カップヌードルCM「hungry？」シリーズより「モア篇」1992年　AD・PL＝大貫卓也　FD＝中島信也　CD＝宮崎晋　PL＝石井昌彦　C＝前田知己　カメラ＝瀬野敏　美術＝キオド・ブラザース，CHIODO・BROS(美術)　Pr＝堀井誠一郎・町田和幸　制作＝東北新社　1993年カンヌ国際広告映画祭でグランプリを獲得
■5-24｜立花ハジメ「Swatch Artist Version」1996年　写真提供＝TACHIBANA Hajime DESIGN
■5-25｜戸田ツトム著『D-ZONE　エディトリアルデザイン　1975-1999』(青土社／1999年)より　厳密な理論をもつデザインの構築

エディトリアルという領域にコンピュータの「アルゴリズム」を導入し，日常性や曖昧さを排したデザインを構築した《5-25》．こうした情報化時代にふさわしい発想は，実務だけに流れがちな90年代のグラフィック界に次世代のデザイナーを育てた．

「ASIMO」と「AIBO」，そして「A-POC」

世界の産業用ロボット総数の70％は日本にある．それほどロボットの開発で日本は世界のトップランナーの位置にいる．戦後すぐ「鉄腕アトム」に魅せられた少年たちがロボットのエンジニアに成長したからだった．

1986年にホンダは二足歩行型（ヒューマノイド）ロボット研究に着手し，「P1」「P2」と開発を進めて1997年には完成度の高い「P3」を製作し，その発展型としての「ASIMO」《5-26》を発表したのは2000年である．ホンダの技術陣は「鉄腕アトム」の夢を追い続け，人間に近いロボットのデザインに至った．世の中に人間以外で二本足で歩くものは何も無かった．だから二足歩行のロボットができればあらゆる地形に対応できる究極のモビリティになると設計者が語るように，ロボット「ASIMO」はあくまでも移動，モビリティの延長線上にある．自動車でさえ移動する情報端末として捉えている自動車工業界から生まれた「ASIMO」だからだ．

全高120cmは可愛らしく，女性がついておいでと言うと重い荷物を持ってついてくる，ポーターロボットのイメージが設計者にあった．子供は小さいロボット「P3」に触るが，目線が上になる身長180cmの「P2」が迫ってくると設計者でも逃げたくなるという．人と付き合うにはロボットも人と同じサイズで同じ振るまいを——これが人型ロボットのデザインの条件だったという．

「AIBO」《5-27》は1999年にソニーからインターネットで5000個だけ発売され2分で完売．自在に動き回る「AIBO」の出現に，ロボットが人間と一緒に暮らす日が現実のものになったか，と興奮を禁じえなかった人は多い．やはり「鉄腕アトム」の読者だった設計者は，操縦型ではなく自律型のロボットを目指した．だが人とインタラクティブにコミュニケーションし，自律的に行動させるには技術的に未解決な問題が多い．遊びで付き合うロボットであれば，たとえ多少予想外の行動をとっても面白がってもらえる．だからソニー

■5-26

■5-27

■ 5-26 | 本田技研工業「ASIMO」2000年 写真提供＝本田技研工業 1986年から研究開発してきた二足歩行ロボットの実用化第一弾として発表された．大人が椅子に座ったときの目の高さに配慮し身長は120cmと設定．重量は52kg
■ 5-27 | ソニー「AIBO ERS-110」1999年 15.6×26.6×27.4cm ©1999 Sony Corporation エンターテイメント市場投入を目的としたペット型ロボット 1999年度Gマーク大賞を受賞．25万円という価格とネットのみの販売にもかかわらず予約が殺到した

■5-28

は正確でなければならない産業用ロボットでは許されなかった，学習機能を備えたロボットに挑戦した．

技術の不備を逆手にとって「AIBO」はエンターテイメント・ロボットとして登場し，複雑に組んだデータベースのおかげで飼い主は「AIBO」を躾けている感覚になる．初代の外観デザインはアニメ「ガンダム」を愛した世代のデザイナーらしくメタリック．産業用ロボットからエンターテイメント・ロボットへ，そしてその先には「IT機器や通信機器，家電やパソコンとのインターフェイス」がある．現在は「ワイヤレスLANカード」でAIBOが撮影した画像を送ることができる．個々のモノからシステム，そしてライフスタイルのデザインへ，とロボットをきっかけにこれからのデザイナーは思考を変革させるだろう．

東芝はネットワーク家電システム「フェミニティ」(2002年)シリーズで実現可能な近未来の生活を提案する．「Bluetooth」をベースに，ホーム端末を中心としてIT家電各機器のコントロール，インターネットへの接続など，従来の家電ではできなかった新しい機能を提供した．リビング，キッチン，サニタリーなどを同じテイストの機器で結んでいる．これは家電が単純に無線でつながったのではなく，携帯電話が情報端末から日常の主役に躍り出て生活管理システムデザインの操作部になる日の近いことを告げる．

イッセイミヤケの「A-POC（エイポック）」《5-28》は，21世紀の「布＝A piece of Cloth」だ．伸縮性があり，裁ち放しでもほどけない布地を，ハサミ目に合わせて切っていくだけで，服，靴下，帽子などがパズルのように出来上がる．デザイン，素材選び，パターン造り，縫製，というこれまでのプロセスとは無縁の服だ．コンピュータを経由してプログラムされた服が織り機から直接つくられる．

ストッキングなど袋状のものを生産するジャガード織りのメカニズムの応用だが，織り機が「反物」ではなく直接「服」を織りだすデスクトップ・マニュファクチャリングといってもいい．アパレル業界の常識を覆すエンジニアリングであり，作業場と売場が一体となったA-POCのショップではプログラムされた服を量産はもちろんたった1着でも織り出せる．生産の現場が消費者の目の前にあり，消費者のハサミが最終的にデザインを決定する．

テキスタイルの革新者，新井淳一のコンピュータを利用した織りの試みと同様に，A-POCはそれまでの技術やデザインの枠組みを乗り越え，量産と少量生産との共存を可能にする．これは他のジャンルのデザインの未来を垣間見させる．

■5-28｜イッセイミヤケデザインスタジオ　A-POC (King & Queen) 1999年　コンピュータプログラミングされた工業用編み機による一続きのニット・チューブのロールにワードローブ一式が編み込まれ，好みに応じて切り取ることができる．2000年度Gマーク大賞を受賞

日本のデザインをつくった108人

日本のデザイン史においてパイオニアの役割を果たした人々を中心にセレクトした。クリエイターだけでなく、評論家や実業家など、デザイン界に影響力を持った人々も取り上げている。

※生年順（同年の場合はアイウエオ順）
※明治＝明，大正＝大，昭和＝昭　平成＝平
※●＝クリエイター，■＝クリエイター以外でデザイン史に足跡を残した人
※文中，人名末尾の「*」はこの項に登場することを示す
※文末に記した筆者は次の通り．
　(H)＝橋本優子　(I)＝池田美奈子　(M)＝森山明子
　(S)＝紫牟田伸子

■ 佐野常民 SANO Tsunetami ─── 25・30
政治家，赤十字事業創始者，博覧会事業家
1822(文政5)～1902(明35)．佐賀県生まれ．佐賀藩校弘道館修学．郷里では医学，京都，江戸では蘭学を修め，幕末は理化学の実験と実用化，維新後は海軍の創設に貢献．1877(明10)年の西南戦争では博愛社(日本赤十字社)を興し，負傷者の救護にあたる．大蔵卿，元老院議長，枢密顧問官，農商務相を歴任する傍ら，内外博覧会事業の大立役者という立場で美術工芸の発展に尽力．藩命により1867(慶応3)年のパリ万博に参加，その経験を踏まえて1873年のウィーン万博では全権公使兼博覧会副総裁を務める．殖産興業の一環としての伝統美術の復興を目的に，日本初の私設美術団体「龍池会(日本美術協会)」を1879年に発足，内務省博物局から観古美術会を引き継ぎ，パリで日本美術縦覧会を開催する．(H)

■ 本木昌造 MOTOGI Shozo ─── 34
鋳造活字開発者
1824(文政7)～1875(明8)．長崎県生まれ．1842(天保12)年からオランダ通詞(通訳)，長崎製鉄所の御用掛，主任，頭取を歴任．長崎奉行所に建議した活字版摺立所ができると長崎製鉄所と兼務した．臘型活版法による日本の鋳造活字製造，楷書体を研究，1869(明2)年に公職を辞し，新街私塾および長崎新町活版所を開き，後に長崎活版製造会社を興して大々的な活字鋳造に着手する．活字鋳造とその教育に心血を注いだ本木の死後の1885年，製鉄所の部下だった平野富二(現・石川島播磨重工業の創設者)により，長崎新塾出張活版製造所および平野活版所は株式会社東京築地活版製造所に改組される．本木が興した活版は，長崎，大阪，横浜，東京で根を下ろしたことになる．長崎・諏訪神社に3293本の本木種字が残る．(M)

■ 松尾儀助 MATSUO Gisuke ─── 24
貿易商，産業工芸事業家
1837(天保8)～1902(明35)．佐賀県生まれ．佐賀藩の政商野中元右衛門の薬種店番頭を経て，長崎で嬉野茶の輸出に従事，遊学中の大隈重信の知己を得る．1873(明6)年のウィーン万博では随行員として茶業調査に携わる．欧米でのジャポニスム・ブームを目の当たりにし，佐野常民*の協力を得て，翌年，日本の美術工芸品を輸出する半官半民の起立工商会社を若井兼三郎(同じくウィーン万博で佐野に随行)と共同設立．英・墺の貿易会社と特約を結ぶのみならず，直営工場で輸出目的のオリジナル製品を量産し，そのための装飾図案も手がける．1876年のフィラデルフィア万博では有田焼の独占販売で利益を上げたが，やがて海外での資金繰りが滞り，1891年に同社は閉鎖される．(H)

■ 渋沢栄一 SHIBUSAWA Eiichi ─── 37
実業家，社会事業家
1840(天保11)～1931(昭6)．埼玉県生まれ．尊皇攘夷論に共鳴するが挫折し，一橋徳川家に仕える．徳川昭武に随行して1867(慶応3)年のパリ万博に参加，欧米の近代的な産業設備や経済制度，新しい産業工芸の萌芽を見聞，維新の年に帰国，日本初の株式会社を創設．大蔵省を退官後，第一国立銀行を始め500余の会社を設立，銀行協会や商工会議所，手形交換所の基礎も組織．1916(大5)年の隠退以降は，会社と同ageの公共団体を創設．日仏会館や日本国際児童親善会の設立を始め，民間の海外・文化交流に貢献．一橋大学，東京女学館，日本女子大学の創立に関わり，東京市養育院長として浮浪者の収容更正に尽力するかたわら，帝国劇場をつくり女優を育てるなど，多様な人材育成に意欲を見せる．明治以来，建築や街づくりに興味を持ち，1887(明20)年に設立の日本煉瓦製造会社が東京駅や赤坂離宮などの名作を育んだ一方，生涯最後の仕事として，イギリスの田園都市運動に倣って商店街や小学校を有する理想の郊外住宅地を多摩川べりに建設した．パリで目覚め，兜町を経て田園調布で結実した渋沢の本望は，社会事業と学問芸術の振興だった．(H)

■ 納富介次郎 NOTOMI Kaijiro ─── 24・25
製陶家，図案家，産業工芸教育家
1844(弘化1)～1918(大7)．佐賀県生まれ．長崎で南画を学ぶ．藩命で上海を視察し，大阪の佐嘉商会顧問となる．上京して横浜で貿易と油画を学ぶ．佐野常民*に随行して1873(明6)年のウィーン万博に参加．終了後はヨーロッパ各地の製陶所を視察し，洋風技術を修得．帰国して1876年のフィラデルフィア万博事務局に奉職，出品に向けて選抜画工を指導，図案の調整を行ない，後に各地の工房に配付される『温知図録』をまとめた．同博，および第1回内国勧業博で審査官を務めるが，明治政府の方針に満足せず，翌年，塩田真と江戸川製陶所を共同設立，閉鎖後は産業工芸教育に尽力し，石川，富山，香川，佐賀の工業・工芸学校を創設．帰京して私設の図案調整所を設立する．(H)

■ 佐久間貞一 SAKUMA Teiichi ─── 34
秀英舎(現・大日本印刷)創業者
1848(嘉永元)～1898(明31)．東京生まれ．彰義隊に入隊，掛川の塾で学ぶ．教部省下の大教院に就職して『教義新聞』発刊．1876(明9)年に秀英舎を設立して社長就任．1879年から98年まで，東京横浜毎日新聞(後の毎日新聞)の印刷を担当．1878年には習業生制度を設けて技術者の養成に

●ジョサイア・コンドル Josiah CONDER ─── 27
建築家、建築教育家
1852(嘉永5)〜1920(大9). イギリス、ロンドン生まれ. 王立サウス・ケンジントン美術学校、ロンドン大学で学ぶ. 1877(明10)年に明治政府の招聘で来日し、24歳の若さで工部大学校造家学科教授となり、日本初の本格的な西欧式建築教育を行なう. 門下から、辰野金吾*、伊東忠太*ら、明治建築界の優れた人材を輩出し、1891年まで教壇に立つ. 日本初の建築設計事務所を開設し、鹿鳴館、博物館(現・東京国立博物館)ほか多くの洋風建築を設計. 東京帝国大学名誉教授、日本建築学会名誉会長を歴任. 単なるジャポニストやお雇い外国人ではなく、素人歌舞伎を自宅で上演. その縁で知った花柳流師匠の日本女性を妻とし、河鍋暁斎に師事して日本画を学び、生け花と庭園に詳しい正真正銘の日本通として、東京で永眠する. (H)

■高橋是清 TAKAHASHI Korekiyo ─── 32
政治家、初代特許局長
1854(安政1)〜1936(昭11). 農商務省調査課時代に専売特許条例制定に奔走し、1885(明18)年11月から翌年12月、専売・商標保護のため米英仏独を視察. その報告書の中で、日本人の技能の長所は専ら意匠にあるのでこれを保護する必要があるとして、英国意匠法を範とする意匠法制定を主張. 意匠条例は、高橋の欧米視察報告をもとに農商務省が立案し、1888年に公布となる. 制定の理由は「知能的財産ノ安全」を図り「殖産ヲ進ムル」ためであり、保護対象は「工業上ノ物品ニ応用スヘキ形状模様若クハ色彩二係ル新規ノ意匠」である. 1887年、初代特許局長. 岡田内閣の蔵相在任中、赤字国債発行による積極的財政膨張政策を進めたことで知られる. 蔵相在任中、二・二六事件で暗殺される. (M)

●辰野金吾 TATSUNO Kingo ─── 22
建築家
1854(安政1)〜1919(大8). 佐賀県生まれ. 工部大学校造家学科卒. ジョサイア・コンドル*に学び、ロンドン大学に留学. ウィリアム・バージェスの事務所で実務に携わり、帰国して1884(明17)年に母校の教授となる. 工部大の発展解消により、一度は日本人初の設計事務所を開く. その後工科大学教授を経て、学長に就任. イギリス式建築教育で後進を指導する. 建築家に加え建設業者や学者も構成要員とする造家学会(後の日本建築学会)を1886年に発足、長年会長を務める. 1902年に退官、翌年に辰野葛西建築事務所、その3年後には大阪辰野片岡建築事務所を設立. 明治建築界の開拓・指導者として、古典様式の日本銀行本店やクイーン・アン様式の東京駅などを手がける. (H)

●浅井 忠 ASAI Chu ─── 28・29
画家、図案家
1856(安政3)〜1907(明40). 江戸生まれ. 工部美術学校中退. アントニオ・フォンタネージに師事. 本格的な日本洋画の旗頭の一人. 1889(明22)年、洋風美術家団体「明治美術会」の発足に参加し、1898年東京美術学校教授となり、2年間フランスに留学. 渡欧中に請われて武田五一*とともに1902年の京都高等工芸学校創設に参加. 関西の洋画、工芸・図案界の興隆に尽力. 浅井をデザインに駆り立てたものは、自身の洋画観とヨーロッパの実情との隔たり以上に、1900年のパリ万博で触れたアール・ヌーヴォーの美学にほかならない. 渡欧の際に携えた欧米ポスターは図案科の授業に活きた教材を供し、新しい造形言語をしらしめる広告となった. (H)

■松岡 壽 MATSUOKA Hisashi ─── 29
画家、美術・図案教育家
1862(文久2)〜1943(昭18). 岡山県生まれ. 工部美術学校中退. アントニオ・フォンタネージに師事するが、退校して1878(明11)年に十一会を結成. 1880年から7年間イタリアに留学. 帰国して2年後に明治美術会を発足. 穏健な写実描写と明るい色調で知られ、工科大学、明治美術学校で教鞭をとる. 商務省商品陳列館長、特許局動務を経て、1905年東京高等工業学校工業図案科長、文展や農展の審査員を歴任、1917(大6)年中之島公会堂壁画を制作. 1921年東京高等工芸学校長を拝命、一時退職するが信望厚く再任され、7年後の退官まで美術・図案教育に心血を注ぐ. (H)

●伊東忠太 ITO Chuta ─── 46
建築家、建築・美術史家
1867(慶応3)〜1954(昭29). 山形県生まれ. 東京帝国大学造家学科卒. 大学院の卒業論文として1898(明31)年に「法隆寺建築論」を発表、同寺の建築史的研究の嚆矢を成す. 古社寺保存会委員、造神宮技師、内務技師、東大助教授を経て、1905年に教授就任. その3年前から中国、ビルマ、インド、エジプト、トルコ、欧米を歴訪、仏教遺跡雲崗石窟を発見調査、1924(大13)年に沖縄へ旅行後、同地の建造物調査を政府に具申、これを契機に多くの文化財が国宝指定となる. 4年後に退官、早稲田大学で教鞭をとる. 日本、東洋、アジアの建築史の確立を目指し和風・東洋風デザインの明治神宮、築地本願寺などで知られる. 古社寺保存会委員、国宝保存会委員、学士院会員、芸術院会員を歴任、文化勲章受章. (H)

●フランク・ロイド・ライト Frank Lloyd WRIGHT ─── 33
建築家　34・44
1867(慶応3)〜1959(昭34). アメリカ、ウィスコンシン州生まれ. ウィスコンシン大学マディソン校を経て、1887年から5年間、シカゴ派の巨匠ルイス・ヘンリー・サリヴァンの事務所で働く. その翌年に独立し、シカゴ万博で日本美術に触れる. 美術品収集のため、1905(明38)年に初来日. 一連のプレーリー・ハウスで名声を得るが、施主の妻との逃避行で事務所を閉鎖. 帝国ホテル設計のため、1913(大2)年に再来日、10年後、ホテル竣工の日に関東大震災が起こる. 1930年代以降、第2期黄金時代を迎える. 水平線を強

調し、環境に調和したデザインで知られ、ゴシック・リバイバルの垂直志向やアール・ヌーヴォーの有機曲線、機能主義的なインターナショナル様式と対立し、20世紀建築の孤高を成す。(H)

■ 橋口信助 HASHIGUCHI Shinsuke ──── 38・46
プレハブ住宅事業家、住宅改良家
1870(明3)～1928(昭3). 宮崎県生まれ、1903(明36)年、一旗挙げるべくアメリカに密航、労働移民としてさまざまな職業を経験. 組立式バンガロー住宅に着目し、日本人排斥運動にて1909年に帰国の際、住宅6組を持ち帰り東京に建て、アメリカ製住宅部材輸入会社「あめりか屋」を設立. 自らは経営、技術・啓蒙面は山本拙郎が担当. 事業の拡大に伴い、設計スタッフを抱えて「米国式住宅別荘建築設計施工」を売り物とする. 接客・使用人空間のない居間中心の簡素な間取りによって、日本初の家族本位の小住宅を提案. その普及を目的に、1916(大5)年に住宅改良会を発足. 機関誌『住宅』を創刊. 生活の器としての標準化洋風住宅のアイデアは、生活改善運動に引き継がれる。(H)

● 武田五一 TAKEDA Goichi ──── 29・31
建築家、図案家
1872(明5)～1938(昭13). 広島県生まれ、東京帝国大学造家学科卒. 1899(明32)年同大助教授. 1901年から2年間ヨーロッパ留学. 帰国直後に中澤岩太の要請で京都高等工芸学校教授. 1918(大7)年名古屋高等工業学校、1919年に京都帝国大学建築学科創設委員を拝命、翌年に教授就任. 1932(昭7)年の退官まで建築教育に貢献する傍ら、オフィス・ビルから社寺建築まで150余の物件を手がけ、関西建築界において多彩で広汎な設計活動に携わる. 茶室で日本の伝統に目覚め、留学経験を踏まえて古今東西の建築意匠に精通. ゼツェッションの造形理念を日本に伝えた功績は特筆に値し、福島行信邸で実作展開. 日本の古建築への造詣が深く、これを活かした近代和風建築に優れた手腕を発揮、工芸デザインにも多大の影響を与える。(H)

■ 小林一三 KOBAYASHI Ichizo ──── 40
政治家、実業家
1873(明6)～1957(昭32). 山梨県生まれ、慶応義塾大学卒. 文学に耽溺する青春を送り、新聞記者を志すが挫折し、1893(明26)年から14年間、三井銀行に奉職. 退職後、箕面有馬電気軌道の創立を一身に担い、独創的アイデアで事業を拡大. 1918(大7)年に阪急電鉄と改称し、社長就任. 東電をはじめ多くの会社代表を歴任し、今太閤と称される傍ら、商工相、日蘭通商会商特派大使、国務相、復興院総裁も務める. 大衆化時代の事業倫理に徹し、宝塚少女歌劇、東宝映画を創設. 保養地の宝塚ほか、京阪神地区とターミナル型百貨店を擁する梅田を結ぶ沿線の住宅開発によって、田園都市構想を実現. 月賦販売や中吊の広告を考案し、中産階級の消費文化と商業美術のパトロンとなる。(H)

■ 羽仁もと子 HANI Motoko ──── 37
女子教育家、婦人運動家
1873(明6)～1957(昭32). 青森県生まれ、明治女学校卒. 小学校教師、日本初の女性新聞記者を経て、1903(明36)年に夫の羽仁吉一と雑誌『家庭之友』を創刊(5年後に『婦人之友』と改称). 自由主義の立場から、女性が自主的に家庭と社会で合理的な生活設計を進めることを説き、婦人運動の先駆を成す. 1921(大10)年に自由学園を創立し(校舎設計=遠藤新*)、キリスト教とデモクラシー精神に則った系統的な女子教育を目指す. 初等部から高等部まで、学園生活の総てを生徒の自学自治に任せる教育を実践. 1932(昭7)年の第6回世界新教育会議(ニース)に参加. 昭和10年代には男子部と幼児生活団、北京に分校を設立. 戦後は学園の発展とボランティア活動に尽力する。(H)

● 安田禄造 YASUDA Rokuzo ──── 22・54
図案家、産業工芸教育家
1874(明7)～1942(昭17). 東京生まれ、埼玉県師範学校を経て、工業教員養成所工業図案科卒. 1902(明35)年に東京高等工業学校工業図案科助教授となる. 1910年から2年間オーストリア留学、ウィーン工芸学校で学ぶ. 帰国して教授就任. 1915(大4)年に農展出品、以降、作品発表は少ない. 産業工芸教育の実用性、その結果として達成される輸出振興を翌年から新聞紙上で訴え、1920年に東京高等工芸学校の創立委員を拝命、翌年の開校に伴い教授となる. 1926年に帝国工芸会を発足、自ら理事を務める. その2年後に校長就任、1941(昭16)年の退官まで日本におけるデザイン教育の確立を生涯の仕事とする。(H)

● 杉浦非水 SUGIURA Hisui ──── 28・40・41・83
日本画家、グラフィックデザイナー
1876(明9)～1965(昭40). 愛媛県生まれ、東京美術学校日本画科選科卒. 日本化されたアール・ヌーヴォー風(後にアール・デコにも長ける)の装幀でデビュー. 東京中央新聞社を経て、1908(明41)年に三越呉服店嘱託となり、1934(昭9)年の退職まで、ポスター図案と宣伝誌の表紙デザインを担当. 画家の片手間仕事だった図案を一つのジャンルとして確立. 1922(大11)年から2年間ヨーロッパ留学し、300余の欧米ポスターを収集. グラフィックデザイナー団体「七人社」を1925年に結成し、2年後に日本初のポスター研究・啓蒙雑誌『アフィッシュ』を創刊. 多摩帝国美術学校の創立に尽力し、1935年に校長就任. 大蔵省専売局嘱託も経験する。(H)

● ブルーノ・タウト Bruno TAUT ──── 52・53・69
建築家
1880(明13)～1938(昭13). ドイツ・ケーニヒスベルク生まれ、トルコで没. ケーニヒスベルクの土木建築学校卒. 1909年ベルリンで建築事務所開設. マグデブルク市都市建築監督官を経て、1929年ベルリン工科大学教授. グラスハウス、ダーレヴィッツの自邸、ジードルングなどで独自の色彩感覚と宇宙観を表現. 1933(昭8)年5月にインターナショナル建築会の招きで来日. 工芸指導所での規範原型、大倉陶園での陶器、群馬県でのデザイン開発などを通して、日本のプロダクトデザインに大きな影響を与える. 高崎時代の2年間に300を超える製品を設計. 東京の「ミラテス」でそれらは販売された. 日向邸を残して1936年10月離日.

日本滞在中に『ニッポン―ヨーロッパ人の眼で見た』『日本文化私観』が、離日後『日本美の再発見―建築学的考察』『タウト全集』『タウト著作集』が刊行される。(M)

■ 木檜恕一 KOGURE Joichi ───── 38・54
家具デザイナー、生活改善運動家
1881(明14)～1943(昭18)。群馬県生まれ。群馬県師範学校を経て、工業教員養成所建築科卒、1908(明41)年に東京高等工業学校助教授となる。家具研究団体「樫ундор会」を1919(大8)年に設立し、自ら会長を務める傍ら、生活改善同盟会住宅改善調査委員を拝命、1921年から2年間、木材工芸研究のために文部省より海外派遣。帰国と同時に東京高等工業学校木材工芸科教授、翌年に科長就任、各地の木工業のデザインと技術の改良・啓蒙に尽力。1924年に自邸完成、3年後にフランス・アカデミー栄誉章受章。時局の戦時化に伴い、臨時産業合理局卓子及び椅子単純化委員、日本家具統制協会長を経て、1943(昭18)年に横浜高等工業学校教授に転任する。(H)

● 片岡敏郎 KATAOKA Toshiro ───── 56・62・63
コピーライター
1882(明15)～1945(昭20)。静岡県生まれ。静岡中学卒、タイ大使館勤務後、タイに渡り30歳まで放浪生活を送る。帰国後の1913(大2)年日本電報通信社(現・電通)入社。翌年森永製菓に初代広告部長として招かれ、ヒット広告を次々と生み出した。1918年に鳥井信治郎に招かれて寿屋の広告部長となり、コピーライター、プランナー、プロデューサーまで広告クリエイティブをすべてこなした。日本初のヌードポスターと騒がれた赤玉ポートワイン(1922年)も片岡によるもの。代表作は1925年から始めたスモカ歯磨の広告である。小さなスペースだったが、軽妙な文章でコピーライターのパイオニアとされる。スモカ歯磨が寿屋から寿毛加社に移管されると同時に片岡も同社取締役となった。1941年5月20日、引退広告を出して広告界を去り、敗戦の年に死去。(S)

● 本野精吾 MOTONO Seigo ───── 45・57
建築家
1882(明15)～1944(昭19)。東京生まれ。東京帝国大学建築学科卒。1927(昭2)年、上野伊三郎らと日本初のモダニズムを標榜するグループ「日本インターナショナル建築会」を設立。武田五一*の要請を受け、浅井忠*没後の京都高等工芸学校図案科教授となる。自由放任な教育姿勢が窺われる通り、本業よりもモダンな趣味生活に没頭。1924(大13)年完成のコンクリート・ブロック造の自邸で機能主義デザインの極致を追求する一方、社交ダンス指南書を著し、電子オルガンの元祖「オンド・マルトゥルノ」を称え、左翼系知識人を結ぶエスペラント語に凝る。天衣無縫な言動は、理論派の上野とは別の意味で、インターナショナリズムとローカリズムを追求するグループの特異性を象徴する。(H)

● 国井喜太郎 KUNII Kitaro ───── 51・54・70
工芸指導所初代所長
1883(明16)～1967(昭42)。富山県生まれ。東京高等工業学校工業図案科選科修了。服部時計店図案部長を経て、富山県立工芸学校教諭と県立工業試験場長を兼務。1928(昭3)年仙台に設立された商工省工芸指導所の初代所長に就任、調査研究、試験鑑定、商品見本試作、製作・加工・図案調製応需、伝習生・研究生の養成、審査・質疑応答、講習および講習会、設備賞与、刊行物頒布といった工芸振興の政策手法を確立する。外貨獲得と地方産業振興のための産業工芸の基盤づくりに奔走し、15年間所長を務めた。『工藝指導』『工藝ニュース』に毎号執筆した巻頭言や海外視察報告には、「工芸狂」を自認する熱意が溢れている。1955年第1回毎日産業デザイン賞特別賞を受賞。没後の1973年、工芸財団は国井喜太郎産業工芸賞を設け、後進を顕彰している。(M)

● 福原信三 FUKUHARA Shinzo ───── 40
化粧品事業家、写真家
1883(明16)～1948(昭23)。東京生まれ。千葉医学専門学校薬学科卒。コロンビア大学に留学の後、1912(大1)年からパリでセーヌ河畔を中心に、ロマンチックな風景写真を撮影。翌年に帰国し、父の福原有信が興した福原資生堂(後の資生堂)の経営に参加。1928(昭3)年から12年間、社長を務める。単なる化粧品の製造・販売にとどまらず、山名文夫*ほか多くの優れたデザイナーを意匠部で起用・育成・育成し、店頭装飾、女性誌、画廊、喫茶、美容院、子供服部門を通じて、近代女性の都市生活を指南する事業を展開。一方、1921(大10)年に写真芸術社を設立し、機関誌『写真芸術』を創刊。「光と其諧調」論で同時代の写真家に影響を与える。3年後には日本写真会を結成し、自ら会長を務める。(H)

● 竹久夢二 TAKEHISA Yumeji ───── 28・29・41
画家、グラフィックデザイナー
1884(明治17)～1934(昭和9)。岡山県生まれ。早稲田実業学校専攻科中退。1905(明38)年に社会主義新聞『直言』のコマ絵でデビュー。日本に上陸したばかりのアール・ヌーヴォー様式に影響を受けながら「夢二式美人」を確立。肉筆や版画をはじめ、絵葉書、千代紙、便箋、封筒等のステーショナリー、書籍、雑誌、絵本、楽譜のデザインを手がけ、自ら制作・販売。庶民や大衆の視点で多様な芸術世界を展開し、図案の世界に結実させる。1923(大12)年設立の「どんたく図案社」、モダン女性誌『婦人グラフ』、童話『春』や『凧』の装幀では、「港屋」のシリーズ以来、小芸術を通徹する抒情的感覚で時代精神を体現。1933(昭8)年には、ドイツのヨハネス・イッテン画塾で日本画講習会を開催する。(H)

● 西村伊作 NISHIMURA Isaku ───── 37
建築家、教育家、社会事業家
1884(明17)～1963(昭38)。和歌山県生まれ。祖父・父・叔父らはキリスト教徒。私立明進中学校卒。中学時代から欧米の生活文化に興味を持つ。明治末から大正期にかけて、叔父・大石誠之助の影響で平民社、太平洋食堂等に関わる傍ら、建築を独学、自邸ほかを設計し、郷里を訪れる進歩的文化人と交流。多様な創作活動の日々を送る。長女アヤの高等女学校進学に際して、自由で芸術的な雰囲気に溢れる理想の学校を望み、1921(大10)年、与謝野鉄幹・晶子夫妻、石井柏亭に協力を仰いで文化学院を創立。同時代の一流の学者

と芸術家を教師として招き、独自の斬新なカリキュラムを策定。戦時下に不敬罪で投獄、学院も閉鎖されるが、アヤと長男久二の尽力で戦後に復興する。(H)

■ 加納久朗 KANO Hisaakira ─────── 77・85
日本住宅公団初代総裁
1886(明19)〜1963(昭38)。千葉県生まれ。東京帝国大学法科卒。1911(明44)年横浜正金銀行に入行、ロンドン支店支配人を経て、1943(昭18)年取締役。1950年の公職追放解除の後、国際文化振興会会長、日本インダストリアルデザイナー協会の会長などを経て、1955年、鳩山内閣で政策の目玉として創設された日本住宅公団初代総裁に就任。この頃から壮大なアイデアマンと言われ、4年後に総裁を退任してから世界各国の都市計画を視察し、高速道路を中心とした東京再開発、東京湾の大規模埋め立て、山を崩しての平地造成などを提唱。1962年千葉県知事となり、「水と道路と住宅」開発政策ほか型破りの活動を展開したが、在任3か月あまりで急死した。(S)

● 富本憲吉 TOMIMOTO Kenkichi ─────── 37・53・82
陶芸家、陶磁器デザイナー
1886(明19)〜1963(昭38)。奈良県生まれ。東京美術学校図案科卒。在学中にイギリス留学、建築、室内装飾、近代工芸を学ぶ。1910(明43)年に帰国し、バーナード・リーチを知り陶芸を目指す。5年後に郷里で築窯し、「模様から模様を造らず」を生涯の信念とする一方、量産食器や生活雑器のデザインも試みる。1926(昭1)年に上京し、柳宗悦*らの民藝に触れるが、創作を追求する点で袂を分かつ。帝国芸術院会員、東京美術学校教授を拝命するが、戦後に辞任し、京都に移住。1947年に新匠美術工芸会を結成、3年後に京都市立芸術大学教授に就任。独創的な文様と華麗な色調を展開し、戦前から研究を重ねてきた色絵磁器で人間国宝の認定を受ける。(H)

■ 石井茂吉 ISHII Mokichi ─────── 67
写真植字機研究所(現・写研)創業者
1887(明20)〜1963(昭38)。東京生まれ。東京帝国大学機械工学科卒。星製薬時代、同年入社の森澤信夫(1901〜2000。兵庫県生まれ)に協力して邦文写真植字機を開発、両名を発明者として1925(大14)年「写真装置」の特許を取得。この技術が1929(昭4)年世界初の写真植字機実用機第1号に結実し、1945年までに70〜100台製造。写植機の発想はイギリスにあったが、技術開発は日本人の手による。写真植字機研究所(現・写研)設立は1926年。石井と森澤は提携と訣別を繰り返し、戦後A型機を協同開発した後、独自に森澤がMC1型(1948年)、写研がSK2型(1954年)を製造販売。石井中明朝(1933年)、石井細明朝(1951年)は特に名高く、両社ともコンテストを開催して現在まで書体開発をリードする。(M)

● 中村順平 NAKAMURA Junpei ─────── 59・60
建築家
1887(明20)〜1977(昭52)。大阪生まれ。名古屋高等工業学校建築学科卒。在学中から図面に優れ、フランスの装飾的技法に憧れて留学を志す。1910(明43)年、曾禰中條建築設計事務所に入社し、ゼツェッション風の大正博覧会会場建築やユーゲントシュティルに影響された如水会館を設計。10年後、日本人初のエコール・デ・ボザール留学生となり、厳格重厚な古典様式を学ぶ。フランス政府公認建築士の資格を得て、1924(大13)年に帰国。翌年に横浜高等工業学校建築学科教授に就任し、1947(昭22)年の退官まで、建築の芸術的側面を称える教育で後進の指導にあたる。帰国後は船舶の室内装飾を多く手がける一方、日本の伝統建築に強く惹かれる。(H)

● 今和次郎 KON Wajiro ─────── 38・39・44
建築家、建築・社会学者、考現学者
1888(明21)〜1973(昭48)。青森県生まれ。東京美術学校図案科卒。早稲田大学建築学助手となり、1917(大6)年に柳田國男の白茅会に参加。『都市改造の根本義』(同年)で都市化の病理を分析し、生活空間を主とする環境都市を構想。講師、助教授を経て3年後に教授就任。1922年の『日本の民家』では農民住居に焦点を当て、間取りと生活から日本史を分析。翌年の関東大震災直後、家屋の復興状況を調査する傍ら、バラック装飾社を結成して仮設・看板建築の美化を東京でゲリラ的に展開。1927(昭2)年に「しらべもの展覧会」を開催し、都市で取材した慣習と流行の研究を「モデルノロヂオ(考現学)」として発表。一貫して生活と社会の関係を追求し、フィールドワークに徹する。(H)

● 遠藤 新 ENDO Arata ─────── 44
建築家
1889(明22)〜1951(昭26)。福島県生まれ。東京帝国大学建築学科卒。1917(大6)年、来日中のフランク・ロイド・ライト*に師事し、アメリカに渡る。2年後に帰国し、チーフ・アシスタントとして帝国ホテルの工事設計監理を担当。自由学園(目白)、山邑邸(芦屋)でもライトを引き継いで実施設計を行なう。1922年遠藤新建築創作所を設立し、ライトの作風を忠実に踏襲しながら、代表作の甲子園ホテルほか個人住宅や学校建築を多く手がける。自由学園は南沢校舎も設計し、羽仁もと子*との親交から『婦人之友』誌上で作品と論文を発表。1933(昭8)年、活動の拠点を満州に移す。生涯を通じて、長髪・顎鬚・大きなマントというライト酷似の風貌で知られる。(H)

● 柳 宗悦 YANAGI Muneyoshi ─────── 37・53・57
民藝運動家、思想家
1889(明22)〜1961(昭36)。東京生まれ。東京帝国大学文学部卒。学習院高等科在学中の1909(明43)年に同人中最年少で『白樺』創刊準備。同年バーナード・リーチと李朝白磁に出会い、東洋美学に傾倒。朝鮮独立運動に賛同し、1924(大13)年、朝鮮民族美術館を京城に創設。日本の無名の工人による平常美に文化的価値を見い出し、翌年に濱田庄司、河井寛次郎と新語「民藝」を提唱。その理論確立と普及運動を進め、1931(昭6)年に雑誌『工藝』を創刊。5年後には日本民藝館を設立し、自ら館長を務める。地方に残る手仕事を保護・育成するとともに、アイヌ、沖縄、台湾の独自な文化や風土を評価。日常神秘主義の立場から平和思想を説き、戦後は

美の浄土たる仏教に没入する.(H)

●梶田 恵 KAJITA Megumi ─────── 43
インテリアデザイナー,家具デザイナー
1890(明23)～1948(昭23).岩手県生まれ.東京美術学校図案科中退.在学中から洋家具のデザインに興味を持ち,寺尾商会を経て,梶田スタジオを1919(大8)年に設立.自由劇場第9回公演「信仰」の小道具主任を務める(同年).翌年の第8回農展に出品,褒状受賞.以後,頻繁に同展や商工省工芸展に出品.李朝や清朝,正倉院の家具研究を基礎に,象嵌,細密画,飾り金具を取り入れた東洋的フォルムと巧みな装飾を得意とするが,時代の変化に応じて本場フランスのアール・デコ様式に着目し,個人住宅と公共空間の箱物家具やインテリア設計で開花.1927(昭2)年の東京府美術館増築では,便殿用家具を手がける.戦時中は故郷に疎開し,授産所で工芸指導を行なう.(H)

●高村豊周 TAKAMURA Toyochika ──── 43・53・70
鋳金家,歌人
1890(明23)～1972(昭47).東京生まれ.東京美術学校鋳造科卒.父・高村光雲の勧めで津田信夫に師事し,与謝野鉄幹に短歌を学ぶ.工芸の実用と芸術性を追求するべく1919(大8)年に装飾美術協会を組織し,2年後に『工芸通信』を創刊.「美しき実用品に就いて」を新聞紙上で発表し,より主観的表現を求めて1926(大15／昭1)年に工芸団体「无型」を結成.「用即美」を身上とする新工芸運動を推進する傍ら,帝展にも出品し,特選受賞.1933(昭8)年に母校教授となる.2年後,帝展に反発して実在工芸美術会を結成.古典的な題材と伝統技法により,現代美術工芸の先駆を成す簡潔清新な鋳金作品を制作し,その造形的な可能性を極める.戦後に人間国宝指定を受ける.(H)

●恩地孝四郎 ONCHI Koshiro ──── 41・56・67
版画家,装幀家
1891(明24)～1955(昭30).東京生まれ.東京美術学校西洋画科退学.創作版画の推進者として知られ,非アカデミックな「詩画」の世界を目指す.『夢二画集 春の巻』で制作に目覚め,自刻自摺の版画と自作の詩による同人誌『月映』を1914(大3)年に刊行.ワシリー・カンディンスキーに触れて版画の抽象表現を追求,生涯を通じて美術の枠組にとらわれず,版画と他メディアの融合を試みる.イメージの源泉を音楽に求め,書籍装幀や実験的写真も制作.1923年,竹久夢二*の「どんたく図案社」に参加.常にディレッタントの姿勢を崩さず,生活を芸術化するものとして装本を位置づけ,アヴァンギャルドなグラフィック表現を経て,リリカルでモダンな境地に到達する.(H)

■太田英茂 OTA Hideshige ──── 56・57・62・66
プロデューサー,アートディレクター
1892(明25)～1983(昭58).長野県生まれ.キリスト者・海老原弾正に師事して教会の伝道師となり,弾正主筆の『新人』を編集.1926(昭1)年,花王石鹸本舗長瀬商会広告部に文案家として入社.宣伝部長としてパッケージの指名コンペを実施して原弘*案を採用.木村伊兵衛*の写真を用いた初の新聞広告等を企画して花王宣伝部の黄金時代を築く.独立して創設した共同広告事務所に大久保武,氏原忠夫,10代の亀倉雄策*らが働く.千代田ポマード,興真牛乳などを顧客にコンサルタント的業務を推進.第2次日本工房に協力して河野鷹思*,山名文夫*,亀倉雄策*らを組織.また,東方社の事務総長として岡田桑三*辞任後の基盤固めに奔走.デザインプロデューサー,アートディレクターの草分け的存在として歴史に刻まれる.(M)

●杉野芳子 SUGINO Yoshiko ──── 61・62・94・95
服飾デザイナー,ファッション教育家
1892(明25)～1978(昭53).千葉県生まれ.千葉県立第一高等女学校卒.1914(大3)年から6年間,アメリカで洋裁と服飾デザインを学ぶ.1926(大15／昭1)年に日本初の洋裁学校「ドレスメーカースクール」を自宅で開く(同年,移転に伴いドレスメーカー女学院と改称).洋装女性のまれだった昭和初期,和服の裾を気にして多くの女店員が転落死した1932年の白木屋火災を機会に,洋装の普及と服飾の近代化による女性の生活意識改革を志す.3年後,日本初の本格的ファッションショーを日比谷公会堂で開催.以後,1939年のデザイナー養成科併設,「ドレメ式」の普遍的な型紙教育と学校のチェーン組織化,時代の要請も受けて1950年代に最盛期を迎える.1957年に衣裳博物館を開館する.(H)

●濱田増治 HAMADA Masuji ──── 41・42・55
グラフィックデザイナー,商業美術研究者
1892(明25)～1938(昭13).兵庫県生まれ.東京美術学校彫刻科中退.ライオン歯磨,廣目屋,中央新聞,雑誌『広告と陳列(広告界)』を経て,1926(大15／昭1)年にグラフィックデザイナー職能団体「商業美術家協会」を組織し,機関誌『商業美術』を創刊.商業美術運動の中心的存在となり,グラフィックデザインの作品意識や作家の使命感について執筆し,グループ展を企画開催.1928(昭3)年から2年間に及ぶ『現代商業美術全集』(全24巻)の編纂は,杉浦非水*の活動に先んじるもので,このジャンルの総合的な理論研究と世界的な歴史の集大成を成す.近代的な都市生活や大衆の消費文化に供するものとして,その社会的有用性と芸術性を説き,商業美術研究所を設立する.著作多数.(H)

●森谷延雄 MORIYA Nobuo ──── 33・43
インテリアデザイナー,家具デザイナー
1893(明26)～1927(昭2).千葉県生まれ.東京高等工業学校工業図案科卒.清水組設計部に入社し,誠之堂,晩香廬,京都大学楽友会館等のインテリアを手がける.第1～4回農展に出品.1919(大8)年に木材工芸学会幹事となる.翌年から2年間,木材工芸研究のために文部省より海外派遣.帰国まもなく1923年東京高等工業学校木材工芸科教授に就任.木材工芸学会の主催で標準家具メッセを提唱実施.第3回発明品博覧会(ともに同年),3年後のこども博覧会でディスプレイデザインを担当.意匠を重視した新しい家具づくりを目指して,弟・森谷猪三男らと1927(昭2)年に木のめ舎を設立するが,グループ展の開催直前に逝去.家具を生活に即した,建築と一体化したものとして位置づける.(H)

● 蔵田周忠 KURATA Chikatada ─── 54・55
建築家
1895(明28)〜1966(昭41).山口県生まれ.私立工手学校建築科,早稲田大学建築科選科修了.1921(大10)年の第2回分離派建築会展「丘の上の展覧会場」以来,毎回同展に出品.1927年東京高等工芸学校工芸図案科講師となる.分離派建築会に参加する一方で,当時東京高等工芸においてバウハウスを講じる唯一の教官だったという.同校の教え子を中心に翌1928(昭3)年,型而工房を結成.蔵田が住居とした渋谷(代官山)同潤会アパートを拠点に1940年まで,デザイン―展示―頒布―執筆といった広範な活動を指揮する.1930年ドイツ,オーストリアを中心に視察と研究を行ない,翌年帰国して設計活動開始.1932年武蔵工業高等学校講師,1951年東京芸術大学教授.著書は『欧州都市の近代相』『陸屋根』等多数.(M)

■ 藤山愛一郎 FUJIYAMA Aiichiro ─── 75・84・92
政治家
1897(明30)〜1985(昭60).東京生まれ.慶應義塾大学中退,大日本精糖社長,日東化学工業社長を経て,1941年東京商工会議所会頭,日本商工会議所連合会(現・日本商工会議所)会長に就任するが,戦後公職追放.1950(昭25)年の解除後,日東製紙社長に就任.翌年両商工会議所会頭にも復帰した.1957年に岸首相の要請を受けて,民間人として外務大臣になり,翌年政界に入り,1959年まで外務大臣を務めた.1958年の英国公式訪問の際にデザイン盗用問題を指摘され大問題となった.デザインに関心が深く,レイモンド・ローウィ著『口紅から機関車まで』(1953年邦訳出版)翻訳者としても知られる.自邸の建築および家具のデザインは1957年坂倉準三建築研究所の長大作が手がけた.1975年に政界を引退.(S)

● 山名文夫 YAMANA Ayao ── 40・42・57・58・62・63
イラストレーター,グラフィックデザイナー   64・78
1897(明30)〜1980(昭55).広島県生まれ.和歌山県立和歌山中学校卒.多くのデザイナー同様,青春時代に竹久夢二*に憧れ,オーブリー・ビアズリーや北野恒富にも魅了される.1917(大6)年に同人詩誌『CHOCOLATE』でデビューし,耽美的感覚を詩句で発露.真骨頂を成す繊細なイラストレーションとレタリングは,1923年から6年間,プラトン社で先輩格の山六郎と協作した多くの図案や装幀(文芸誌「女性」「苦楽」等)の賜物.まもなく資生堂意匠部の顔として知られ,日本的なアール・デコの世界を追求し,最高級化粧品「ドルックス」シリーズの優雅な唐草模様のパッケージと広告を手がける.フリーランス,日本工房の時代をはさみ,資生堂と多摩帝国美術大学への貢献は戦前戦後に及ぶ.(H)

● 山脇巌 YAMAWAKI Iwao ─── 49・50・68・70
建築家
1898(明31)〜1987(昭62).長崎県生まれ.東京美術学校建築科卒,横河工務店勤務を経て,1930(昭5)年デッサウ・バウハウスに道子夫人とともに学ぶ.1932年に帰国して設計事務所を開設.バウハウス流の山脇邸(1935)は夫妻の

ライフスタイルと相まって注目を浴びる.工芸指導所で木製飛行機の設計に従事.新建築工芸学院,自由学園,帝国美術学校,日本大学などで教鞭をとる.著書は『バウハウスの人々』.テキスタイルデザイナーの山脇道子(1910〜)は東京築地生まれ.バウハウスの織物科でオッティ・ベルガー,アンニ・アルベルスの指導を受け,帰国翌年に「バウハウス手織物個展」を資生堂画廊で開催.自由学園,昭和女子大学,日本大学に出講し,作品制作から生活美学教育へと活動の重点を移す.著書は『バウハウスと茶の湯』.(M)

● 柳瀬正夢 YANASE Masamu ─── 35・38・46
画家,グラフィックデザイナー
1900(明33)〜1945(昭20).愛媛県生まれ.松山市立第一小学校卒.1920(大9)年に読売新聞の時事漫画でデビュー.翌年,日本プロレタリア文芸の萌芽「種蒔く人」同人となる傍ら,未来派運動を展開.1923年に「先駆座」に参加して以来,確実に左傾化.同年に結成したマヴォの命名者とされ,ドイツの風刺画家ゲオルグ・グロッスの影響を受ける.翌年に三科造形美術協会,明くる年にはプロレタリア文芸連盟に参加.専属画家として『無産者新聞』で独特の表現を追求し,1931(昭6)年の日本共産党入りで一層の具体性と過激さを増す.同時代のアヴァンギャルド運動やプロレタリア芸術の世界で,村山知義*と比較されることが多いが,徹底して無産者の視点に立ち,より先鋭な画風で特異なグラフィズムを確立する.(H)

● 木村伊兵衛 KIMURA Ihee ─── 56・57・65
写真家
1901(明34)〜1974(昭49).東京生まれ.京華商業学校卒.台湾での写真実習見習いを経ての写真館開業は1924(大13)年,早々にライカを購入.1930(昭5)年,太田英茂*のもとで花王石鹸広告部嘱託となり斬新な広告写真を撮る.以後,写真同人誌『光画』に参加.名取洋之助*と日本工房を,伊奈信男,原弘*と中央工房を設立,『FRONT』の写真部長となり,戦前のフォト・ジャーナリズムを実践.山形県生まれで第2次日本工房に参加した土門拳(1909〜90)とは,好対照の写真で生涯のライバルとみなされる.戦後はサン・ニュース・フォトス社に入社,後に日本写真家協会初代会長.1956年第6回芸術選奨文部大臣賞受賞.作品集に『木村伊兵衛傑作写真集』があり,木村伊兵衛賞が設けられる.(M)

● 小池新二 KOIKE Shinji ─── 70・75・76・83
デザイン評論家,教育者
1901(明34)〜1981(昭56).東京生まれ.東京帝国大学文学部美学美術史学科卒.『建築世界』の編集,帝国美術学校教授を経て,1931(昭6)年より「海外文化中央局」を開き,欧米の建築,工芸に関する研究を開始.1943年『汎美計画』を出版.戦後は豊富な資料と語学力をもとに,『工芸ニュース』で海外のデザインや関係図書を精力的に紹介.また,団長として1956年の工業デザイン視察団を率いた.1950年より千葉大学工学部工業意匠科教授となり,「芸術と技術と科学の融合」を理念に掲げるデザイン教育に携わる.さらに創設に関わった九州芸術工科大学の初代学長(1968〜74年)に就任,理念を押し進めた.膨大な資料・蔵書は,現在千葉

大学附属図書館内「小池文庫」に収蔵されている. (S)

●坂倉準三 SAKAKURA Junzo ── 69・80・82
建築家, 家具デザイナー　　　　　　　84・93
1901(明34)～1969(昭44). 岐阜県生まれ. 東京帝国大学文学部美学美術史学科卒. 1929(昭4)年にフランスへ渡り, 2年後からル・コルビュジエのアトリエで働く. 一時帰国の後, 1937年のパリ万博日本館設計監理のため, フランスに戻る. 近代建築の手法と素材を駆使しながら, 日本の伝統建築の空間性を生かしたパビリオンは絶賛を博し, グランプリ受賞. 1939年に帰国し, 翌年に坂倉準三建築研究所を設立. 明くる年には, シャルロット・ペリアン*らの「選択・伝統・創造」展(東京・大阪)に協力. ル・コルビュジエ直伝のモダニズム思想を独自に実作展開し, 1951年開館の神奈川県立近代美術館をはじめ, 住宅から商業施設や都市計画まで, 多くの作品を設計. 戦後日本の近代建築の発展に寄与する. (H)

■島秀雄 SHIMA Hideo ──────── 59
エンジニア
1901(明34)～1998(平10). 大阪府生まれ. 東京帝国大学機械工学科卒. 父・安次郎は満州鉄道理事で, 親子ともに鉄道技術の権威. 1924(大14)年鉄道省に入省. 設計者としてD51などの蒸気機関車を手がける. 日中戦争時には国内の狭軌機関車を満州鉄道用の広軌に直す作業を担当. 1944(昭19)年に工事は中止となったが, 路線もほとんど原案のまま東海道新幹線に受け継がれることとなる. 戦後, 国鉄の工作局長として湘南電車などをプロデュース. 桜木町事故の責任を取って1951年に辞職するが, 当時の総裁・十河信二に請われて1955年に技術長として復職し, 東海道新幹線建設の陣頭指揮を取った. 国鉄辞職後の1969年, 宇宙開発事業団の初代理事長に就任. 新幹線開発の経緯は『新幹線をつくった男』に詳しい. (S)

●円谷英二 TSUBURAYA Eiji ─────── 90
特撮監督
1901(明34)～1970(昭45). 福島県生まれ, 国際活動写真, 松竹衣笠映画連盟, 日活太秦などでカメラマンとして活躍. 1937(昭12)年に東宝に入社し, 「ハワイマレー沖海戦」(1942年)などの航空戦記映画の特撮を担当. 独特の撮影法やミニチュアの作成, 合成技術などがこの時期に完成された. 戦後は公職追放により東宝を退社, 円谷特殊技術研究所を設立するが, 1950年東宝に復帰し, 特撮を担当した1955年の映画「ゴジラ」(監督:本多猪四郎, プロデューサー:田中友幸)が大ヒット. その後も続々と特撮映画を制作し, 黄金期をもたらす. 1963年円谷特撮プロダクションを設立し, 怪獣デザイナー成田亨らとともに「ウルトラQ」「ウルトラマン」(ともに1966年)などのTVシリーズを展開した. (S)

●村山知義 MURAYAMA Tomoyoshi ── 35・36・37・38
造形作家, グラフィックデザイナー, 舞台美術家　46
1901(明34)～1977(昭52). 東京生まれ. 東京帝国大学文学部哲学科中退. 1921(大10)年から1年間ドイツ留学. 現地で構成主義に触れる. 帰国の翌年に柳瀬正夢*らと前衛グループ「マヴォ」, 明くる年に三科造形美術協会を結成, 弁の立つ理論派の新興美術家として非凡な才能を発揮する傍ら, 左翼演劇運動の中心的存在となり, 脚本, 演出, 舞台美術を手がけ, 心座, 前衛座を経て, 1928(昭3)年には左翼劇場を結成, 日本プロレタリア劇場同盟の執行委員長を務める. 舞踏から評論まで活動は多岐にわたり, プロレタリア系出版物のグラフィックデザインでは, 柳瀬と並び称される. 学生時代から母・元子の影響を受け, 『子供之友』などに妻・壽子と寄稿, モダンな童画を発表. 3度の投獄を経て, 戦後も演劇界で活躍する. (H)

●大塚末子 OTSUKA Sueko ─────── 62
着物デザイナー, 和装教育・研究家
1902(明35)～1998(平10). 福井県生まれ, 敦賀高等女学校卒. 文化服装学院で洋裁を学び, 洋裁雑誌記者を経て, 高島屋の嘱託デザイナーとなるが, 疎開生活を機に, 戦後は合理的で実用に即した現代着物の研究に転じる. 洋裁ブームの1950年代, 茶羽織, 二部式着物などの「改良きもの」を考案し, 化繊や広幅ウールなど新素材も導入. その成果は, 1956(昭31)年の第1回日本ファッションエディターズクラブ賞に輝く. 執筆活動に加えて, 7年後に大塚末子きもの学院(大塚学院)を創立し, 人材育成に尽力. 文部省認定の通信講座も開講. 1977年にファッションショー「大塚末子直線を着る」で自らの仕事を回顧し, 晩年はユニバーサルデザインの先駆となる高齢・身体障害者向けの着物を手がける. (H)

●川喜田煉七郎 KAWAKITA Renshichiro ── 50・55・83
建築家
1902(明35)～1975(昭50). 東京生まれ. 東京高等工業学校建築科卒. 1930(昭5)年ウクライナ・ハリコフ市の大劇場国際設計コンペで, ル・コルビュジエやグロピウスに伍して4席を獲得して注目される. 1931年雑誌『建築工芸アイシーオール』発刊, 翌1932年, 新建築工芸学院を山口文象設計の銀座・三ツ喜ビルに開設. 講師陣はバウハウス帰りの水谷武彦および山脇厳・道子*, 土浦亀城, 市浦健ら, バウハウス流授業が伊東茂平, 亀倉雄策*, 桑沢洋子*といった人材を輩出して6年で閉鎖. 型而工房の講習会にも積極的に協力. 主著は武井勝雄と共著の『構成教育体系』. 1920～35年をデザイン黎明期とする「デザインブームの前を駆けるもの」(『日本デザイン小史』収録)が興味深い. 1961年, 店舗設計家協会初代会長就任. (M)

■岡田桑三 OKADA Sozo ─────── 57・60・65
東方社初代理事長, 映像プロデューサー　66・71
1903(明36)～1983(昭58). 神奈川県生まれ. ベルリン美術工芸学校に学ぶ. 関東大震災のため家族で帰国, 英国人を祖父に持ち, 松竹映画で俳優名・山内光として活躍. 1929(昭4)年にベルリン, モスクワに演劇・映画の研究に赴き, 1931年に東京で「ドイツ国際移動写真展」を開催, 木村伊兵衛*らに刺激を与える. 日本工房参加. 次いで参謀本部第五課から打診された対ソ宣伝謀略雑誌発刊に対し, 中央工房のメンバーを誘い, 東方社初代理事長となって『FRONT』を発刊する. 1943年に総裁・建川美次, 理事長・林達夫の体

制を整えて辞任した後,満州に渡って満州映画協会,民族研究所と関係をもつ.戦後は東京シネマ社長として記録映画「ミクロの世界」他を制作.『岡田桑三 映像の世紀』で謎の多かったその全貌が明らかになった.(M)

■ 瀧口修造 TAKIGUCHI Shuzo ─────── 79
詩人,美術評論家
1903(明36)～1979(昭54).富山県生まれ.慶応義塾大学文学部英文科卒.1926(大15/昭1)年詩の同人誌『山繭』に参加,同年,脱ジャンルの運動体・実験工房を主宰する.訳書『超現実主義と絵画』(アンドレ・ブルトン,1930年),詩画集『妖精の距離』(1937年),評論集『近代芸術』(1938年)をはじめとして著書多数.全13巻別巻1の『コレクション 瀧口修造』(1998年,みすず書房)中の第10巻が「デザイン論 伝統と創造」.「ライトの建築」(1950年)から「お祭り広場についての思想」(1967年)あたりまでの20年足らずだが,瀧口はデザインについて新聞・雑誌に精力的に寄稿した.この間の発言はパッケージ,イラスト,漫画,亀倉雄策*,グラフィック集団,日宣美展,世界デザイン会議,森正洋,大阪万博等に及び,その影響力は勝見勝*と双璧をなす感がある.日本デザインコミッティー(1953年)創設メンバー.(M)

● 原 弘 HARA Hiromu ─────── 49・55・56・57
63・65・66・67・71・78・79・82・92・94・96・102
グラフィックデザイナー
1903(明36)～1986(昭61).長野県生まれ.東京府立工芸学校製版印刷科卒.1921(大10)年から1941(昭16)年まで母校で指導.1932年東京印刷美術家集団,1933年日本工房,1934年中央工房の結成に参加.ヤン・チヒョルト,モホリ=ナジ,ハーバード・バイヤーに触発され,タイポグラフィと印刷の研究・実践を行なう.日本工房,中央工房に参加し,1941年に東方社の美術部長に就任,翌年創刊の対外宣伝グラフ誌『FRONT』のアートデレクションで活躍する.亀倉雄策*は「河野の天才型と原の努力型が戦後デザイン界の二つの頂点」と評する.河野とは河野鷹思*のこと.1951年日本宣伝美術会の創設に参加,1952年から70年まで武蔵野美術大学教授.1960年設立の日本デザインセンターに参加し,1969～75年社長.作品集に『原弘 グラフィック・デザインの源流』がある.(M)

● シャルロット・ペリアン Charlotte PERRIAND ─── 69
インテリアデザイナー　　　　　　　　　　　70・80
1903(明36)～1999(平11)年.パリ生まれ.パリ装飾美術中央連合学校に学ぶ.1927年から10年間,ル・コルビュジエのアトリエでピエール・ジャンヌレらと活動し,「ペリアンの椅子」として知られる長椅子ほかをデザイン.1937年のパリ万博「現代生活における芸術と技術展」参加.アール・デコ全盛時に装飾ではなく設備を提唱.ダイニングキッチン,部品のプレハブ化も進めて,モダンなインテリアデザインのパイオニアとなる.1940(昭15)年6月,商工省の招きで来日して東京,京都,山形などでデザイン指導を行ない,「選択・伝統・創造」展開催.1942年12月離日.戦後はスキーリゾート「メリベル・レ・ザルク」を設計.日本の生活の美に注目し,1957年パリで「日本の伝統的な住むための芸術」

を発表.坂倉準三*,前川國男*,柳宗理*らを通しての日本への影響は大きい.(M)

■ 吉田秀雄 YOSHIDA Hideo ─────── 63・89
経営者(電通)
1903(明36)～1963(昭38).福岡県生まれ.東京帝国大学経済学部卒.1928(昭3)年,通信業と広告代理業を兼営していた日本電報通信社に入社.1936年から広告代理業専門となった同社で,吉田は広告料金適正化問題,広告代理店としての企業整備の実質的なプランナー役を果たす.1947年社長に就任.ラジオ,テレビ業界の発展は広告界の発展と断じて,電波媒体に資本や技術を投下して強力な地盤を築いた.電通と社名変更した1955年にはテレビ視聴率調査装置を完成させ,アメリカからマーケティング理論やアートディレクターシステムを導入してクリエイティブ部門を強化させるなど,広告制作の合理化・科学化を図った.(S)

● 里見宗次 SATOMI Munetsugu ─────── 41・56
画家,グラフィックデザイナー
1904(明37)～1996(平8).大阪生まれ.小出楢重の助言で1920(大9)年にフランスへ渡り,パリのエコール・デ・ボザール本科で学ぶ.1928(昭3)年のゴロワーズ煙草ポスター・コンクールでグランプリ受賞.フランスでグラフィックデザイナーの地位を確立.ムネ・サトミの名で知られる.同時代の巨匠A.M.カッサンドル,ポール・コラン,シャルル・ルーポー,ジャン・カルリュらと交流し,各種コンペで連続受賞.日仏デザイン交流に尽力し,1934年の国際商業美術交歓展(東京)に協力.3年後,日本商業美術展をパリで開催し,新作「JAPAN」で一世を風靡.戦争の勃発で1939年に一時帰国するが,仏領インドシナへ渡り,終戦後,再びフランスに戻る.1973年に初回顧展を東京で開く.(H)

● 岡 秀行 OKA Hideyuki ─────── 55・136・137
グラフィックデザイナー
1905(明38)～1995(平7).福岡県生まれ.川端画学校卒.洋画を学んだ後,図案家の門屋秀雄に師事する.1935(昭10)年,銀座に「オカ・スタジオ」を開設.デザイナーのほかに写真家,コピーライターを抱える総合デザイン事務所の草分けとなる.1951年,企業内デザイナーを中心とした日本宣伝美術会の設立に関与,翌年にはフリーの図案家を中心に東京商業美術家協会を設立する.同時に日本全国を旅行しながら伝統的なパッケージの収集を続け,1964年に「日本伝統パッケージ展」を日本橋白木屋で開催.写真集『日本の伝統パッケージ』を出版し,英,独,仏に翻訳される.1975年,ニューヨークで開催された「TSUTSUMU」展を皮切りに,欧米,オーストラリアなど,28か国100回以上の展示を重ね,高い評価を得た.(I)

● 豊口克平 TOYOGUCHI Katsuhei ─── 49・52・55
　　　　　　　62・69・70・71・72・76・82・83・93・101・137
プロダクトデザイナー
1905(明38)～1991(平3).秋田生まれ.東京高等工芸学校工芸図案科卒.1928(昭3)年,ほていや百貨店に就職し,型而工房に参加して思想形成.1933年には商工省工芸

指導所に入所し、規範原型、代用品、航空機木製化などに従事。高等工芸の先輩で『工藝ニュース』に健筆をふるい、アルミニウム家具の国際コンペで1等となる西川友武、後輩の剣持勇*らが同僚だ。戦後は米軍家族用住宅の家具什器の設計製作を指揮し、1956年日本生産性本部の米国への工業デザイン調査団副団長。1959年に独立して国際見本市のディスプレイ、船舶・飛行機のインテリア、カメラ、電話器、事務機などを開発。1959〜77年、武蔵野美術大学教授。勲三等瑞宝章受章。主著は『型而工房から』。生活デザイナーの姿勢を貫き、プロダクトデザインの基礎固めの役割を果たす。(M)

● 前川國男 MAEKAWA Kunio ——————— 63・80・86
建築家
1905(明38)〜1986(昭61)。新潟県生まれ。東京帝国大学建築学科卒。渡仏してル・コルビュジエに師事し1930(昭5)年帰国。レーモンド建築設計事務所を経て1935年に前川國男建築設計事務所設立。戦前、帝室博物館コンペで落選覚悟のモダニズム建築案を提示し、戦後は「テクニカル・アプローチ」を主張。一方でラスキンを愛読し、建築家の倫理的責任を訴える。戦後はプレモス、紀伊國屋書店から、神奈川県立図書館・音楽堂、東京文化会館、国立西洋美術館新館など文化施設の傑作を多数残す。報道技術研究会、ペリアン*の日本招致、世界デザイン会議などでデザイン界との関わりも深く、東京文化会館において流政之、向井良吉を起用するなど建築家と芸術家との協働に先駆的役割を果たした。(M)

● 河野鷹思 KONO Takashi —— 49・55・57・58・59・66
グラフィックデザイナー　　　　　　71・78・79・92・94・96
1906(明39)〜1999(平11)。東京生まれ。東京美術学校図案科卒。卒業制作はモダンな映画ポスター「ある自殺」。松竹宣伝部に在籍しての映画・演劇・バレエのポスターや舞台装置、日本工房に参加しての『NIPPON』の表紙の傑作群は河野を時代の寵児とする。1937(昭12)年のパリ万博日本館、1939年サンフランシスコ世界博の壁画デザインを担当、1940年南支派遣軍報道軍嘱託、ジョクジャカルタ陸軍報道部長として敗戦を迎える。戦後は新東宝の舞台監督、『NEW JAPAN』のアートディレクターを経て1957年、八幡製鐵出資でデスカ設立、世界デザイン会議シンボルマークを制作、愛知県立芸術大学学長、視覚デザインの全領域を開拓した。作品集に『河野鷹思のデザイン』『マイデザイン・河野鷹思』『青春図會』がある。(M)

● 佐々木達三 SASAKI Tatsuzo ——————— 49・77・88
インダストリアルデザイナー　　　　　　　　　　89・101
1906(明39)〜1998(平10)。東京生まれ。東京高等工芸学校木材工芸科卒。横浜船渠設計課を経て、1949(昭24)年に大泉博一郎、新庄晃とともにトリトン・デザイン事務所設立。1952年日本インダストリアルデザイナー協会設立に参加、初代理事となる。1956年にエンジニア百瀬晋六とともに富士重工業「スバル360」を手がけ、翌年佐々木達三デザイン事務所設立。自動車をはじめとする工業デザインから国際見本市のディスプレイなどのインテリア、陶芸や幅広

い活動にわたる功績に対し、1991(平3)年国井喜太郎産業工芸賞が授与された。また合成樹脂素材の研究にも心血を注いだ。1959年から武蔵野美術大学教授、1977年に名誉教授となる。(S)

● 田中千代 TANAKA Chiyo ——————— 42・61・62
服飾デザイナー、ファッション教育家
1906(明39)〜1999(平11)。東京生まれ。双葉高等女学校卒。文化学院やアテネ・フランセを経て、1928(昭3)年から4年間ヨーロッパ留学。スイスでは、バウハウス派のオットー・ハスハイエに師事。1932年、服飾デザイナーとして鐘紡に迎えられる傍ら、神戸の自宅で洋裁グループ「皐会」を開く。5年後、田中千代服装学園(田中千代服飾専門学校)を創立し、機関誌『緑紅』を創刊。以後、一貫してファッション教育と服飾世界の国際交流に尽力する。戦後、皇太后良子付のデザイナー兼ファッションアドバイザーを務める。世界の民俗衣装コレクションでも知られ、50数年間で5000点余を現地収集。1978年にファッションショー「地球は着る」を全国巡回し、11年後には民俗衣装館を設立する。(H)

■ 本田宗一郎 HONDA Soichiro ——————— 89・99
本田技研工業創業者
1906(明39)〜1991(平3)。静岡県生まれ。アート商会の自動車修理工見習を経て、1946(昭21)年静岡県浜松市に本田技術研究所を開設。補助エンジン付自転車が成功してオリジナルエンジンの開発を開始し、1948年に本田技研工業を設立。D型エンジンを搭載した初のオートバイ「ドリーム号」(1949年)からロングセラーとなる「スーパーカブC」誕生まで11年。念願だった四輪への進出は1963年で、海外でも人気となった小型スポーツカー「S500」と軽トラック「T360」。自動車排気ガス規制マスキー法には1972年に完成したCVCCエンジンを搭載したシビックで最初に通過。本田はデザイナー、エンジニアとして常に陣頭指揮をとった。1973年に社長を退任、1983年から終身顧問となった。(S)

● 佐藤章蔵 SATO Shozo ——————— 88・89
インダストリアルデザイナー
1907(明40)〜1981(昭56)。福島県生まれ。東京帝国大学機械工学科卒。卒業後日産自動車に入社、検査課長を経て車体設計課長となり、1956(昭31)年の毎日産業デザイン賞を受賞した「ダットサン110」や「ダットサン・ブルーバード」などを手がける。機能と合理性を目指したデザイン姿勢は、日産デザインの基盤となった。日産退社後は、関東自動車で「トヨタスポーツ800」開発に参加。その後、東京芸術大学美術学部工芸科、千葉大学工芸意匠科、東京造形大学工業デザイン科で教鞭をとる。クラシックカーに造詣が深く、日本クラシックカークラブ、ジャグワー・カークラブの会長も務めた。(S)

■ 正村竹一 MASAMURA Takeichi ——————— 75
パチンコ「正村ゲージ」考案者
1907(明40)〜1975(昭50)。岐阜県生まれ。農家の次男に生まれ、18歳で高木酒問屋に奉公。21歳で名古屋でガラス

商として独立、1936(昭11)年にパチンコ店「ハイスピード野球ボール」を開店するが戦争で中断、戦後、再開と同時にパチンコ台の試作を始め、それまで均等に打たれていた釘に工夫を加え、変化に富んだ玉の動きを可能にした「正村ゲージ」(1948年)、「正村式オール10」(1949年)、「正村式オール15」(1950年)とたて続けに発表、正村ゲージは全国に普及し、パチンコは戦後のヒット娯楽となった、現在のパチンコ盤には3000を超す特許がからんでいると言われるが、正村は不労所得を嫌い、特許や意匠登録を一切しなかったため模造品が続出したが、それもパチンコの普及に一役果たしたといえる、(S)

■ 勝見 勝 KATSUMI Masaru ── 70・75・83・85・92
デザインディレクター、デザイン評論家　94・101・105
1909(明42)〜1983(昭58)、東京生まれ、東京帝国大学文学部大学院修了、横浜専門学校教授(1934〜40年)、工芸指導所嘱託(1941〜43年)、美術評論、デザイン評論を手がけ、『工芸ニュース』編集顧問、造形教育センター顧問、デザイン学会委員長、日本デザインコミッティー理事長、東京オリンピックデザイン懇談会座長およびデザイン専門委員会委員長などの要職を務める、1959(昭34)年に『グラフィック デザイン』を創刊し、終生編集長、独仏英語に堪能で、デザイン評論、デザインジャーナリズム、デザイン研究を通じて戦後のデザイン運動、デザインを通じた国際交流に中心的役割を果たす、毎日デザイン賞特別賞、勲四等旭日小綬章、国井喜太郎産業工芸賞特別賞などを受ける、『勝見勝著作集』全5巻がある、(M)

● 野口壽郎 NOGUCHI Toshio ── 62
家具デザイナー
1909(明42)〜1980(昭55)、東京生まれ、1924(大13)年に三越の下駄売場に小僧として入社、翌年から本店家具売場に配属され、以後各種家具デザイン、インテリア設計に関わる、1943(昭18)年三越製作所に出向し、DH家具の製作に携わった後、1948年に三越本店家具設計部に復任、伝統工芸作家、家具職人との交流を持ちながら、三越百貨店のオリジナル家具、雑貨、インテリアを製作、1958年日本室内設計家協会(現・インテリアデザイナー協会)設立に参加、三越を停年退職した1964年から1968年まで天童木工常務取締役を務め、1968年から小田急百貨店取締役としてハルクを担当した、1965年から日本デザイナー学院インテリア科主任教授を務め、1976年から逝去まで学院長、1982年インテリアデザイナー協会に「野口記念賞」が創設された、(S)

● 芳武茂介 YOSHITAKE Mosuke ── 70・91
クラフトデザイナー
1909(明42)〜1993(平5)、東京美術学校工芸科鍛金部卒、卒業後商工省工芸指導所に入所し、1959(昭34)年に意匠部長、1961年退官後は、デザイン事務所「東京クラフト」を設立、日常の手仕事製品の重要性を訴え、特産品産業の見直しを図り、インダストリアルデザインに対応するニュークラフトを推進、1956年に日本デザイナークラフトマン協会(現・日本クラフトデザイン協会)設立、産工試在所中に

1958年にはフィンランドに留学し、カイ・フランクらと交流を持ち日本に招聘するなど、北欧デザインを積極的に紹介した、1961年武蔵野美術大学教授、1981年から名誉教授、1975年国井喜太郎産業工芸賞を受賞している、(S)

■ 安藤百福 ANDO Momofuku ── 116
中交総社(現・日清食品)創業者
1910(明43)〜、台湾生まれ、立命館大学専門部経済学科卒、若い時期から旺盛な事業家精神を発揮し、1932(昭7)年にメリヤスを扱う繊維会社「東洋莫大小」を設立、百貨店経営を経て、戦後は成人用栄養剤を扱う「国民栄養科学研究所」などを創設、1948年に現在の日清食品の前身である中交総社を設立、1958年に自宅の研究小屋で開発した即席ラーメン第1号「チキンラーメン」の製造販売を開始、さらに手軽に食べられるラーメンを探求し、1971年に「日清カップヌードル」を発売、あらかじめ即席めんをカップに入れ、お湯をかけ、ふたをして3分待つだけで食べられるという前例のない簡便性により、新しい食文化を創出、世界中に広まった、(I)

● 桑沢洋子 KUWASAWA Yoko ── 50・61・83
ファッションデザイナー、教育家　94
1910(明43)〜1977(昭52)、東京生まれ、女子美術専門学校西洋画部師範科卒、卒業後川喜多煉七郎主宰の新建築工芸学院に入学し、バウハウスのデザイン思想を学ぶ、『住宅』誌編集嘱託を経て、1936(昭11)年東京社(現・婦人画報社)編集部で服飾デザインを担当、1941年東京・銀座に桑沢工房を設立し、働く女性のための機能的な洋服を提唱して、服飾デザインの執筆活動や講演会、デザインコンクール審査員などを通じて、女性の地位向上の啓蒙に努めた、デザイン教育の必要性を痛感し、1954年にバウハウスの教育システムを取り入れた桑沢デザイン研究所、1966年に東京造形大学を設立した、主な著書に『桑沢洋子の服飾デザイン』『服装』『洋裁のポイント』などがある、(S)

● 名取洋之助 NATORI Yonosuke ── 57・58・71
写真家、アートディレクター
1910(明43)〜1962(昭37)、東京生まれ、ミュンヘン美術工芸学校卒、1931(昭6)年、ウルシュタイン社契約カメラマンとなり、翌年特派員として帰国、満州事変取材のため日本軍に従軍、1933年日本工房、翌年第2次日本工房を設立して『NIPPON』を創刊する、1937年、米『LIFE』誌に作品掲載、ドイツで『大日本─GROSSES JAPAN』出版、日本工房(後に国際報道工芸)は敗戦まで各種媒体を発刊、1947年『週刊サンニュース』を責任編集、1950年創刊の「岩波写真文庫」編集長として1959年までに286冊発刊、ルポルタージュ・フォト、フォトジャーナリズム、アートディレクションを確立した功績は大きい、1978年に西武美術館で「名取洋之助の仕事─大日本」展開催、著書は『麦積山石窟』『ロマネスク』『写真の読みかた』(M)

● 岡本太郎 OKAMOTO Taro ── 94・105・106
造形作家
1911(明44)〜1996(平8)、神奈川県生まれ、東京美術学

校中退.漫画家の岡本一平,作家の岡本かの子の長男として生まれ,芸術的な環境で育つ.東京美術学校に入学した翌年,1930(昭5)年に19歳で渡仏し,10年間滞在した.パリで前衛芸術運動に参加し,ピカソらの影響を受けながら初期の代表作「傷ましき腕」を始めとする油絵を制作した.帰国後,二科会に所属したこともあったが,画壇を離れモダニズムを批判,自らの芸術の根源を縄文に見出すようになる.1952年に『縄文土器論』を執筆,60年代から原色を使った激しい筆触で抽象的な人間像を描くようになる.「人類の進歩と調和」をうたった1970年の日本万博では,シンボルの「太陽の塔」を制作.科学技術万能主義に異を唱えたこの作品は衝撃を与えた.(I)

■ 花森安治 HANAMORI Yasuji ─────── 62・87
『暮しの手帖』発行人,アートディレクター
1911(明44)~1978(昭53).兵庫県生まれ,東京帝国大学美学科卒.在学中から『帝国大学新聞』を手がけ,卒業後伊藤胡蝶園(現・パピリオ)宣伝部を経て,大政翼賛会宣伝部に入り,国策スローガンなどを手がけた.戦後は,一貫して市民の暮らしにこだわり続け,1946(昭21)年衣裳研究所を設立し『スタイルブック』を出版.1948年に季刊『暮しの手帖』を創刊し,広告収入を拒み,商品テストを行なうなど,消費者運動の先駆となる独創的な編集方針を貫く.タイトル文字からレイアウト,広告デザイン,書籍装幀までを自ら手がけた.婦人家庭雑誌に新しい形式を生み出した功績により,第4回菊池寛賞を受賞.著書『一錢五厘の旗』で第23回読売文学賞を受賞.(S)

● 剣持 勇 KENMOCHI Isamu ─────── 49・52・69
インテリアデザイナー   72・81・82・84・101
1912(明45)~1971(昭46).東京生まれ,東京高等工芸学校木材工芸科卒.卒業と同時に商工省工芸指導所入所.ブルーノ・タウト*指導の元に規範原型を研究して『規格家具』刊行.1952(昭27)・53年と米国出張をし,アスペン世界デザイン会議に出席.1955年剣持勇デザイン研究所を設立.以降,ジャポニカを批判し,伝統と合理性を融合するジャパニーズモダンの提唱者として活躍する.1958年にはブリュッセル万国博覧会日本館で前川國男*とともにグランプリ受賞.ホテル・ニュージャパン,東京ヒルトンホテル,京王プラザホテル等のインテリアを担当し,藤丸椅子がニューヨーク近代美術館の永久コレクションに選定されている.1964年多摩美術大学教授.勲三等瑞宝章受章.主著は『剣持勇の世界』.京王プラザ竣工前日の自死は時代の変化を象徴する.(M)

● 丹下健三 TANGE Kenzo ─────── 93・106・136
建築家
1913(大2)~.大阪府生まれ.東京帝国大学建築学科卒.ル・コルビュジエに傾倒し,その弟子である前川國男*の事務所に入る.1942(昭17)年に東京大学大学院に戻り,大学院生時代,大東亜建設記念造営計画(1942年)とバンコク日泰文化会館(1943年)の二大コンペに一等入選.戦後は広島平和記念センター,新・旧の東京都庁舎,代々木国立屋内競技場,大阪万国博覧会場基幹施設などの記念碑的建築

を次々に設計し,1960年には都市計画「東京計画-1960」を発表するなど,戦後の復興期から高度経済成長期にかけて日本建築界をリードする.1961年に丹下健三都市建築設計研究所を創設.1946~74年まで東大で教鞭をとり,「丹下研究室」からは,浅田孝,磯崎新,黒川紀章,谷口吉生らが輩出した.(S)

● 三木鶏郎 MIKI Toriro ─────── 89
作詞・作曲家
1914(大3)~1994(平6).東京生まれ,東京帝国大学法学部卒.学生時代から諸井三郎の下で作曲とオーケストラの指揮を学ぶ.日産化学のサラリーマン生活を経て徴兵.戦後にバンド「ミッキートリオ」を結成.ラジオのバラエティ番組「日曜娯楽版」中の風刺のきいた一口コントコーナー「冗談音楽」が大人気となる.1951(昭26)年の「ボクはアマチュア・カメラマン」(小西六写真工業)を皮切りに「ワ・ワ・ワ・輪が三つ」(ミツワ石鹸)や「明るいナショナル」(松下電器)など,言葉のリズムを重視した軽快な旋律をもつCMソング1000曲あまりを作曲した.1965年糖尿病のために仕事から遠ざかっていたが,1969年日本テレビの「ゲバゲバ90分!」のギャグ総監修でカムバックした.(S)

● 亀倉雄策 KAMEKURA Yusaku ─────── 50・55・59
71・78・79・81・84・88・92・94・96・101・127
グラフィックデザイナー
1915(大4)~1997(平9).新潟県生まれ,新建築工芸学院卒業.A.M.カッサンドルのポスターに衝撃を受け,13歳でグラフィックデザイナーを志す.1938(昭13)年日本工房に入社し,『NIPPON』のアートディレクションを手がける.戦後は日本宣伝美術会,東京アートディレクターズクラブ,日本デザインコミッティー,日本グラフィックデザイナー協会(JAGDA)などの設立に関与.1960年には原弘*,山城隆ーらと日本デザインセンターを設立.1962年にフリーとなり亀倉デザイン室を主宰して活動する.東京オリンピックのポスターをはじめ,数々のCI,ロゴ,装幀を手がけ,終始日本のグラフィックデザインの第一人者としてデザイン界を牽引した.20冊刊行と定めて自ら編集した『クリエイション』を1989~94年まで発行.日本のデザインを世界的水準に高めた功績により1961年芸術選奨,1986年国際文化デザイン大賞を受賞.(S)

● 小杉二郎 KOSUGI Jiro ─────── 70・76・77
インダストリアルデザイナー
1915(大4)~1981(昭56).東京生まれ,東京美術学校図案科卒.兵役を経て1944(昭19)年商工省工芸指導所入所.戦後フリーのデザイナーとなり,1952年小杉インダストリアルデザイン研究所開設.同年設立の日本インダストリアルデザイナー協会創設メンバー.1954年には工業デザイナーとして日本初の個展「第1回小杉二郎製品デザイン展」を開催する.1955年には「マツダ三輪トラック」「蛇の目ミシン」で第1回毎日産業デザイン賞作品賞を受賞.1957年に小杉二郎工業デザイン研究室とし,「マツダR360クーペ」ほか,車両や照明器具,三条市の金物類のデザイン,FRPボディを使った自作の一点製作車「MK~

600」など，工業生産が容易な機能主義に徹したデザインを追求しつづけ，特許・実用新案数は200を超える．著書に『わがインダストリアル・デザイン』がある．(S)

● 柳宗理 YANAGI Sori ──── 69・76・77・80
インダストリアルデザイナー　　　　　　81・82・94
1915(大4)〜，東京美術学校西洋画科卒．1940(昭15)年に来日したシャルロット・ペリアン*のアシスタントとして全国を回り，「デザインのプロセス」を学ぶ．1942年に坂倉準三建築研究所研究員となるが，翌年徴兵され45年に退職．1946年から工業デザインに着手し，コロンビアの電蓄が第1回新日本デザインコンペ(1952年)で特賞1席に輝く．同年財団法人柳工業デザイン研究会を設立し，以後も国内外で数多くの賞を受賞．手がける製品も多岐にわたり，やかんや土瓶などの生活用具から家具，橋梁までを手がけている．デザインは作家の個人的な作品ではなく，大衆に無名で奉仕するものであるとする「アノニマウス・デザイン」を提唱し，父・柳宗悦*が見い出した民芸の精神を継承するものがモダンデザインであると説いた．1977年日本民芸館館長に就任，2002年文化功労章受章．(S)

■ 山本夏彦 YAMAMOTO Natsuhiko ──── 81
『室内』編集兼発行人，コラムニスト
1915(大4)〜2002(平14)．東京生まれ．ユニヴェルシテ・ウヴリエール終了．1933(昭8)年フランスより帰国．1939年に執筆活動を開始．1941〜45年求龍堂の編集・営業責任者となり，1944年PR誌『素描』を創刊．1950年に工作社を設立し，小住宅図集や家具の設計図集を出版．1955年インテリア専門誌『木工界』を創刊．類書がなく，創刊号は再三増刷されたという．1961年『室内』に改題．この時期の経緯は『「室内」40年』(1997)に詳しい．『木工界』に連載していたエッセイをまとめた最初のコラム集『日常茶飯事』を1962年に出版．新聞，週刊誌にコラムを執筆し，1989年第32回菊池寛賞を受賞している．(S)

■ 小池千枝 KOIKE Chie ──── 95
ファッション教育家
1916(大5)〜．長野県生まれ．文化裁縫女学校(現・文化服装学院)卒．卒業と同時に同校の教員となるが，1940(昭15)年に結婚退職．1947年復職後の1954年にパリ洋裁組合学校に留学し，イヴ・サンローランらと机を並べて立体裁断などの最新技術を修得．1955年帰国後，新たに設置されたデザイン科で立体裁断の授業を開始．日本人の体型に合った簡易な立体裁断の方法を編み出し，プレタポルテを推進．男子学生にも門戸を開いたデザイン科からはコシノヒロコ，コシノジュンコ，高田賢三*，松田光弘，金子功，山本耀司ほかのファッションデザイナーが巣立った．1983年学院長となり，1991(平3)年より名誉学院長．(S)

■ 浜口隆一 HAMAGUCHI Ryuichi ──── 85
建築・デザイン評論家
1916(大5)〜1995(平7)．東京生まれ．東京帝国大学建築学科卒．卒業設計は「満州国火力発電所」．1941(昭16)年慶応大学工学部予科講師，前川國男建築設計事務所在籍．1947年『ヒューマニズムの建築』でデビュー，1957年東京大学を辞任して建築評論家として自立．1958年桑沢デザイン研究所にジャーナリズム・コースを，1967年日本大学工学部建築学科にジャーナリズム研究室創設．1965年日本サイン・デザイン協会設立で顧問に就任，1989年日本サイン学会初代会長．デザインジャーナリズム，町並み保存，空間サイン学，ピクトグラム，森林地域計画学など，旺盛な好奇心でコミュニケーションと地域問題にコミット．著書は『市民社会のデザイン　浜口隆一評論集』(1998)．(M)

● 真野善一 MANO Zenichi ──── 50・77
インダストリアルデザイナー
1916(大5)〜．神奈川県生まれ．東京高等工芸学校工芸図案科卒．東京工業専門学校教授，千葉大学工学部意匠学科講師を経て，1951(昭26)年松下電器産業社長松下幸之助より宣伝部製品意匠係に招聘され，日本初の企業内プロダクトデザイナーとなる．1954年「ラジオDX-350」で第2回毎日工業デザインコンペ特選2席を獲得，1957年の毎日産業デザイン賞大賞受賞など，松下電器のデザインの下地をつくりあげた．3名で出発したデザイン部門は，1973年に創設された本社意匠センターの初代所長となる頃には200人以上を擁するようになる．1977年松下電器産業を定年退職後，武蔵野美術大学教授となり，1986年から名誉教授．1979〜81年インダストリアルデザイナー協会理事長も務める．(S)

● 長澤節 NAGASAWA Setsu ──── 95
ファッションイラストレーター
1917(大6)〜1999(平11)．福島県生まれ．文化学院美術科卒．画家として出発し，雑誌『新女苑』掲載の人物イラストで注目され，1954(昭29)年に長沢節スタイル画教室(後にセツ・モード・セミナー)開設．1961年渡仏，1968年「モノ・セックス」，1971年「ホモ・ジュッピー」(スカート族)なるファッションショーを開催．服づくりともアパレル産業とも無縁な自由人は，そのエスプリで花井幸子，金子功，浜野安宏，渡辺雪三郎，吉田ヒロミ，川久保玲，山本耀司，金子國義，四谷シモン，上野紀子など，ファッション，広告，雑誌等で活躍する多彩な人材を育てる．服飾，映画の評論でも定評を得る．著書は『スタイル画教室』『デッサン・モード』『わたしの水彩』『大人の女が美しい』など．(M)

● 早川良雄 HAYAKAWA Yoshio ──── 57・77・78・79
グラフィックデザイナー
1917(大6)〜．大阪生まれ．大阪市立工芸学校図案科卒．卒業後大阪の三越百貨店大阪支店装飾部に入社し，ウィンドーディスプレイの仕事を始めたが戦争により中断．戦後，1948(昭23)年に近鉄百貨店宣伝部でアートディレクターとして活動する．1951年日本宣伝美術会，「デモクラート美術家協会」創設メンバー．1954年大阪のカロン洋裁研究所内に早川良雄デザイン事務所を開設．グラフィック，舞台，タペストリーなどの様々な分野で活躍．独特の手描き文字のタイポグラフィ「カストリ明朝」や流麗なイラストレーションでも知られる．1955年には第1回毎日産業デザイ

賞を受賞したほか、1981年の第12回講談社出版文化賞、2003年毎日芸術賞など受賞多数。著書に『早川良雄の世界』などがある。(S)

■ 佐治敬三 SAJI Keizo ──────── 96
経営者（サントリー）
1919（大8）〜1999（平11）。大阪府生まれ。大阪帝国大学理学部化学科卒。サントリーの前身、赤玉ポートワインの寿屋を創業した鳥井信治郎の次男。1946（昭21）年寿屋に入社し、1961年社長に就任。戦後に売り出した安価な「トリスウイスキー」でウイスキーブームを演出して一時代を築く。同社宣伝部（後にサン・アド）の開高健、山口瞳、柳原良平らに腕を振るわせ、アンクル・トリスのCMやPR誌『洋酒天国』などを展開した。1963年にはサントリーと社名変更し、ビール業界にも乗り出す。1961年に設立したサントリー美術館は、企業経営を超えた文化事業を進めて企業メセナ推進の先駆けとなった。その後サントリー音楽財団や同文化財団のほか、サントリーホール、サントリーミュージアム[天保山]などを相次いで開設した。(S)

● 池辺陽 IKEBE Kiyoshi ──────── 80・81
建築家
1920（大9）〜1979（昭54）。釜山生まれ。東京帝国大学建築学科大学院修了。坂倉準三建築研究所を経て、1946（昭21）年より東大で教鞭をとり、1965年以降、生産技術研究所教授となる。1947年新日本建築家集団（NAU）創立に参加。建築家と社会の接点を住居に据え、1950年に「立体最小限住宅」を発表、74年までにNo.95まで設計した。住宅のモジュール化を目指し、モジュール研究会（1955年設立）、デザイナーや研究者・技術者の集まる「建築と工業を結ぶ会：DNIAS」（1965年設立）などを組織し、デザインと技術が支える住居を目指した。また、家事の中心であり、建築生産設備の工業化が集約するキッチンに着目し、『モダンリビング』誌上で台所研究を展開、その結果として「Tキッチン」を提案した。(S)

● 長谷川町子 HASEGAWA Machiko ──────── 90
漫画家
1920（大9）〜1992（平4）。佐賀県生まれ。山脇高等女学校卒。在学中から田河水泡に師事。戦前、『少女倶楽部』に「仲よし手帳」を連載。三人娘のおしゃまな生活を描いて人気を得た。戦後、1946（昭21）年「夕刊フクニチ」に「サザエさん」の連載を開始。1949年連載は「朝日新聞」に移り、以後25年間の長期連載となる。「サザエさん」は親子3世代の生活を中心に、敗戦後まもなくから高度成長期に至る庶民女性の逞しい生き方を描き、戦後の生活風俗史としても興味深い。1969年からTVアニメ化もされた。他の作品に「意地悪ばあさん」「エプロンおばさん」など。1985年、東京・世田谷に長谷川町子美術館を設立。没後の1992年に国民栄誉賞が授与された。(S)

● 石元泰博 ISHIMOTO Yasuhiro ──────── 79
写真家
1921（大10）〜。サンフランシスコ生まれ。シカゴ・インスティテュート・オブ・デザイン卒。3歳で父の郷里高知県に帰郷、1939（昭14）年再渡米。ノースウエスト大学建築科から転じてシカゴで写真を学ぶ。1953年に来日し、エドワード・スタイケンの「ザ・ファミリー・オブ・マン」展の日本の写真収集に携わった際に、桂離宮の撮影に着手、桂離宮の造形美そのものに着目し、モダニズムの文脈で印画紙に定着させた。1955年に設立されたグラフィック集団にも参加し、デザイナーやアーティストとの共同作業にも関わった。1969年に日本国籍を取得している。主な作品集に『ある日ある所』（1958年）、『桂──日本建築における伝統と創造』（英語版1960年、日本語版1971年）、『シカゴ・シカゴ』（1969年）などがある。(S)

■ 堤清二 TSUTSUMI Seiji ──────── 125
経営者（西武百貨店）、詩人・作家
1927（昭2）〜。東京都生まれ。東京大学経済学部卒。西武グループ創業者の堤康次郎の次男で、西武百貨店社長、会長を歴任。西武百貨店を中心に西友、パルコなどを含むセゾングループを形成した。現代美術やデザインを積極的に取り上げる美術館や実験的な上演を試みる劇場、映画館、ホール、出版社などを運営し、芸術性を重視した斬新な広告を展開。革新的な文化戦略を多角経営と融合させ、80年代の文化の先駆的役割を果たし、いわゆる「セゾン文化」を定着させた。また、企業経営と並行して、辻井喬という筆名で詩人、作家としても活動。1961（昭36）年に、詩集『異邦人』で第2回室生犀星詩人賞を受賞、1994（平6）年には『虹の岬』で第30回谷崎潤一郎賞を受賞する。(I)

● 手塚治虫 TEZUKA Osamu ──────── 90
漫画家、アニメーション作家
1928（昭3）〜1989（平1）。大阪府生まれ。本名・治。大阪大学付属医学専門部卒。中学時代より漫画を描きはじめ、1946（昭21）年にデビュー。戦後の赤本漫画として一世を風靡した「鉄腕アトム」「ジャングル大帝」などの名作を生み出し、斬新なコマ割りやドラマ構成で戦後漫画の方向性を決定づけた。手塚を慕ってアパート「トキワ荘」に集った若手からは石森章太郎、藤子不二雄らと人気漫画家が輩出している。1962年に虫プロダクションを設立し、TVアニメ「鉄腕アトム」「リボンの騎士」や劇場用アニメ映画、実験映画などを生み出す。1967年漫画雑誌『COM』を創刊。『火の鳥』『ブラックジャック』『アドルフに告ぐ』など名作と呼ばれる漫画を生涯描き続けた。1994（平6）年大阪に「宝塚市立手塚治虫記念館」が開館。(S)

■ 大賀典雄 OOGA Norio ──────── 77
ソニーデザイン室初代室長、経営者
1930（昭5）〜。東京芸術大学音楽学部声楽科卒。1950（昭25）年ベルリンの高等音楽学校に在籍中に東京通信工業（現・ソニー）創業者の一人井深大に招聘され、1953年から嘱託となる。1958年創業者盛田昭夫に要請され、それまで各設計科ごとにあったデザイン係と広告宣伝とを統括して1961年にデザイン室を発足させ、製品企画、宣伝、販売部門の統括責任者となる。デザイン室長としての最初の商品はFMラジオ「TFM-110」。「美しくない商品に"SONY"は

付けない」と語り、機能美を打ち出すデザインポリシーを確立していく。1968年のCBSソニーグループ設立に伴い代表取締役専務に就任、1970年に同社社長となる。1982年ソニーの代表取締役社長、1995年同会長に就任した。(S)

● 田中一光 TANAKA Ikko ────── 78・88・92・94・101
グラフィックデザイナー　　　102・106・113・129・136
1930(昭5)～2002(平14)。奈良県生まれ。京都市立美術専門学校卒業、鐘淵紡績を経て、1952年に産経新聞入社。早川良雄*の作品に傾倒し、また永井一正らとデザイン研究会「Aクラブ」を結成した。1954年に東京ADC銀賞を受賞したのを機に注目を集め、その後国内外のデザイン賞を次々と受賞。1957年上京し、ライトパブリシティに入社し、広告制作を手がけた。1960年に亀倉雄策*、原弘*らが創立した日本デザインセンターに参加。3年後に独立して田中一光デザイン室を主宰する。日本万博・政府館の展示、セゾングループや「無印良品」のアートディレクションなどを手がけた。主著に『デザインの周辺』、『デザインの前後左右』『田中一光自伝　われらデザインの時代』などがある。(I)

● 黒木靖夫 KUROKI Yasuo ────── 111・135
デザインディレクター
1932(昭7)～。宮崎県生まれ。千葉大学工学部工業意匠科卒。そごうを経て、1960(昭35)年ソニーに入社し、広告課に配属された数か月後、ソニーのロゴタイプをデザインする。その後外国部に異動し、1962年にはニューヨーク五番街に出す海外初のショールームの担当者に抜擢される。クリエイティブ室長在任中に、「プロフィールテレビ」「ウォークマン」の商品開発のほか、つくば科学博のジャンボトロンを統括した。特に「ウォークマン」はその携帯性とファッション性に優れたデザインにより、音楽を聴きながら歩くという新しいスタイルを世界中に定着させた。独立後、富山総合デザインセンター所長となる。著書に『ウォークマン流企画術』『大事なことはすべて盛田昭夫が教えてくれた』など。(I)

● 杉浦康平 SUGIURA Kohei ────── 78・93・102
グラフィックデザイナー　　　　　　　106・136
1932(昭7)～。東京生まれ。東京芸術大学建築科卒。1960(昭35)年、若手デザイナーの1人として世界デザイン会議のグラフィックデザインを担当し、東京オリンピックでは、勝見勝*のディレクションでまとめられた「デザイン・ガイド・シート」のマークの使用原則を作成した。1964～67年、バウハウスの流れをくむドイツのウルム造形大学に客員教授として招聘される。滞独中に特にアジア文化への関心を強めた。1970年頃からエディトリアルデザインに力を入れ、『銀花』や『遊』などの雑誌のアートディレクションを手がけ、実験的なダイアグラムにも取り組む。1980年に「マンダラ展」の企画構成を担当。曼荼羅を中心とするアジアの図像研究を展開し、西洋的な思考とは異なるアジア的なデザインを切り開いた。『かたち誕生』『生命の樹・花宇宙』など著作多数。(I)

● 堀内誠一 HORIUCHI Seiichi ────── 130・131
グラフィックデザイナー、イラストレーター
1932(昭7)～1987(昭62)。東京生まれ。伊勢丹宣伝部を経て、1955(昭30)年、アドセンター創立に参加。広告とエディトリアルデザインを担当し、『平凡日記』などを手がける。1958年に出版した絵本『くろうまブランキー』を機に、絵本のイラストレーターとしても活躍する。平凡出版の雑誌を多く手がけ、1959年発刊の『週刊平凡』では、写真家の立木義浩らとファッションページのデザインを担当。1970年の『アンアン』創刊時にはアートディレクターを務めた。同誌の斬新なデザインは、多くのデザイナーに影響を与え、ファッション誌の方向性を決定づける。1974～81年、パリ郊外に住む。イラストと文で構成した『パリからの手紙』『堀内誠一の空とぶ絨毯』などの著書がある。(I)

● 倉俣史朗 KURAMATA Shiro ────── 100・101・104
インテリアデザイナー　　　　　　129・130・131・134
1934(昭9)～1991(平3)。東京生まれ。桑沢デザイン研究所卒。三愛宣伝課時代に、東京・銀座の三愛ビルのショーウィンドウディスプレイを担当し、ファッションを取り巻く空間のデザインに取り組む。1965(昭40)年にクラマタデザイン事務所を設立、商業施設などのインテリアを手がける。1976年に三宅一生*の最初のブティックをデザインし、1980年代にはDCブランドのファッションブティックのデザインで評価を確立する。家具デザインの分野では、1970年に「変形の家具」を発表し、以後、変形やイリュージョンの効果を生かしたデザインによって、欧州の前衛デザイン運動に接近していく。1981年から83年まで、イタリアのメンフィスに参加。数多くの代表作が海外の美術館に収蔵されている。(I)

● 横尾忠則 YOKOO Tadanori ────── 78・101・103
画家、グラフィックデザイナー　　　　　　105・106
1936(昭11)～。兵庫県生まれ。兵庫県立西脇高等学校卒。ナショナル宣伝研究所を経て、1960(昭35)～64年日本デザインセンターに在籍。1960年代唐十郎の状況劇場、寺山修司の天井棧敷のポスターをはじめ、『平凡パンチ』などの雑誌媒体でもサイケデリックなデザインやイラストレーションを発表し、爆発的な人気を得て時代の寵児となる。1965年に田中一光*、永井一正らを中心とする「ペルソナ」展に参加。1969年パリ青年ビエンナーレ版画部門大賞、ワルシャワ国際ポスタービエンナーレで金賞受賞、1975年毎日デザイン賞など国内外で受賞多数。1981年に「画家宣言」し、デザインと訣別する。1984年には郷里に横尾作品を常設する西脇市岡之山美術館が開館した。(S)

● 石井幹子 ISHII Motoko ────── 104・135・136
照明デザイナー
1938(昭13)～。東京生まれ。東京芸術大学美術学部卒。卒業後、東京のデザイン会社で照明器具のデザインを手がけたことで「光」に関心を持つ。照明器具のデザイナーを志して、1965(昭40)～66年、フィンランド・ヘルシンキのストックマンオルノ社に勤務。さらに建築空間の照明を学ぶために1966～67年、ドイツ・デュッセルドルフのリヒト・イ

ム・ラウム社で働く. 帰国後1968年に石井幹子デザイン事務所を設立. 1975年に沖縄海洋博覧会の照明計画を手がけたほか, 1986年に横浜市の主要な施設をライトアップするライトアップフェスティバルを催し, 都市環境照明に対する一般の関心を喚起した. 東京駅舎, 東京タワー, 明石海峡大橋, 東京湾レインボーブリッジなどの照明デザインで, 国内外から高く評価される. 「光文化会議」を主宰. (I)

● 三宅一生 Miyake Issey ─────── 92・**128**・**129**
ファッションデザイナー　　　　　　130・131・**152**
1938(昭13)〜. 広島県生まれ, 多摩美術大学図案科卒. 1965(昭40)年に渡仏し, パリ・クチュール組合の学校「エコール・ドゥ・クチュール・パリジェンヌ」で学んだ後, ギイ・ラロッシュ, ジヴァンシーのアトリエに勤務する. その後, ニューヨークに渡り, 研鑽を積んだ. 1969年に帰国し, 翌年三宅デザイン事務所を開設. 1971年にニューヨークで初のコレクションを開催し, 1973年からパリ・コレクションに参加して, 世界的な評価を得る. 「一枚の布」という独自のコンセプトを追求し, 西洋的な服づくりではなく, 布が身体に沿うという新しい発想を進化させていった. 1993年に, ファッション史上の発明と言われた「プリーツプリーズ」を発表. 1999(平11)年には, 「一枚の布」のコンセプトをさらに発展させたA-POCで, 大きな反響を呼ぶ. (I)

● 石岡瑛子 ISHIOKA Eiko ─────── 124・**125**
アートディレクター
1939(昭14)〜. 東京生まれ. 東京芸術大学美術学部卒. 1961(昭36)年, 資生堂宣伝部に入社. 1963年の「第13回日宣美展」特選受賞を皮切りに, 毎日デザイン賞特別賞, ADC金賞などをたて続けに受賞. 1965年の日宣美賞は女性初の受賞として注目された. 1970年に石岡瑛子デザイン室を設立. 1970年代に手がけたパルコのアートディレクションによって広告表現に新たな方向性を示した. 1982年にニューヨークで個展を開催. 1985年には美術を担当した映画「Mishima」がカンヌ映画祭で特別賞を受賞. 1980年代後半にニューヨークに拠点を移す. マイルス・デイビスの「Tutu」のレコードジャケットデザインでグラミー賞, フランシス・コッポラ監督「ドラキュラ」でアカデミー賞コスチュームデザイン賞に輝くなど, グラフィック, 映像, 舞台など幅広い分野で世界的な評価を確立. (I)

● 高田賢三 TAKADA Kenzo ─────── 95・**128**・**129**
ファッションデザイナー
1939(昭14)〜. 兵庫県生まれ. 文化服装学院デザイン科卒. 1965(昭40)年に渡仏し, 1970年パリにブティック「ジャングル・ジャップ」を開店する. プレタポルテのメーカーとして精力的に作品を発表し, 世界的に注目を集めた. インドやアフリカの民族衣装をベースにしたエスニックな感覚, 「ルーマニアルック」などのフォークロア調, 直線裁ちの平面的なフォルムを取り入れたアンチ・クチュールなど, 斬新な造形がオートクチュールの伝統に縛られていたパリのファッション界に新風を吹き込んだ. 80年代になると, 高田の美意識とは異なる方向にファッションの潮流が向かいはじめ, 1993(平5)年, ケンゾー社をモエ・ヘネシー・ルイヴィトン社に売却. 1999年にはデザイナーとして第一線から引退したが, 2002年に復帰した. (I)

● 宮崎駿 MIYAZAKI Hayao ─────── **123**
アニメーション作家・映画監督
1941(昭16)〜. 東京生まれ. 学習院大学卒. 卒業後, 東映動画に入社. 「ひみつのアッコちゃん」をはじめ, アニメの原画, 動画から脚本, 演出まで手がけた. 1971(昭46)年に東映動画を退社後, いくつかのプロダクションを経ながら, 「アルプスの少女ハイジ」「母をたずねて三千里」などの人気TVアニメの制作に携わり, 1979年の劇場用長編アニメ「ルパン三世　カリオストロの城」では初めて監督を務めた. 1985年, スタジオジブリ設立に参加し, 以後「となりのトトロ」「もののけ姫」など, 原作, 脚本, 監督を担当した数々の映画をヒットさせ, 「宮崎アニメ」と呼ばれるジャンルを築く. 2001(平13)年に公開された「千と千尋の神隠し」は国内外で高く評価され, 長編アニメ部門アカデミー賞受賞, ベルリン映画祭の金熊賞など数々の賞に輝いた. (I)

● 宮本茂 MIYAMOTO Shigeru ─────── 121・**122**
ゲームデザイナー
1952(昭27)〜. 京都生まれ. 金沢市立美術工芸大学工業デザイン専攻卒. 1977(昭52)年, 任天堂に入社し, キャラクターのデザインやゲーム制作などを担当. 入社3年目に企画した業務用ビデオゲーム「ドンキーコング」(1981年)が大ヒットする. シューティングゲーム全盛の時代にストーリー性を重視したコンセプトがゲームに新たなジャンルを切り開いた. 1983年に任天堂が発売した「ファミコン」用にゲームを次々と開発. 家庭に浸透させる. 特に1985年の「スーパーマリオブラザーズ」は世界中でヒットし, ビデオゲームを世界に定着させた. 1986年の「ゼルダの伝説」を始め, 数々のゲームのデザイン, プロデュースを手がけ, ゲームデザイナーとして国内外で知名度が高まる. 2001(平13)年に取締役情報開発本部本部長に就任. (I)

おわりに

　カラー版シリーズ『世界デザイン史』の隣に『日本デザイン史』が並ぶのが願いだった．同じ棚に『日本美術史』があったらなお好ましいとも思えた．
　1990年代に入ってもデザイン教育機関の設立ラッシュは衰えず，一般大学にメディアやデザインを掲げる学部や学科が続々と設立されている現在である．21世紀に入り，日本デザインコミッティー，日本インダストリアルデザイナー協会，日本デザイン学会が相前後して創立50周年を迎え，アジアデザイン国際会議や世界グラフィックデザイン会議がわが国で開催される．こうした時期に，コンパクトながら日本のデザインを概説する本書をシリーズに加えることができた．
　さいわい，デザインに関連の深い企業，各種デザイン協会，学会などが，それぞれの歴史を展覧会および出版物にまとめようとの気運が強く，美術館もそうした企画を受け入れるようになって，通史を著すのに必要な基礎資料が出揃いつつある．本書は，そうした各方面の企画に負うところが大きい．シリーズ本の性格から本文中に引用のかたちはとっていないものの，参考文献ならびに図版提供等で示した各位に執筆者一同，深く感謝の意を表したい．ご批判も仰ぎたい．
　編集方針としては，デザイン運動史にとどまらない，産業社会史，生活文化史的側面からの記述を加え，プロダクトを主軸に据えつつも現在成立しているデザインの各ジャンルをカバーすることとした．美術―工芸―工業，美術―応用美術―商業美術，図案―意匠―設計といったデザイン概念をめぐる変遷は，1～3章で触れてある．また，著名デザイナーの列伝にしようとしなかったことは，巻末の「日本のデザインをつくった108人」の人選からも分かることだろう．時代区分は，世界デザイン史上の区分というより，日本社会と世界との関わりの上で重要な年度を採用することとした．ペリー来航（1853年），ロシア革命（1917年），満州事変（1931年），サンフランシスコ講和条約発効（1952年），ニクソン・ショック（1971年），東西冷戦終結（1990年）が区切りの年である．
　序章には「デザイン日本の源流」を設け，明治維新によるそれ以前の造形との断絶よりも，むしろ継続に焦点を当てようと試みている．東京国立博物館の創立130周年記念特別展「江戸蒔絵―光悦・光琳・羊遊斎―」のキャッチフレーズが＜デザインの極み，金・銀の技＞だったように，もとより＜デザイン的＞と評されることの多い日本美術である．水尾比呂志の『デザイナー誕生』は安土桃山―江戸を対象とし，出原栄一が『日本のデザイン運動』で示した「デザインの三つの条件」である，生活の実用品，製作以前に形態を決定，美観の追求は，「源流」で示した時代の造形にもおおむねあてはまるように思う．
　デザインを志す若い世代が，本書を入口として自らの歴史に関心を深めることを願いたい．

森山明子

参考文献リスト

※書名｜著編者・展覧会開催館（カタログの場合）｜発行所｜発行年
※発行年（再版の場合は最新刊）順に記載
※展覧会の巡回先が複数館ある場合は、原則最初の一館ほかとした
※カタログの展示場と発行所が同じ場合は記載をまとめた
※執筆時の参考文献の中から、一般読者の参考図書として有益であろうものを選択した。また、なるべく発行年の新しいものから選んだ
※各章をまたがるものについては、原則として最初の章に入れた
※雑誌は末尾にまとめた

歴史・辞典

■昭和史［新版］｜遠山茂樹、今井清一、藤原彰｜岩波書店（岩波新書）｜1959
■日本出版文化史｜岡野他家夫｜春歩堂｜1959
■日本産業百年史｜有沢広巳監修｜日本経済新聞社｜1966
■近代日本経済史　資本主義の成立・発展・崩壊｜山本弘文、寺谷武明、奈倉文二｜有斐閣｜1980
■新潮世界美術辞典｜新潮社｜1985
■インテリアデザイン事典｜豊口克平監修｜理工学社｜1987
■デザインの事典｜廣田長治郎｜朝倉書店｜1988
■昭和史Ⅰ　1926-1945｜中村隆英｜東洋経済新報社｜1993
■日本経済——その成長と構造［第3版］｜中村隆英｜東大出版会｜1993
■昭和経済史　上・中・下｜三橋規宏、内田茂男｜日本経済新聞社｜1994
■日本産業史　全4巻｜髙村寿一、小山博之編｜日本経済新聞社｜1994
■戦後史大辞典｜佐々木毅、鶴見俊輔、富永健一、中村政則、正村公宏、村上陽一郎編｜三省堂｜1995
■明治・大正家庭史年表　1868-1925｜下川耿史、家庭総合研究会編｜河出書房新社｜1997
■昭和・平成家庭史年表　1926-1995｜下川耿史、家庭総合研究会編｜河出書房新社｜1997
■日本の近代　1-16巻｜中央公論新社｜1999
■日本美術館全一巻｜小学館｜2000
■戦時期日本の精神史1931～1945｜鶴見俊輔｜岩波学術文庫｜2001
■現代デザイン事典　2002年版｜勝井三雄監修｜平凡社｜2002

デザイン史概説・通史・社史

■日本の広告美術—明治・大正・昭和1～3｜東京アートディレクターズクラブ編｜美術出版社｜1967-68
■日本デザイン小史｜日本デザイン小史編集同人編｜ダヴィッド社｜1970
■紫匂ふ比叡のみ山—京都工芸繊維大学工芸学部70年史｜作道好男、江藤武人｜財界評論新社｜1972
■コスガ110年史　コスガ110年の歩み｜社史編纂委員会編｜コスガ｜1973

■日本生活文化史　全10巻｜河出書房新社｜1974
■世界のグラフィックデザイン　全7巻｜講談社｜1974-76
■工芸ニュース総集編｜工芸財団｜1977
■東芝百年史｜東京芝浦電気｜1977
■資生堂宣伝史　歴史・現代・花椿抄｜資生堂編集室｜資生堂｜1979
■近代日本の産業デザイン思想｜柏木博｜晶文社｜1979
■日本広告発達史　上・下｜内川芳美編｜電通｜1980
■ファッション化社会史—ハイカラからモダンまで｜柳洋子｜ぎょうせい｜1982
■精緻の構造｜日本インダストリアルデザイナー協会｜六耀社｜1983
■特許制度100年史　上・下・別巻｜特許庁｜1984
■新世紀への翔き　伊勢丹100年のあゆみ｜1986
■キヤノン史　技術と製品の50年｜キヤノン史編集委員会｜キヤノン｜1987
■東京芸術大学百年史　東京美術学校篇　第1-3巻・別巻｜東京芸術大学編｜ぎょうせい｜1987-97
■意匠制度100年の歩み｜特許庁｜1988
■錬技抄　川島織物145年史｜川島織物｜1989
■日本のポスター史　1800's-1980's｜名古屋銀行40周年記念『日本のポスター史』編纂委員会｜名古屋銀行｜1989
■日本のインダストリアルデザイン—昭和が生んだ名品100｜工芸財団編｜丸善｜1989
■日本の近代デザイン運動史　1940年代～1980年代｜工芸財団｜ぺりかん社｜1990
■モノ誕生—いまの生活｜水牛くらぶ編｜晶文社｜1990
■日本広告表現技術史—広告表現の120年を担ったクリエイターたち｜中井幸一｜玄光社｜1991
■武蔵野美術大学60年史｜武蔵野美術大学｜1991
■日本のデザイン運動（増補版）—インダストリアルデザインの系譜｜出原栄一｜ぺりかん社｜1992
■日本の近代建築　上・下｜藤森照信｜岩波書店（岩波新書）｜1993
■ディスプレイ百年の旅｜乃村工芸社｜1993
■天童木工五十年史　近代デザイン年譜｜大山勝太郎、清野真司、菊池清五、菅沢光政、加藤昌宏、桜井久喜編｜天童木工｜1993
■雑誌100年の歩み　1874-1990｜塩澤実信著｜グリーンアロー出版社｜1994
■デザイン"遣唐使"のころ：昭和のデザイン＜パイオニア編＞｜日経デザイン編｜日経BP社｜1995
■てんとう虫は舞いおりた：昭和のデザイン＜エポック編＞｜日経デザイン編｜日経BP社｜1995
■メイド・イン・ジャパンの時代：昭和のデザイン＜プロダクト編＞｜日経デザイン編｜日経BP社｜1996
■時代を創ったグッド・デザイン｜日本産業デザイン振興会｜1996
■現代世界のグラフィックデザイン｜講談社｜1998
■語り継ぎたいこと｜本田技研工業広報部｜本田技研工業｜1999
■日本のタイポグラフィックデザイン1925-95｜ギンザ・グラフィック・ギャラリー｜トランスアート｜1999
■CM殿堂—時代を超えるアイディアとクリエイターたち｜全日本シーエム放送連盟（ACC）編｜宣伝会議｜2000

- TREND 2000―情報コミュニケーションの100年｜田中隆, 矢尾雅義, 桜田弘, 菅原道, 井口幸一｜凸版印刷｜2000
- 印刷博物誌｜凸版印刷｜2001
- 電通100年史｜電通｜2001
- 国際デザイン史:日本の意匠と東西交流｜デザイン史フォーラム編｜思文閣出版｜2001
- 図説・近代日本住宅史　幕末から現代まで｜内田青蔵, 大川三雄, 藤谷陽悦編著｜鹿島出版会｜2001
- 戦後ファッションストーリー 1945-2000(増補版)｜千村典生｜平凡社｜2001
- 三洋電機五十年史｜三洋電機コーポレーションコミュニケーション部編｜三洋電機｜2001
- DNP125｜大日本印刷｜2002

展覧会カタログ｜通史

- 近代デザインの展望展｜京都国立近代美術館｜1969
- 『白樺』の世紀展｜西宮市大谷記念美術館｜1981
- 特別展　ポスター　東と西｜博物館明治村｜名古屋鉄道, 博物館明治村｜1983
- モダニズムの工芸家たち展―金工を中心にして｜東京国立近代美術館工芸館｜1983
- 都市と美術　大阪・神戸のモダニズム　1920〜1940展｜兵庫県立近代美術館｜1985
- 現代デザインの展望｜京都国立近代美術館, 東京国立近代美術館｜1985-86
- 都市と美術―関西のグラフィック・デザイン 1920-1951展｜兵庫県立近代美術館｜1986
- モダン昭和展｜松坂屋銀座店ほか｜モダン昭和展図録編集委員会, NHKサービスセンター｜1987
- 東京藝術大学創立100周年記念展[デザイン・建築]｜朝日新聞社｜1987
- ポスター日本　グラフィックデザインの確立と展開｜練馬区美術館｜1987
- 武田五一・人と作品｜博物館明治村｜1987
- ジャポニスム展―19世紀西洋美術への日本の影響｜グラン・パレ(パリ), 国立西洋美術館, 国立西洋美術館, 国際交流基金, 日本放送協会, 読売新聞社｜1988
- 1920年代・日本展―都市と造形のモンタージュ｜東京都美術館ほか｜朝日新聞社｜1988
- 日本の伝統パッケージ｜目黒区美術館｜1988
- 図案の変遷　1868-1945｜東京国立近代美術館｜長谷部満彦, 白石和己, 金子賢治, 樋田豊次郎編｜東京国立近代美術館｜1988
- 世界のポスター美術館　第2部:日本のポスター史展｜ICA, Nagoya｜1989
- グラフィックデザインの今日展｜京都国立近代美術館工芸館｜東京国立近代美術館｜1990
- 日本の眼と空間展―もうひとつのモダン・デザイン｜セゾン美術館｜1990
- マネキン展―笑わないイヴたち｜INAXギャラリー名古屋｜1990
- 東京駅と辰野金吾　駅舎の成り立ちと東京駅のできるまで｜東京ステーションギャラリー｜東日本旅客鉄道｜1990
- 大正「住宅改造博覧会」の夢展―箕面・桜ヶ丘をめぐって｜INAXギャラリー｜1991
- 芸術と広告展｜セゾン美術館ほか｜セゾン美術館, 兵庫県立近代美術館, 朝日新聞社文化企画局｜朝日新聞社｜1991
- 子どもの本・1920年代展｜東京都庭園美術館｜日本国際児童図書評議会事業委員会, 子どもの本・1920年代展実行委員会｜日本国際児童図書評議会｜1991
- 日本の眼と空間展―近代の趣味:装飾とエロス 1900-1945｜セゾン美術館｜1992
- 東京国立博物館―目でみる120年展｜東京国立博物館｜1992
- アドバタイジング・アート史展 1950-1990　広告という時代透視法｜東京ステーションギャラリー｜美術出版社｜1993
- デザイン・メイド・イン・ニッポン　日本インダストリアルデザインの歩み｜広島市現代美術館｜広島市現代美術館, インダストリアルデザイン展実行委員会｜1993
- サントリーミュージアム[天保山]開館記念　美女100年展―ポスターに咲いた時代の華たち｜サントリーミュージアム[天保山]｜1994
- 多摩美術大学創立60周年記念展図録―広告デザインの誕生から現代まで｜日本橋三越本店7階ギャラリー｜多摩美術大学｜1995
- 日本のブックデザイン 1946-95｜ギンザ・グラフィック・ギャラリー｜トランスアート｜1995
- 戦後文化の軌跡 1945-1995展｜目黒区美術館ほか｜朝日新聞社｜1995
- made in Japan 1950-1994　世界に花開いた日本のデザイン｜サントリーミュージアム[天保山]｜1996
- 20世紀日本美術再見展…1920年代｜三重県立美術館｜1996
- 日本工芸の青春期 1920s-1945展｜北海道立近代美術館ほか｜美術館連絡協議会, 読売新聞社｜1996
- デザインの揺籃時代展―東京高等工芸学校の歩み[1]｜松戸市立博物館｜松戸市教育委員会｜1996
- 阪神間モダニズム展―ハイカラ趣味と女性文化(資料集)｜芦屋市谷崎潤一郎記念館｜芦屋市谷崎潤一郎記念館, 芦屋市文化振興財団｜1997
- 鹿鳴館の建築家　ジョサイア・コンドル展｜東京ステーションギャラリー｜1997
- 日本の版画 I 　1900-1910　版のかたち百相｜千葉市美術館, 櫛形町立春仙美術館｜千葉市美術館｜1997
- アドバタイジング・アート史展 1991-1995　Re-の時代｜東京ステーションギャラリー｜東日本鉄道文化財団｜1997
- 京都の工芸 [1910-1940]―伝統と変革のはざまに｜京都国立近代美術館, 東京国立近代美術館｜松原龍一, 小倉実子, 川野朋子編｜京都国立近代美術館｜1998
- 日本のライフ・スタイル50年展―生活とファッションの出会いから｜宇都宮美術館ほか｜宇都宮美術館, 広島市現代美術館, 美術館連絡協議会, 読売新聞社｜1998
- 工芸のジャポニスム展｜東京都庭園美術館ほか｜NHK, NHKプロモーション｜1998
- モガ・モボ 1910-1935展｜ニュー・サウス・ウェールズ州立美術館, 神奈川県立近代美術館｜神奈川県立近代美術館｜1998
- 美と知のミーム, 資生堂｜オリベホール｜資生堂｜1998
- 今竹七郎:モダンデザイン・絵画の先駆者｜西宮市大谷記念美術館｜1998
- 視覚の昭和 1930-40年代展―東京高等工芸学校の歩み[2]｜松戸市立博物館｜松戸市教育委員会｜1998
- 日本のタイポグラフィックデザイン 1925-95｜ギンザ・グラフィック・ギャラリー｜トランスアート｜1999
- 20世紀日本美術再見展…1930年代｜三重県立美術館｜1999

- 日本の生活デザイン展──20世紀のモダニズムを探る｜リビングデザインセンターOZONE, 国際デザインセンター｜建築資料研究社｜1999
- 日本の前衛展──Art into Life 1900-1940｜水戸芸術館, 京都国立近代美術館｜京都国立近代美術館｜1999
- アール・デコと東洋──1920～30年代・パリを夢みた時代｜東京都庭園美術館｜2000
- 近代デザインに見る生活革命展──大正デモクラシーから大阪万博まで｜宇都宮美術館｜宇都宮美術館, 松戸市教育委員会, 美術館連絡協議会, 読売新聞社｜2000
- 万国博覧会と近代陶芸の黎明展｜愛知県陶磁資料館, 京都国立近代美術館｜愛知県陶磁資料館, 京都国立近代美術館｜2000
- 前衛と反骨のダイナミズム展──大正アヴァンギャルドからプロレタリア美術へ｜市立小樽美術館｜2000
- 木炭バスの走ったころ──代用品にみる戦中・戦後のくらし｜名古屋市博物館｜2000
- デザインにっぽんの水脈展──東京高等工芸学校の歩み[3]｜松戸市立博物館｜松戸市教育委員会｜2000
- 岡本太郎 EXPO'70 太陽の塔からのメッセージ｜川崎市岡本太郎美術館ほか｜2000
- 香りのデザイン展──女性をめぐる生活史と香水文化｜宇都宮美術館｜2001
- 近代デザインの系譜 国立陶磁器試験所の研究と試作｜愛知県陶磁資料館｜2001
- 1930年代日本の印刷デザイン展──大衆社会における伝達｜東京国立近代美術館フィルムセンター｜東京国立近代美術館｜2001
- MADORI 日本人とすまい6 間取り｜リビング・デザインセンターOZONE｜2001
- 柳瀬正夢展｜愛媛県美術館, 福岡県立美術館, 宮城県美術館｜2001
- モダニズムを生きる女性展──阪神間の化粧文化｜芦屋市立美術博物館｜2002
- 描かれた明治ニッポン展──石版画の時代（図録＋研究編）｜神戸市立博物館ほか｜描かれた明治ニッポン展実行委員会, 毎日新聞社｜2002
- 「ゴジラの時代 SINCE GODZILLA」展｜川崎市岡本太郎美術館｜2002
- KAJI 日本人とすまい7 家事｜リビング・デザインセンターOZONE｜2002
- 1960年代グラフィズム｜印刷博物館｜2002
- 極東ロシアのモダニズム1918-1928展──ロシア・アヴァンギャルドと出会った日本｜町田市立国際版画美術館ほか｜極東ロシアのモダニズム展開催実行委員会, 東京新聞｜2002
- ダンス！──20世紀初頭の美術と舞踏展｜栃木県立美術館｜2003

展覧会カタログ｜個人・企業

- 名取洋之助の仕事｜西武美術館｜1978
- 内藤春治展｜岩手県立博物館｜1983
- 遠藤新生誕100年記念展──人間・建築・思想｜INAXギャラリー｜1989
- グラフィックの時代──村山知義と柳瀬正夢の世界展｜板橋区立美術館｜1990
- ねじ釘の画家──没後45年 柳瀬正夢展｜武蔵野美術大学美術資料図書館｜柳瀬正夢作品整理委員会｜ムサシノ出版｜1990
- フランク・ロイド・ライト回顧展｜セゾン美術館ほか｜フランク・ロイド・ライト回顧展実行委員会｜毎日新聞社｜1991
- フィリップ・バロス コレクション 絵葉書芸術の愉しみ展｜エリカ・ベシャール＝エルリー, ユベール・ドラエ（太田泰人翻訳）｜朝日新聞社｜1992
- 銀座モダンと都市意匠──今和次郎, 前田健二郎, 山脇巌・道子, 山口文象｜資生堂ギャラリー｜資生堂企業文化部, アルス・マーレ企画室｜1993
- 里見宗次卒寿記念──里見宗次とモンパルナスの日本人画家たち展｜ナビオ美術館ほか｜毎日新聞社｜1994
- 日本モダンデザインの旗手──杉浦非水展｜たばこと塩の博物館｜1994
- 恩地孝四郎展──色と形の詩人｜横浜美術館ほか｜読売新聞社, 美術館連絡協議会｜1994
- 倉俣史朗の世界 Shiro Kuramata 1934-1991｜原美術館, アルカンシェール美術財団｜1996
- 世界的建築家の大いなる遺産──フランク・ロイド・ライトと日本展｜伊勢丹美術館ほか｜シーボルト・カウンシル｜1997
- 「平常」の美・「日常」の神秘──柳宗悦展｜三重県立美術館｜1997
- 柳宗理デザイン｜セゾン美術館｜1998
- 山名文夫展──永遠の女性像・よそおいの美学｜目黒区美術館｜1998
- 明治デザインの先駆者──納富介次郎と四つの工芸・工業学校展｜佐賀県立美術館, 高岡市美術館｜2000
- 生誕110年記念──広川松五郎・髙村豊周展｜新潟県立近代美術館｜2000
- モダンデザインの先駆者──富本憲吉展｜そごう美術館, 奈良そごう美術館｜朝日新聞社｜2000
- 夢二1884-1934展──アヴァンギャルドとしての抒情｜町田市立国際版画美術館｜2001
- 今純三・今和次郎展──ふたりが描いた大正・昭和のくらしと風景｜青森県立郷土館｜2002
- 浅井忠の図案展｜愛媛県美術館, 佐倉市立美術館｜愛媛県美術館, 佐倉市立美術館, 産経新聞社｜2002
- クリストファー・ドレッサーと日本展｜郡山市立美術館ほか｜「クリストファー・ドレッサーと日本展」カタログ委員会｜2002
- 「生活」を「芸術」として 西村伊作の世界展｜神奈川県立近代美術館, 和歌山県立近代美術館｜NHKきんきメディアプラン｜2002
- 松園壽とその時代展｜松戸市戸定歴史館｜松戸市教育委員会｜2002
- 横尾忠則 森羅万象｜東京都現代美術館, 広島市現代美術館｜美術出版社｜2002

1章

- 日本広告産業発達史研究｜中瀬寿一｜法律文化社｜1968
- 食生活近代史──食事と食品｜大塚力｜雄山閣出版｜1969
- 服飾近代史──衣裳と服飾｜遠藤武｜雄山閣出版｜1970
- 近代図案物語｜比沼悟｜京都書院｜1971
- 考現学｜今和次郎｜ドメス出版｜1971
- 工芸志料｜黒川真頼（前田泰次校訂）｜平凡社（東洋文庫）｜1974（明治11, 21年の復刻）
- 体験的デザイン史｜山名文夫｜ダヴィッド社｜1976
- 豊田勝秋──近代工芸先駆者の生涯｜中牟田佳彰｜西日本新聞社｜1977

- ■悲喜劇・1930年代の建築と文化｜同時代建築研究会｜現代企画室｜1981
- ■日本人のすまい――住居と生活の歴史｜稲葉和也, 中山繁信｜彰国社｜1983
- ■明治のエンジニア教育｜三好信浩｜中公新書｜1983
- ■近代日本の異色建築家｜近江栄, 藤森照信｜朝日新聞社（朝日選書）｜1984
- ■鹿鳴館――擬西洋化の世界｜富田仁｜白水社｜1984
- ■図説万国博覧会史 1851-1942｜吉田光邦｜思文閣出版｜1985
- ■モダン化粧史――粧いの80年｜津田紀代, 村田孝子｜ポーラ文化研究所｜1986
- ■浅井忠画集｜嘉門安雄｜京都新聞社｜1986
- ■日本の広告｜山本武利, 津金澤聰廣｜日本経済新聞社｜1986
- ■万国博覧会の研究｜吉田光邦｜思文閣出版｜1986
- ■肖像のなかの権力｜柏木博｜平凡社｜1987
- ■日本近代写真の成立｜金子隆一ほか｜青弓社｜1987
- ■郊外住宅地の系譜――東京の田園ユートピア｜山口廣｜鹿島出版会｜1987
- ■鹿鳴館の貴婦人 大山捨松――日本初の女子留学生｜久野明子｜中央公論社｜1988
- ■眼の神殿｜北澤憲昭｜美術出版社｜1989
- ■明治の迷宮都市｜橋爪紳也｜平凡社｜1990
- ■大正の夢の設計家――西村伊作と文化学院｜加藤百合｜朝日新聞社（朝日選書）｜1990
- ■昭和生活文化年代記1――戦前｜三國一朗｜TOTO出版｜1991
- ■恩地孝四郎装幀美術論集 装幀の使命｜恩地孝四郎｜阿部出版｜1992
- ■近代日本のデザイン文化史 1986-1926｜榧野八束｜フィルムアート社｜1992
- ■叢書L'ESPRIT NOUVEAU 7 モダン都市の表現｜鈴木貞美｜白地社｜1992
- ■黒髪と化粧の昭和史｜廣澤榮｜岩波書店（岩波同時代ライブラリー）｜1993
- ■「敗者」の精神史｜山口昌男｜岩波書店｜1994
- ■家事の政治学｜柏木博｜青土社｜1995
- ■＜日本美術＞誕生 近代日本のことばと戦略｜佐藤道信｜講談社｜1996
- ■内国勧業博覧会美術部出品目録｜東京国立文化財研究所編｜中央公論美術出版｜1996
- ■明治デザインの誕生 調査研究報告書『温知図録』｜東京国立博物館編｜国書刊行会｜1997
- ■東京・関東大震災前後｜原田勝正, 塩崎文雄｜日本経済評論社｜1997
- ■シリーズ講演 デザインの揺籃時代｜森仁史編｜東京美術｜1997
- ■阪神間モダニズム 六甲山に花開いた文化,明治末期-昭和15年の軌跡｜「阪神間モダニズム」展実行委員会｜淡交社｜1997
- ■にっぽん台所文化史 増補版｜小菅桂子｜雄山閣出版｜1998
- ■日本のアールデコ｜末續堯｜里文出版｜1999
- ■製陶王国をきずいた父と子 大倉孫兵衛と大倉和親｜砂川幸雄｜晶文社｜2000
- ■『図按』大日本図案協会編｜フジミ書房｜2000（1901年-の復刻）
- ■近代日本の郊外住宅地｜片木篤, 藤谷陽悦, 角野幸博｜鹿島出版会｜2000
- ■暮らしとインテリアの近代史（上）――文明開花と明治の住まい｜中村圭介｜理工学社｜2000
- ■本木昌造伝｜島屋政一｜朗文堂｜2001
- ■オールド・ノリタケ名品集｜若林経子, 大賀弓子編｜平凡社｜2001
- ■日本のアヴァンギャルド芸術――マヴォとその時代――｜五十殿利治｜青土社｜2001
- ■ポスターの社会史――大原社研コレクション｜法政大学大原社会問題研究所｜ひつじ書房｜2001
- ■松岡壽研究｜青木茂, 歌田眞介編｜中央公論美術出版｜2002
- ■日本文化 モダン・ラプソディ｜渡辺裕｜春秋社｜2002
- ■関西モダンデザイン前史｜宮島久雄｜中央公論美術出版｜2003

2章

- ■日本建築家山脈｜村松貞次郎｜鹿島出版会｜1960
- ■剣持勇の世界｜剣持勇の世界編集委員会｜河出書房新社｜1975
- ■20世紀をはらむ女のカタログ スーパーレディ1009｜工作舎｜1978
- ■悲喜劇1930年代の建築と文化｜同時代建築研究会｜現代企画室｜1981
- ■曲線と直線の宇宙｜亀倉雄策｜講談社｜1983
- ■勝見勝著作集 1-5巻｜勝見勝｜講談社｜1986
- ■型而工房から 豊口克平とデザインの半世紀｜グルッペ5編｜美術出版社｜1987
- ■わがままいっぱい名取洋之助｜三神真彦｜筑摩書房｜1988
- ■戦争のグラフィズム 回想の『FRONT』｜多川精一｜平凡社｜1988
- ■幻のキネマ 満映――甘粕正彦と活動屋群像｜山口猛｜平凡社｜1989
- ■『FRONT』復刻版｜平凡社｜1989-1990
- ■昭和住宅物語｜藤森照信｜新建築社｜1990
- ■「挫折」の昭和史｜山口昌男｜岩波書店｜1994
- ■バウハウスと茶の湯｜山脇道子｜新潮社｜1995
- ■バウハウスとその周辺｜利光功, 宮島久雄, 貞包博幸編｜中央公論美術出版｜1996
- ■再読 日本のモダンアーキテクチャー｜モダニズム・ジャパン研究会｜彰国社｜1997
- ■撃ちてし止まむ｜難波功士｜講談社｜1998
- ■コレクション瀧口修造 10｜みすず書房｜1998
- ■活字に憑かれた男たち｜片塩二朗｜朗文堂｜1999
- ■占領軍住宅の記録 上・下｜小泉和子, 高藪昭, 内田青蔵｜住まいの図書館出版局｜1999
- ■青春図畫 河野鷹思初期作品集｜川畑直道監修・文｜河野鷹思デザイン資料室｜2000
- ■原弘と「僕達の新活版術」｜川畑直道｜トランスアート｜2002
- ■岡田桑三 映像の世紀｜川崎賢子, 原田健一｜平凡社｜2002
- ■『NIPPON』復刻版1-2｜国書刊行会｜2002

3章

- ■世界デザイン会議議事録｜世界デザイン会議議事録委員会｜美術出版社｜1961
- ■JAAC 1951-70 日宣美20年｜瀬木慎一編｜日宣美20

参考文献

年刊行委員会, 日宣美解散委員会│1971
■日本のパッケージデザイン│日本パッケージデザイン協会編│誠文堂新光堂│1971
■トリス広告25年史│坂根進編│サン・アド│1975
■デザインの軌跡：日本デザインコミッティーとグッドデザイン運動│日本デザインコミッティー監修│商店建築社│1977
■日本のアートディレクション│東京アートディレクターズクラブ編│美術出版社│1977
■粟津潔・作品集　全3巻│講談社│1978
■CM25年史│全日本CM協議会編│講談社│1978
■松下のかたち│松下電気産業総合デザインセンター│1980
■家電今昔物語│山田正吾, 森彰英│三省堂│1983
■わがインダストリアルデザイン―小杉二郎の人と作品│工芸財団編│丸善│1983
■日本のデザイン　1960-1969│東京デザイナーズスペースNo.17│田中一光, 麹谷宏企画│1984
■伊藤憲治・デザインの華麗多彩│伊藤憲治│六耀社│1986
■花森安治の仕事│酒井寛│朝日新聞社│1988
■粟辻博のテキスタイルデザイン│講談社│1990
■日本デザインセンターの30年│日本デザインセンター│1990
■家電製品にみる暮らしの戦後史│久保道正編・ミリオン書房│1991
■デザインの毎日　毎日広告デザイン賞60回記念│毎日新聞│1993
■ソニーデザイン│朝日ソノラマ│1993
■東芝のデザイン│TID-40出版グループ│東芝デザインセンター│1993
■日本の住宅戦後50年│布野修司編│彰国社│1995
■ストリートファッション―若者スタイルの50年史│アクロス編集室編│PARCO出版│1995
■マン・マシンの昭和伝説　航空機から自動車へ　上・下│前間孝則│講談社文庫│1996
■平凡パンチの時代　失われた60年代を求めて│マガジンハウス│1996
■下着を変えた女―鴨居羊子とその時代│武田尚子│平凡社│1997
■『室内』40年│山本夏彦│文藝春秋│1997
■自動車の世紀│折口透│岩波書店(岩波新書)│1997
■池辺陽再発見　全仕事の足跡から│彰国社│1997
■メタボリズム　1960年代日本の建築アヴァンギャルド│八束はじめ, 吉松秀樹│INAX出版│1997
■松下のかたち　松下グループGマーク選定商品集1962-1996│松下電気産業総合デザインセンター│松下電気産業│1997
■ソニー自叙伝│ワック│1998
■デジタル・ドリーム　ソニーデザインセンターのすべて│ポール・クンケル│アクシス│1999
■装幀時代│臼田捷治│晶文社│1999
■プラスチックの文化史：可塑性物質の神話学│遠藤徹│水声社│2000
■新幹線をつくった男　島秀雄物語│高橋団吉│小学館│2000
■日宣美の時代　日本のグラフィックデザイン1951-70│瀬木慎一, 田中一光, 佐野寛監修│トランスアート│2000
■松下のかたち│アクシス│2000
■モダニズム建築の軌跡　60年代のアヴァンギャルド│内井昭蔵監修│INAX出版│2000
■スバル360を創った男　飛行機屋百瀬晋六の自動車開発物語│百瀬晋六刊行会編│郁朋社│2001
■田中一光自伝　われらデザインの時代│田中一光│白水社│2001
■聞き書きデザイン史│六耀社│2001
■デザインの解剖3　タカラ・リカちゃん│佐藤卓│美術出版社│2002
■GK Design　50 years 1952-2002　デザイン世界探究│GKデザイングループ・GK史編纂委員会│六耀社│2002
■SUN AD at work│宣伝会議│2002
■本田宗一郎と井深大　ホンダとソニー、夢と創造の原点│板谷敏弘, 益田茂│朝日新聞社│2002
■輝け60年代　草月アートセンターの全記録│「草月アートセンターの記録」刊行委員会│フィルムアート社│2002

4・5章

■ how to wrap 5 eggs　Japanese Design in Traditional Packaging│Hideyuki Oka│美術出版社 & John Weatherhill. Inc.│1967
■包　TSUTSUMU│岡秀行│毎日新聞社│1972
■日本のインダストリアル・デザイン│日本インダストリアルデザイナー協会│鳳山社│1972
■売れている商品・売れない商品│富士経済│1975
■人の心と物の世界　世界インダストリアルデザイン会議会議録│世界インダストリアルデザイン会議会議録編纂委員会│鳳山社│1975
■地方からの発想│平松守彦│岩波書店│1980
■秋岡芳夫とグループモノ・モノの10年―あるデザイン運動の歴史│新ын恭子│玉川大学出版部│1980
■石岡瑛子風姿花伝│石岡瑛子│求龍堂│1983
■電通のイベント戦略│塩沢茂│PHP研究所│1984
■資生堂のクリエイティブワーク│永井一正・梶祐輔監修│求龍堂│1985
■「分衆」の誕生│博報堂生活総合研究所編│日本経済新聞社│1986
■NTT変身の秘密│塩沢茂│エヌ・ティ・ティ・アド│1986
■メイド・イン・ジャパン│盛田昭夫ほか, 下村満子訳│朝日新聞社│1987
■リカちゃんハウスの博覧会│増渕宗一監修│INAX│1989
■世界デザイン会議「報告書」│世界デザイン会議運営会│1990
■川久保怜とコムデギャルソン│ディヤン・スジック, 生駒芳子訳│マガジンハウス│1991
■CI入門│深見幸男│日本経済新聞社│1991
■世界デザイン会議録　情報化時代のデザイン│世界デザイン会議運営委員会│NTT出版│1991
■キャラクタービジネス│電通キャラクター・ビジネス研究会編│電通│1994
■キャラクタービジネス　その構造と戦略│土屋新太郎│キネマ旬報社│1995
■「時」に生きるイタリア・デザイン│佐藤和子│三田出版会│1995
■偽装するニッポン―公共施設のディズニーランダゼイション│中川理│彰国社│1995
■ピクトグラムのおはなし│太田幸夫│日本規格協会│1995
■広告大入門│広告批評編│マドラ出版│1997

- ■ あの広告はすごかった！｜安田輝男｜中経出版｜1997
- ■ 雑誌づくりの決定的瞬間 堀内誠一の仕事｜木滑良久編集｜マガジンハウス｜1998
- ■ 広告のヒロインたち｜島森路子｜岩波書店｜1998
- ■ 情報社会の文化3 デザイン・テクノロジー・市場｜嶋田厚, 柏木博, 吉見俊哉編｜東京大学出版会｜1998
- ■ ぼくらのメイド・イン・ジャパン｜藤沢太郎｜小学館｜1999
- ■ 東京デザイナーズ・スペース 1976-1995｜東京デザイナーズ・スペース記録集編集委員会｜1999
- ■『広告』への社会学｜難波功士｜世界思想社｜2000
- ■ 自動車 合従連衡の世界｜佐藤正明｜文芸春秋｜2000
- ■ デザインの解剖2 フジフイルム・写ルンです｜佐藤卓｜美術出版社｜2002
- ■ 80' グッズ・マニュアル NEKO MOOK 299｜ネコ・パブリッシング｜2002
- ■ 70' グッズ・マニュアル NEKO MOOK 302｜ネコ・パブリッシング｜2002

雑誌・特集

- ■『広告界』｜商店界社｜1925-41
- ■『工藝指導』｜工藝指導所｜1932-33
- ■『工芸ニュース』｜工藝指導所, 産業工芸試験所｜1932-75
- ■『モダンリビング』｜アシェット婦人画報社ほか｜1951-
- ■『広告美術』｜折込広告社｜1952-75
- ■『リビングデザイン』｜美術出版社｜1955-59
- ■『インダストリアルデザイン』｜技報堂・JIDA広報部会｜1957-93
- ■『グラフィックデザイン』1-100号｜グラフィックデザイン社・講談社ほか｜1959-86
- ■『デザイン批評』1-12号｜粟津潔, 泉真也, 川添登, 針生一郎, 原広司責任編集｜風土社｜1966-70
- ■『デザインニュース』｜産業デザイン振興会｜1975-
- ■『リビングデザイン』1 特集「デザイン10年の歩み」｜美術出版社｜1957.10
- ■『リビングデザイン』4 特集「日本の工業デザイン」｜美術出版社｜1958.8
- ■『日本の美術―明治の工芸』41号｜東京国立博物館, 京都国立博物館, 奈良国立博物館, 中川千咲｜至文堂｜1969
- ■『ブレーン』別冊『日本のTV・CM―I』｜誠文堂新光社｜1970
- ■『広告批評』別冊「糸井重里全仕事」｜マドラ出版｜1983
- ■『広告批評』別冊「仲畑貴志全仕事」｜マドラ出版｜1983
- ■『グラフィックデザイン』94号「追悼・勝見勝」｜講談社｜1984
- ■ 別冊『太陽』「こどもの昭和史 昭和20年-35年」｜平凡社｜1987
- ■『アイデア』別冊「最体験60年代と東京デザイナーズスペース」｜誠文堂新光社｜1985
- ■『グラフィックデザイン』100号総特集年表・グラフィックデザイン｜講談社｜1986
- ■ 別冊『太陽』「明治の装飾工芸」70号｜平凡社, 金子賢治｜平凡社｜1990
- ■ 別冊『太陽』「こどもの昭和史 昭和35年-48年」｜平凡社｜1990
- ■『日経デザイン』100号記念特集「デザイン1970→2000」｜日経BP社｜1995.10
- ■『新建築』増刊「現代建築の軌跡」｜新建築社｜1995.12
- ■ 別冊『商店建築』「日本の木の椅子」78号｜渡辺力, 岩倉榮利｜商店建築社｜1995
- ■ 別冊『太陽』特集「アール・ヌーヴォー, アール・デコⅢ」｜平凡社｜1996
- ■『美術手帖』特集「保存版・20世紀デザインの精神史」｜美術出版社｜1997.4
- ■ 別冊『太陽』「こどもの昭和史 手塚治虫マンガ大全」｜平凡社｜1997
- ■『日経デザイン』10周年記念特集「読者と大予測するデザインの明日」｜日経BP社｜1997.7
- ■『デザインの現場』特集「60'S 日本のデザインが始まった」｜美術出版社｜1998.12
- ■『クリエイション』21 亀倉雄策追悼特別号｜リクルート｜1998
- ■『広告批評』特集「広告の20世紀―2 20世紀の広告はなにをしたか」｜マドラ出版｜1999.6・7
- ■『広告批評』 特集「広告の20世紀―3 20世紀をつくった広告クリエイター50人」｜マドラ出版｜1999.8
- ■『たて組ヨコ組』52「特集:海外に打ち出された日本」｜モリサワ｜1999.7
- ■『美術手帖』特集「メイド・イン・ジャパン:20世紀日本のデザイン・コンセプト」｜美術出版社｜2000.3
- ■『デザインニュース』252号「特集:日本のインダストリアルデザイン1989-2000」｜日本産業デザイン振興会｜2000

索引

※太字は図版掲載頁をさす
※＊印は「日本のデザインをつくった108人」に掲載

人名　あ行

青木茂吉　あおきしげきち — 97
明石一男　あかしかずお — 70
秋岡芳夫　あきおかよしお — 70・77・**138**
秋山邦晴　あきやまくにはる — 104
浅井忠＊　あさいちゅう — 28・**29**・154・156
朝倉摂　あさくらせつ — 83
浅田孝　あさだたかし — 92・93・164
浅野孟府　あさのもうふ — 35・44・46
浅葉克己　あさばかつみ — 100・**125**
飛鳥哲雄　あすかてつお — 44
阿部碧海　あべおうみ — **24**
甘粕正彦　あまかすまさひこ — 59
新井淳一　あらいじゅんいち — 152
新井真一　あらいしんいち — 84
新井静一郎　あらいせいいちろう — 62・63・64・78・90
新井泉　あらいせん — 70・71
荒井拓哉　あらいたくや — **118**
粟津潔　あわづきよし — 78・93・101・102・104・106
粟辻博　あわつじひろし — 100・**101**
安藤百福＊　あんどうももふく — 116・163
安藤良美　あんどうよしみ — 52
チャールズ・イームズ — 52・70・80
池口小太郎（堺屋太一）　いけぐちこたろう — 106
池田三四郎　いけださんしろう — 50・92
池辺陽　いけべきよし — 80・81・166
池辺義敦　いけべよしあつ — 55
伊坂芳太良　いさかよしたろう — 103
石井獏　いしいばく — 37
石井茂吉＊　いしいもきち — 67・157
石井幹子　いしいもとこ — 104・**135**・136・167
石岡瑛子＊　いしおかえいこ — **124**・125・168
石津謙介　いしづけんすけ — 94・95
石丸淳一　いしまるじゅんいち — 114
石本喜久治　いしもときくじ — **45**
石元泰博　いしもとやすひろ — 79・166
泉眞也　いずみしんや — 102・106
磯崎新　いそざきあらた — 104・106・134・164
板橋義夫　いたばしよしお — 71
板谷波山　いたやはざん — 29
市浦健　いちうらけん — 50・160
市川代治郎　いちかわだいじろう — 23
一柳慧　いちやなぎとし — 106
井手馬太郎　いでうまたろう — 29
糸井重里　いといしげさと — **125**
伊藤幾次郎　いといくじろう — 55
伊藤勝一　いとうかついち — 102
伊藤憲治　いとうけんじ — 55・78・79・**81**
伊東忠太＊　いとうちゅうた — 46・154
伊東茂平　いとうもへい — 144・160
伊奈信男　いなのぶお — 57・159

稲葉賀恵　いなばよしえ — 130
井上敏行　いのうえとしゆき — 42
井上嘉瑞　いのうえよしみつ — 66・67
今泉武治　いまいずみたけじ — 62・63・64・66・79
今竹七郎　いまたけしちろう — **42**
岩井良二　いわいりょうじ — 55
岩倉信弥　いわくらしんや — 131・**132**
岩田嘉治　いわたよしはる — **86**
岩橋教章　いわはしのりあき — 24
上野伊三郎　うえのいさぶろう — 45・52・156
氏原忠夫　うじはらただお — 63・158
内田邦夫　うちだくにお — **53**
内田吐夢　うちだとむ — 60
宇野亜喜良　うのあきら — 101・102・103
梅棹忠夫　うめさおただお — **134**
梅田正徳　うめだまさのり — 134
江川正之　えがわまさゆき — 64
栄久庵憲司　えくあんけんじ — 77・94・106・136
榎本了壱　えのもとりょういち — 125
江間章子　えましょうこ — 64
遠藤新　えんどうあらた — 44・155・157
遠藤政次郎　えんどうまさじろう — 61
遠藤雅伸　えんどうまさのぶ — 122
大浦周蔵　おおうらしゅうぞう — 35
大賀典雄＊　おおがのりお — 77・167
大楠祐二　おおくすゆうじ — 130
大久保和夫　おおくぼかずお — 63
大倉和親　おおくらかずちか — 33
大倉孫兵衛　おおくらまごべえ — 34
太田英茂＊　おおたひでしげ — **56**・57・62・66・158・159
大高猛　おおたかたけし — 105・**116**
大智浩　おおちひろし — 62・64・66
大塚末子＊　おおつかすえこ — 62・160
大辻清司　おおつじきよし — 79
大坪重周　おおつぼしげちか — 44
大友克洋　おおともかつひろ — 123
大鳥圭介　おおとりけいすけ — 34
大貫卓也　おおぬきたくや — 150
大橋歩　おおはしあゆみ — **103**・**130**・131
大橋正　おおはしただし — **79**
大宅壮一　おおやそういち — 57・66・89
岡秀行　おかひでゆき — 55・136・**137**・161
岡正雄　おかまさお — 65
尾形亀之助　おがたかめのすけ — 35
岡田三郎助　おかださぶろうすけ — 26
岡田茂　おかだしげる — 64
岡田桑三　おかださくぞう — 57・60・65・66・71・158・160・161
岡本帰一　おかもときいち — **38**
岡本太郎＊　おかもとたろう — 94・105・**106**・163
岡本唐貴　おかもととうき — 35・46
岡安順吉　おかやすじゅんきち — 52
荻島安二　おぎしまやすじ — 42

荻野克彦	おぎのかつひこ	138
奥田政徳	おくだまさのり	71
恩地孝四郎＊	おんちこうしろう	41・56・67・158

か行

開高健	かいこうけん	96・166
エドガー・カウフマン・ジュニア		84
各務鑛三	かがみこうぞう	43
葛西薫	かさいかおる	**125**
梶祐輔	かじゆうすけ	**88**・96
梶田恵＊	かじためぐみ	43・158
鹿島英二	かしまえいじ	33
片岡敏郎＊	かたおかとしろう	56・62・63・156
片山利弘	かたやまとしひろ	96・101
勝井三雄	かついみつお	101・140・**144**
勝見勝＊	かつみまさる	70・75・83・85・92・94 101・105・161・163・167
加藤悦郎	かとうえつろう	64
加藤真次郎	かとうしんじろう	43
香取秀真	かとりほつま	**58**
門脇晋郎	かどわきしんろう	35
金丸重嶺	かなまるしげね	64・67
金子至	かねこいたる	70・77・83
金子徳次郎	かねことくじろう	70・71・77
加納典明	かのうてんめい	100
加納久朗＊	かのうひさあきら	77・85・157
鹿目尚志	かのめたかし	**145**
神坂雪佳	かみさかせっか	33
亀倉雄策＊	かめくらゆうさく	50・55・59・71・**78** 79・81・**84**・**88**・92・**94** 96・101・127・158・160 160・161・164・167
亀山太一	かめやまたいち	**110**
鴨居羊子	かもいようこ	95
ゴードン・カレン		52
河潤之助	かわじゅんのすけ	77
河井寛次郎	かわいかんじろう	37・53・69・157
川上源一	かわかみげんいち	77
河北秀也	かわきたひでや	**137**
川喜多煉七郎＊	かわきたれんしちろう	50・55 83・160・163
河口洋一郎	かわぐちよういちろう	140
川久保玲	かわくぼれい	129・130・165
川崎和男	かわさきかずお	**149**
河崎隆雄	かわさきたかお	131
川崎民昌	かわさきたみまさ	79
川島理一郎	かわしまりいちろう	40
川添登	かわぞえのぼる	93・102
川原啓嗣	かわはらけいじ	**149**
河原敏文	かわはらとしふみ	140・**141**
川村みづえ	かわむらみづえ	97
神原泰	かんばらたい	35・44・46
菊竹清訓	きくたけきよのり	93・**135**
菊池武夫	きくたけお	130
岸田日出刀	きしだひでと	93
岸本水府	きしもとすいふ	56
北原千鹿	きたはらせんろく	43
衣笠貞之助	きぬがさていのすけ	37
木村伊兵衛＊	きむらいへえ	56・57・65・158 159・161

木村譲三郎	きむらじょうざぶろう	89
木村恒久	きむらつねひさ	96・**101**
エドアルド・キヨッソーネ		26
日下部金兵衛	くさかべきんべえ	23
草刈順	くさかりじゅん	126
国井喜太郎＊	くにいきたろう	**51**・54・70・156
鞍信一	くらしんいち	57
蔵田周忠	くらたちかただ	54・55・159
倉俣史朗＊	くらまたしろう	100・**101**・104 **129**・**130**・131・134・167
久里洋二	くりようじ	103
ヒーレン・S・クルーゼ		70・71
黒川紀章	くろかわきしょう	93・104・106・164
黒木靖夫	くろきやすお	111・**135**・167
黒田清輝	くろだせいき	28
黒田辰秋	くろだたつあき	**36**・37
桑沢洋子	くわさわようこ	50・61・83・94 160・163
桑山弥三郎	くわやまやさぶろう	102
マリー・クワント		103
剣持勇＊	けんもちいさむ	49・52・69・**72**・81・**82** 84・101・162・164
小池岩太郎	こいけいわたろう	70・77・85
小池一子	こいけかずこ	113・**129**
小池新二	こいけしんじ	70・75・76・83・159
小池千枝	こいけちえ	95・165
麹谷宏	こうじたひろし	113
古宇田実	こうだみのる	**31**
河野鷹思＊	こうのたかし	49・**55**・57・**58**・59 66・71・78・79・**92**・94 96・158・161・162
古賀春江	こがはるえ	35
木檜恕一	こぐれじょいち	38・54・156
コシノジュンコ		103・165
コシノヒロコ		95・165
小杉二郎	こすぎじろう	70・**76**・77・165
小林亜星	こばやしあせい	97・124
小林一三	こばやしいちぞう	40・155
小林登	こばやしのぼる	55
小原二郎	こはらじろう	93
小室信蔵	こむろしんぞう	29
小山栄三	こやまえいぞう	63
ジャンポール・ゴルチエ		128
今和次郎＊	こんわじろう	38・39・44・157
ジョサイア・コンドル＊		27・154
エーロ・サーリネン		52

さ行

斎藤佳三	さいとうかぞう	**36**
斉藤四郎	さいとうしろう	35
斎藤信治	さいとうしんじ	51・70
坂倉準三＊	さかくらじゅんぞう	69・80・82 84・93・160・161
阪谷芳郎	さかたによしろう	54
坂根進	さかねすすむ	96
佐久間貞一＊	さくまていいち	34・153
佐々木達三＊	ささきたつぞう	49・77・**88**・89 101・162
佐々木洋次	ささきようじ	75
佐治敬三＊	さじけいぞう	96・166

佐藤桂次	さとうけいじ	55
佐藤敬之輔	さとうけいのすけ	102
佐藤潤四郎	さとうじゅんしろう	43・91
佐藤章蔵*	さとうしょうぞう	**88**・**89**・162
佐藤忠良	さとうちゅうりょう	83
里見宗次	さとみむねつぐ	41・**56**・161
佐野常民*	さのつねたみ	25・30・153
佐野利器	さのとしかた	38
沢令花	さわれいか	40
イヴ・サンローラン		127・165
ジョルジェット・ジウジアーロ		**133**
渋沢栄一	しぶさわえいいち	37・153
島秀雄*	しまひでお	59・160
清水侑子	しみずゆうこ	122・**123**
志茂太郎	しもたろう	67
霜鳥之彦	しもとりゆきひこ	57
フランツ・シュスター		52
杉浦康平	すぎうらこうへい	78・93・**102**・106・**136**・167
杉浦俊作	すぎうらしゅんさく	97
杉浦非水*	すぎうらひすい	**28**・40・**41**・83・155・158
杉田禾堂	すぎたかどう	43
杉野芳子	すぎのよしこ	61・61・94・95・158
杉本貴志	すぎもとたかし	113
すぎやまこういち		122
杉山公平	すぎやまこうへい	60
鈴木成文	すずきしげふみ	85
清家清	せいけきよし	80・**82**・83
瀬木博尚	せきひろひさ	63
エットーレ・ソットサス		75・134

た行

フリーダ・ダイヤモンド		88
ブルーノ・タウト*		52・**53**・69・155・164
高木貞衛	たかぎさだえ	63
高田賢三*	たかだけんぞう	95・128・**129**・165・168
高橋錦吉	たかはしきんきち	62・71
高橋是清	たかはしこれきよ	32・154
高橋鉄	たかはしてつ	64
高村豊周	たかむらとよちか	43・53・70・158
高山英華	たかやまえいか	93
多川精一	たがわせいいち	66
瀧口修造	たきぐちしゅうぞう	79・161
滝沢真弓	たきざわまゆみ	45
武井勝雄	たけいかつお	50・160
武井武雄	たけいたけお	38
竹岡稜一（リョウー）	たけおかりょういち	42・**87**・**98**
武田五一*	たけだごいち	29・**31**・154・155・156
竹久夢二*	たけひさゆめじ	**28**・29・**41**・156・158・159
武満徹	たけみつとおる	105・106
多田北鳥	ただほくう	41
立花ハジメ	たちばなはじめ	**150**
立木三朗	たつきさぶろう	**130**・131
立木義浩	たつきよしひろ	130・167
辰野金吾	たつのきんご	22・154
立石清重	たていしせいじゅう	23
田中一光	たなかいっこう	78・**88**・**92**・94・101・102・106・**113**・129・136・167
田中千代*	たなかちよ	42・**61**・**62**・162
田中友幸	たなかともゆき	90・160
田辺淳吉	たなべじゅんきち	38
田辺淳一	たなべもいち	55
ジェイ・ダブリン		75
丹下健三*	たんげけんぞう	**93**・106・**136**・164
中條精一郎	ちゅうじょうせいいちろう	31
長大作	ちょうたいさく	80・159
ヤン・チョヒルト		57・161
塚田敢	つかだいさむ	83
土浦亀城	つちうらかめき	50・55・160
堤清二	つつみせいじ	125・166
円谷英二*	つぶらやえいじ	**90**・160
鶴見左吉雄	つるみさきお	54
鶴見俊輔	つるみしゅんすけ	48・71
勅使河原蒼風	てしがわらそうふう	50
手塚治虫*	てづかおさむ	**90**・166
寺島祥五郎	てらしましょうごろう	70
寺山修司	てらやましゅうじ	104
テオ・ファン・ドゥースブルフ		45
東郷青児	とうごうせいじ	56・**57**
遠山静雄	とおやましずお	44
戸田ツトム	とだつとむ	**150**
富本憲吉*	とみもとけんきち	37・**53**・82・157
土門拳	どもんけん	58・**68**・159
豊口克平*	とよぐちかつへい	49・52・55・62・69・70・71・**72**・76・**82**・83・93・101・137・161
豊口協	とよぐちきょう	83
鳥山明	とりやまあきら	122
クリストファー・ドレッサー		**30**

な行

内藤春治	ないとうはるじ	43
永井一正	ながいかずまさ	78・92・**96**・101・126・127・167
中井幸一	なかいこういち	90
中川紀元	なかがわきげん	35・44
中川理	なかがわさとし	119
中澤岩太	なかざわがんた	28・29・155
長澤節	ながさわせつ	95・165
中島賢次	なかじまけんじ	55
仲條正義	なかじょうまさよし	126
長田克己	ながたかつみ	102
仲田定之助	なかださだのすけ	55
中西元男	なかにしもとお	**126**
中野良知	なかのよしとも	133
仲畑貴志	なかはたたかし	125
中村順平	なかむらじゅんぺい	59・**60**・157
中村乃武夫	なかむらのぶお	95
中村誠	なかむらまこと	**96**
中村征宏	なかむらまさひろ	102
中山岩太	なかやまいわた	42・56
名取洋之助*	なとりようのすけ	57・58・71・159・163
並木伊三郎	なみきいさぶろう	61
成田亨	なりたとおる	90・160
西川友武	にしかわともたけ	51・162

西倉喜代治	にしくらきよじ	**38**
西島伊三雄	にしじまいさお	**105**
西村伊作*	にしむらいさく	**37**・156
西村聖	にしむらきよし	138
西山卯三	にしやまうぞう	85
根岸寛一	ねぎしかんいち	60
ジョージ・ネルソン		75
納富介次郎*	のうとみかいじろう	24・25・153
野口壽郎*	のぐちとしお	62・163
野島康三	のじまやすぞう	57
信田洋	のぶたよう	43
乃村泰資	のむらたいすけ	68

は行

ハーバート・バイヤー		57・93・161
橋口五葉	はしぐちごよう	26・28・**31**
橋口信助	はしぐちしんすけ	38・46・155
橋本徹郎	はしもとてつろう	83
ソール・バス		92・127
オットー・ハスハイエ		61・162
長谷川如是閑	はせがわにょぜかん	57
長谷川町子	はせがわまちこ	90・166
服部茂夫	はっとりしげお	70
初山滋	はつやましげる	38
花森安治*	はなもりやすじ	62・**87**・164
ハナヤ勘兵衛	はなやかんべえ	42
羽仁もと子	はにもとこ	37・155・157
羽生道雄	はにゅうみちお	138
浜口ミホ	はまぐちみほ	85
浜口隆一*	はまぐちりゅういち	85・165
濱田庄司	はまだしょうじ	37・**58**・157
濱田増治	はまだますじ	41・**42**・55・158
浜野安宏	はまのやすひろ	104・165
早川良雄*	はやかわよしお	57・77・**78**・79 165・167
早崎治	はやさきおさむ	**94**
林喜代松	はやしきよまつ	43
林隆男	はやしたかお	102
林達夫	はやしたつお	57・65・66・161
原研哉	はらけんや	**149**
原広司	はらひろし	102・**148**
原弘*	はらひろむ	49・55・**56**・57・63 65・66・67・71・**78**・79・82 92・94・96・102・158 159・161・164・167
原口祐之	はらぐちすけゆき	23
針生一郎	はりういちろう	102
春名繁春	はるなしげはる	**24**
春山行夫	はるやまゆきお	65
樋口忠男	ひぐちただお	79
土方重巳	ひじかたしげみ	71
土方巽	ひじかたたつみ	103
フィリップ・ビュルティ		30
平賀潤二	ひらがじゅんじ	76
平沼福三郎	ひらぬまふくさぶろう	62
平野富二	ひらのとみじ	34・153
平松守彦	ひらまつもりひこ	137
平山英三	ひらやまえいぞう	24・25・29
広川松五郎	ひろかわまつごろう	43
広瀬鎌二	ひろせけんじ	80

サミュエル・ビング		28
マックス・フーバー		92
福田繁雄	ふくだしげお	101・106
福地復一	ふくちまたいち	29
福原信三*	ふくはらしんぞう	40・156
藤井左内	ふじいさない	70
藤島武二	ふじしまたけじ	**26**
藤代栄三郎	ふじしろえいざぶろう	97
藤田田	ふじたでん	116
藤本四八	ふじもとしはち	58・63
藤本斥夫	ふじもとせきお	39
藤本晴美	ふじもとはるみ	**104**・129
藤本倫夫	ふじもとみちお	79
藤山愛一郎*	ふじやまあいいちろう	75・84・92・159
二渡亜土	ふたわたりあど	42
船越三郎	ふなこしさぶろう	**91**・92
カイ・フランク		75・163
古川徹也	ふるかわてつや	**86**
古谷紅麟	ふるやこうりん	33
ダヴィッド・ブルリューク		35
マルセル・ブロイヤー		50
シャルロット・ペリアン*		69・**70**・80・160 161・162・165
マリオ・ベリーニ		**133**
カイ・ボイセン		84
ジャン・ボードリヤール		134
細谷巌	ほそやがん	78・**96**・99・101・102
堀井雄二	ほりいゆうじ	122
堀内誠一	ほりうちせいいち	**130**・131・167
堀口捨己	ほりぐちすてみ	45
堀野正雄	ほりのまさお	63
パオロ・ポルトゲージ		133
チャールズ・ポルラード		26
本多猪四郎	ほんだいしろう	90・160
本田宗一郎	ほんだそういちろう	89・**99**・162
ジオ・ポンティ		133

ま行

米谷美久	まいたによしひさ	**112**
前川國男*	まえかわくにお	63・**80**・**86**・161 162・164
前田貢	まえだみつぐ	**40**
マキノ光雄	まきのみつお	60
正村竹一*	まさむらたけいち	75・163
増沢洵	ますざわまこと	80
増田正	ますだただし	79
松尾儀助*	まつおぎすけ	24・153
松岡正剛	まつおかせいごう	136
松岡壽	まつおかひさし	29・154
松下幸之助	まつしたこうのすけ	77
松田光弘	まつだみつひろ	130・165
松村勝男	まつむらかつお	77・80・85
松本文郎	まつもとぶんろう	70
松本政雄	まつもとまさお	55
真鍋博	まなべひろし	103
真野善一*	まのぜんいち	50・**77**・165
三浦逸雄	みうらはやお	64
三木鶏郎*	みきとりろう	89・164
水谷武彦	みずたにたけひこ	50・160
光永真三	みつながしんぞう	64

| 光永星郎　みつながほしお ──────── 63
| 宮桐四郎　みやぎりしろう ──────── 71
| 三宅一生＊　みやけいっせい ── 92・128・**129**・**130**
| 　　　　　　　　　　　　　　 131・**152**・167・168
| 宮崎駿＊　みやざきはやお ──────── 123・168
| 宮下孝雄　みやしたたかお ──────── 33・54
| 宮本三郎　みやもとさぶろう ──────── **64**
| 宮本茂＊　みやもとしげる ──── **121**・122・168
| 向秀男　むかいひでお ───────── 96・**99**
| ブルーノ・ムナーリ ────────── 92・93
| 村越襄　むらこしじょう ───────── **94**・96
| 村越道守　むらこしみちもり ─────── 43
| 村田豊　むらたゆたか ───────── 80
| 村野藤吾　むらのとうご ───────── 42
| 村山知義＊　むらやまともよし ── 35・**36**・37・38
| 　　　　　　　　　　　　　　 46・159・160
| アレッサンドロ・メンディーニ ────── 133
| 本木昌造　もとぎしょうぞう ─────── 34・153
| 本野精吾　もとのせいご ──── **45**・57・156
| 森英恵　もりはなえ ───────── 94・128
| 森正洋　もりまさひろ ────── **85**・161
| 森泰助　もりたいすけ ───────── 89
| 森澤信夫　もりさわのぶお ──────── 67・157
| ウィリアム・モリス ────────── 36・37
| 森田慶一　もりたけいいち ───────── 45
| 森村市左衛門　もりむらいちざえもん ───── 34
| 森本厚吉　もりもとこうきち ───────── 38
| 森本眞佐男　もりもとまさお ───────── 89
| 森谷猪三男　もりやいさお ──────── 43・158
| 森谷延雄＊　もりやのぶお ──── 33・**43**・158

や行

| 安田禄造＊　やすだろくぞう ──── 22・54・155
| 矢田茂　やだしげる ────────── 45
| 柳宗理＊　やなぎそうり ──── 69・**76**・77・80・**81**
| 　　　　　　　　　　　　　　 82・94・161・165
| 柳宗悦＊　やなぎむねよし ── 37・53・57・157・165
| 柳原良平　やなぎはらりょうへい ── 96・103・166
| 柳瀬正夢＊　やなせまさむ ── **35**・38・**46**・159・160
| 矢部季　やべすえ ──────── 40
| 矢部友衛　やべともえ ──────── 35・46
| 山口勝弘　やまぐちかつひろ ──── 104・106
| 山口瞳　やまぐちひとみ ────── 96・124・166
| 山口文象　やまぐちぶんぞう ──── 45・50・80・160
| 山口正城　やまぐちまさき ──────── 83
| 山崎覚太郎　やまざきかくたろう ─────── 43
| 山下和正　やましたかずまさ ─────── **130**
| 山下芳郎　やましたよしお ────────── **94**
| 山城隆一　やましろりゅういち ─ 78・**79**・96・164
| 山田正吾　やまだしょうご ──────── 86
| 山田伸吉　やまだしんきち ──────── 40・**41**
| 山田守　やまだまもる ──────── 45・93
| 山名文夫＊　やまなあやお ── 40・42・57・**58**・62
| 　　　　　　　　　　　　　　 63・**64**・78・156・158・159
| 山本武夫　やまもとたけお ───────── **56**
| 山本夏彦　やまもとなつひこ ──── 81・165
| 山本洋司　やまもとようじ ──────── **127**
| 山本耀司　やまもとようじ ──── 129・130・165
| 山脇巌＊　やまわきいわお ── **49**・**50**・**68**・70
| 　　　　　　　　　　　　　　 159・160

| 山脇道子　やまわきみちこ ── 39・**50**・159・160
| 山脇洋二　やまわきようじ ──────── **43**
| 裕乗坊宣明　ゆうじょうぼうのぶあき ── 63・67・79
| 横尾忠則＊　よこおただのり ──── 78・101・**103**
| 　　　　　　　　　　　　　　 **105**・106・167
| 横須賀功光　よこすかのりあき ─── **96**・**124**・129
| 横田良一　よこたりょういち ──────── 131
| 横山潤之助　よこやまじゅんのすけ ─────── 44
| 吉阪隆正　よしざかたかまさ ──────── 81
| 吉田謙吉　よしだけんきち ──────── 44
| 吉田秀雄　よしだひでお ──── 63・89・161
| 芳武茂介＊　よしたけもすけ ──── 70・**91**・163
| 吉武泰水　よしたけやすみ ──────── 85
| 吉村順三　よしむらじゅんぞう ──────── 49
| 吉郎二郎　よしむらじろう ──────── 44
| レイ吉村　れいよしむら ──────── 126・127

ら行

| フランク・ロイド・ライト＊ ── **33**・**34**・44・154・157
| ラッセル・ライト ──────── 91
| ポール・ライリー ──────── 75
| アンリ・ラパン ──────── **43**
| ギイ・ラロッシュ ──────── 129・168
| ポール・ランド ──────── 79
| ウォルター・ランドー ──────── 93
| ヘリット・トーマス・リートフェルト ─── 45
| ル・コルビュジエ ──── 50・69・80・160・161
| 　　　　　　　　　　　　 162・164
| シャルル・ルーポー ──────── 41・42・161
| レイモンド・ローウィ ──────── 75・159
| ミース・ファン・デル・ローエ ──── 45・50

わ行

| 若山和央　わかやまかずお ──────── **125**
| 脇清吉　わきせいきち ──────── 42・57
| ゴットフリート・ワグネル ──────── 25
| 和田誠　わだまこと ──── 101・102
| 渡辺優　わたなべゆう ──────── 77
| 渡辺力　わたなべりき ──── 77・**80**・83・94・101

企業・団体・事象　あ行

| アール・デコ ──── 41・42・43・44・49
| 　　　　　　　　　　 57・59・60・155
| 　　　　　　　　　　 158・159・161
| アール・ヌーヴォー ── 26・28・29・31・40
| 　　　　　　　　　　 45・154・155・156
| アヴァンギャルド ── 35・36・37・38・158・159
| アサヒビール(朝日麦酒) ──── **96**・**126**・127
| アスペン世界デザイン会議 ──── 76・135・164
| アップルコンピュータ社 ──── **120**・**121**・147
| アニメーション ──────── 38・103
| アニメーション三人の会 ──────── 103
| 『アフィッシュ』 ──────── 41・155
| あめりか屋 ──── 38・46・80・155
| アルキミア ──────── 133
| 『アンアン』 ──── 102・**130**・**131**・167
| 『一般図案法』 ──────── 29
| インターナショナル工業デザイン ──── 118
| ウィーン万国博覧会 ── 22・24・25・30・33・153
| エコデザイン ──── 143・145・147

エコパッケージ	145
エコプロダクト	145
エンバイラメントの会	104
『SD（スペースデザイン）』	**102**
NTT	**127**
大蔵省印刷局	26・34
大倉陶園	43・44・52・155
オリンパス光学工業	98・**112**
『温知図録』	24・25・30・153

か行

花王石鹸	55・**56**・62・158・159
KAK	77・138
カシオ計算機	**109**
『観古図説』	26
木のめ舎	43・158
キヤノン（キヤノンカメラ）	85・98・119・**120**・141・**142**
Qデザイナーズ	77・101
共同印刷（博文館・博文館印刷所）	22・34・57
京都高等工芸学校	28・29・42・57・83・154・155・156
共用品	148・149
起立工商会社	24・25・30・153
「空間から環境へ」展	104
グッドデザイン	84・85・86・87・91
『暮しの手帖』	87・164
「グラフィック'55」展	79
『グラフィックデザイン』	101
グループモノ・モノ	138
桑沢デザイン研究所	50・61・**83**・163・165・167
型而工房	**54**・71・159・160・161
『現代商業美術全集』	41・**42**・158
『建築工芸アイシーオール』	50・160
『光画』	57・159
『工芸研究』	52
『工藝指導』	51・70・156
工芸指導所	39・48・49・51・52・54・58・68・69・70・72・75・155・156・159・161・163・164・165
『工藝ニュース』	51・52・**61**・62・**69**・70・71・75・76・156・159・162・163
考現学（モデルノロヂオ）	39・44・157
『広告と陳列』『広告界』	41・68・158
工人社	43・53
構図社	55・56・62
国際インダストリアルデザイン団体協議会(ICSID)	134
国際デザイン交流協会	136
『国華余芳』	26
『COMMERCE JAPAN』	58・**59**

さ行

サイケデリック	74・95・103
サイレンサー	100
サン・アド	96・**97**・**124**・166
三科造形美術協会	35・36・159・160
産業意匠改善研究員	75
産業工芸試験所（産工試）	51・72・75・76
三種の神器	80・81・91・101・163・74・86・97
サントリー（寿屋）	42・55・62・96・**97**・**124**・**125**・156・166
三洋電機	110・**111**・**149**
サンリオ	122・**123**
三和酒類	**137**
GKインダストリアル研究所（GKグループ）	77・**85**・89
シカゴ博覧会	25・33
SIGGRAPH	**140**
資生堂	39・**40**・55・**56**・62・**96**・**97**・**124**・156・159・168
七人社	**40**・56・155
実験工房	79・161
実在工芸美術会	53・158
『室内』	81・165
シャープ（早川電機工業）	86・99・109・114・**115**・141・**142**・147
「ジャパン・スタイル」展	**136**
「JAPANESE DESIGN—1950年以降の概観」展	**144**
ジャポニスム	23・24・28・30・44・153
循環型社会	146・147
JR（国鉄・日本国有鉄道）	56・59・93・106・119・**127**・146・148・160
商業美術家協会	41・56・158
『少年文学』	26
『白樺』	37・157
『新建築』	80
新建築工芸学院	50・61・83・159・160・163・164
新・三種の神器（3C）	74・97
新日本工業デザインコンペ	76・77・78
『図按』	**29**
水晶館	**31**
生活改善同盟会	38・156
西武百貨店	95・**125**・126・156
世界クラフト会議(WCC)	134
世界デザイン会議(WoDeCo)	83・**92**・**93**・161・162・167
世界デザイン会議ICSID	134
積水化学工業	88・100
ゼツェッション（セセッション）	31・36・45・155・157
前衛座	36
「選択・伝統・創造」展	69・160・161
尖塔社	44
全日本CM協議会(ACC)	**124**・125
全日本商業美術連盟	56
造型	46
綜合芸術	37・43
ソニー（東京通信工業）	77・86・**87**・89・111・112・**135**・141・142・**147**・**151**・167

た行

大日本印刷（秀英舎）	34・71・94・153・154
ダイエー	126

索引 - 人名・団体名・事象

大日本図案協会	**29**・62
大丸	40
『太陽』	102
高島屋	40・59・62・69・160
多摩帝国美術学校	56・83・155・159
築地小劇場	36
「包む」展	136・161
『帝国工芸』	54
帝国工芸会	43・54・62・155
帝国美術学校	50・83・159
『デザイン』	75
デザイン学生の会	83・92
『デザイン批評』	102
デザイン・フォー・オール	148
デスカ	96・162
デ・スティル	45
『デセグノ』	45・56
田園都市開発株式会社	37
電通(日本電報通信社)	63・64・71・78・79・89・90・97・127・156・161
天童木工	80・**81**・**82**・163
東映	60
東京アートディレクターズ・クラブ(ADC)	79・164
東京オリンピック	75・93・**94**・163・164・167
東京勧業博覧会	31
東京高等工業学校	29・154・155・156・158・160
東京高等工芸学校	22・38・43・49・50・54・83・154・155・156・158・159・161・162・164・165
東京大正博覧会	31・157
東京美術学校	28・29・44・49・50・83・154・155・158・159・162・163・164・165
東芝	71・76・77・86・**87**・96・**120**・121・146・152
同潤会	**44**・54
東宝	**90**・160
東方社	57・60・64・**65**・66・158・161
『都市住宅』	**102**
凸版印刷	34・66・94
戸山ハイツ	71・72
トヨタ自動車	59・**60**・77・**88**・89・96・99・**100**・132・142・**145**・146
ドレスメーカー女学院	61・158

な行

内国勧業博覧会	22・24・25・153
ニコン(日本光学工業)	**78**・**133**
21の会	92
日産自動車	**88**・**89**・**99**・**100**・142・162
日清食品	**116**・**150**・163
『NIPPON』	50・55・57・**58**・65・162・163・164
日本インダストリアルデザイナー協会(JIDA)	72・77・91・92・108・157・162・165
日本インテリアデザイナー協会	80・163

日本グラフィックデザイナー協会(JAGDA)	137・164
日本クラフトデザイン協会	91・163
日本建築家協会	92
日本工房	48・57・**58**・**59**・64・65・66・71・159・161・162・163・164
日本産業デザイン振興会	137
日本宣伝技術家協会	64
日本宣伝美術会(JAAC 日宣美)	72・78・79・92・102・137・161・164・165
日本デザインコミッティー	79・161・163・164
日本デザインセンター(NDC)	79・96・99・127・161・164・167
「日本の時空間—間」展	108・**136**
日本パッケージデザイン協会	145
日本万国博覧会(大阪万博 EXPO'70)	74・104・**105**・106・108・161・164・167
日本民藝館	53・157・165
日本優秀手工芸品対米輸出推進計画(丸手計画)	91
『NEW JAPAN』	77・162
ニューヨーク万国博	68
任天堂	**121**・**122**・168
ノーマライゼーション	148
乃村工藝社	**68**
ノリタケカンパニー(日本陶器合名会社)	**33**・**34**・44

は行

パイオニア	111・**112**
バウハウス	49・50・55・61・83・159・160・162・163・167
パオス(PAOS)	126・127
『ハガキ文学』	29
博報堂	63・96・108・127
服部セイコー	99
『話の特集』	102
バラック装飾社	**44**・157
バリアフリー	148・149
パリ万博	25・28・30・48・53・58・80・153・154・160・161・162
パルコ	**124**・125・166・168
日立製作所	77・**98**・**110**
『ビックリハウス』	125
フィラデルフィア万博	25・30・153
富士写真フイルム	**98**・**118**
富士重工業	**88**・89・162
富士電機	86・**87**
プラトン社	40・159
ブリュッセル博	82
『プレスアルト』	42・45・56
『FRONT』	57・**65**・66・71・102・159・161
文化学院	37・**156**・162・165
『文学世界』	26
文化生活普及会	38
文化服装学院	61・128・160・168
分離派	29・31・36・45・159
ベネチアビエンナーレ	133

「ペルソナ」展	101・**102**・103・167
報道技術研究会(報研)	63・**64**・66・162
ポスト・モダン	133・134
本田技研工業	88・89・**99**・100・131・132・142・145・**146**・151・162

ま行

毎日産業デザイン賞	77・88・101・156・162・165
マヴォ	35・36・46・159・160
松下電器産業	42・50・62・**77**・87・**98**・99・110・111・114・**115**・126・149・164・165
マツダ	76・100・142・165
松屋銀座	85・91・104・126
『團團珍聞』	34
『みだれ髪』	26
三越(三越呉服店)	22・26・28・**31**・40・52・62・64・81・115・155・163・165
三菱電機	71・77
『明星』	26
ミラノトリエンナーレ	**81**・**82**・86・**87**
民藝	37・53・82・157・165
无型	43・53・158
無印良品	**113**・167
明治製菓	63
メタボリズム	93・106
『モダンリビング』	81・166
森永製菓	55・62・63・89・156

や行

ヤマハ(日本楽器製造)	77・**133**・140・**141**
ヤマハ発動機	89・**96**・**146**
『ユーゲント』	37
ユニバーサルデザイン	148・160

ら行

ライトパブリシティ	79・96・**99**・167
『ラポルト』	45・52・55
『リビングデザイン』	75
「ル・コルビュジェ, レジェ, ペリアン展」	80
鹿鳴館	27・154
ロンドン万博	30

［カラー版］日本デザイン史

発行	2003年7月25日　第1刷発行
	2017年2月1日　第6刷発行

監修	竹原あき子＋森山明子
発行人	中西一雄
編集人	田中為芳
編集	紫牟田伸子
編集協力	福井淳子
撮影協力	高柳勝俊［スタジオ エム］ほか
デザイン	中垣信夫＋山本円香［中垣デザイン事務所］
印刷・製本	共同印刷株式会社
発行所	株式会社美術出版社
	東京都渋谷区猿楽町11-1
	ラ・フェンテ代官山アネックスB1　〒150-0033
	Tel： 03-6809-0673［編集］
	03-6809-0318［営業］
	Fax： 03-5489-1616
	振替： 00110-6-323989
	http://www.bijutsu.press
	ISBN 978-4-568-40067-0 C3070
	© Bijutsu Shuppan-Sha, Ltd. 2003　禁無断転載　Printed in Japan

監修	竹原あき子（たけはら・あきこ）［和光大学名誉教授］
	森山明子（もりやま・あきこ）［武蔵野美術大学教授］
執筆者	池田美奈子（いけだ・みなこ）［九州大学准教授］
	紫牟田伸子（しむた・のぶこ）［デザインプロデューサー／多摩美術大学ほか非常勤講師］
	橋本優子（はしもと・ゆうこ）［宇都宮美術館主任学芸員］
	森 仁史（もり・ひとし）［柳宗理記念デザイン研究所シニア・ディレクター］
	横山 正（よこやま・ただし）［東京大学名誉教授／情報科学芸術大学院大学名誉教授］